"十四五"职业教育国家规划教材

"十三五"职业教育国家规划教材
市场营销实战系列教材

"十二五"职业教育国家规划教材
经全国职业教育教材审定委员会审定

新目录·新专标数字
商贸专业群系列丛书

商务礼仪
——情境·项目·训练
（第3版）

王　炎　杨川川　主　　编
李　允　黄　耕　副主编
杨　晶　王　薇　参　　编
中国职业技术教育学会　组织编写
智慧财经专业委员会

电子工业出版社
Publishing House of Electronics Industry
北京·BEIJING

内 容 简 介

本教材根据商务活动的规律和内容，按照高等职业教育教学中项目教学对教材编写的要求，共设计了9个教学情境，分别是：情境1成功从"头"开始——商务人员仪容礼仪；情境2佛靠金装，人靠衣装——商务人员服饰礼仪；情境3巧用形体语言——商务人员仪态礼仪；情境4重视与客户的第一面——商务日常会面礼仪；情境5商务交往的隐形翅膀——商务通信礼仪；情境6礼尚往来——商务拜访与接待礼仪；情境7开会的技巧——会务礼仪；情境8闪亮登场——商务仪式礼仪；情境9舌尖上的礼仪——商务宴请礼仪。

本教材按照商务活动场景设计情境教学：由"情境导入"作为切入点，"我们的任务"明确具体要求，"我们的目标"阐述学习目的，"知识点"作为基本理论知识铺垫，"德润礼行"体现礼仪学习中的中华传统文化，"我们的计划""我们来操作"是情境内容操作过程的整体计划和安排，"我们的成绩"是教师对学生学习过程的考核依据，"导师提问"是有针对性的思考训练。同时，穿插"学霸笔记"以帮助学生储备必要的知识，增强学生学习的趣味性和实用性。

本教材从方便学生学习和训练的角度出发进行编写，图文并茂，同时与在线开放课程、数字云教材相辅相成，其实用性、可视性和可操作性非常强，可作为高等职业教育财经类各专业基础课的用书，还可作为企事业单位培训用书。

未经许可，不得以任何方式复制或抄袭本书之部分或全部内容。
版权所有，侵权必究。

图书在版编目（CIP）数据

商务礼仪：情境·项目·训练/王炎，杨川川主编. —3版. —北京：电子工业出版社，2022.4
ISBN 978-7-121-43364-1

Ⅰ.①商… Ⅱ.①王…②杨… Ⅲ.①商务—礼仪—高等职业教育—教材 Ⅳ.① F718

中国版本图书馆 CIP 数据核字（2022）第 073627 号

责任编辑：张云怡　　　　　　　特约编辑：田学清
印　　刷：三河市良远印务有限公司
装　　订：三河市良远印务有限公司
出版发行：电子工业出版社
　　　　　北京市海淀区万寿路173信箱　　　邮编　100036
开　　本：787×1092　1/16　印张：19.5　字数：499千字
版　　次：2015年2月第1版
　　　　　2022年4月第3版
印　　次：2023年9月第3次印刷
定　　价：63.80元

凡所购买电子工业出版社图书有缺损问题，请向购买书店调换。若书店售缺，请与本社发行部联系，联系及邮购电话：(010) 88254888，88258888。
质量投诉请发邮件至 zlts@phei.com.cn，盗版侵权举报请发邮件至 dbqq@phei.com.cn。
本书咨询联系方式：(010) 88254573，zyy@phei.com.cn。

前　言

"商务礼仪"课程在高等职业教育专业课程体系中具有重要的地位。在就业岗位群中，该课程主要对应市场营销、物流管理、电子商务、人力资源管理、国际贸易等多种岗位技能和素质培养要求。该课程讲授商务活动各环节应遵循的基本礼仪规范，对学生职业能力的培养和职业素养的提高起着重要的作用。

学习规范、系统的商务礼仪，不仅可以帮助商务人员和企业树立良好的形象，更能让商务人员在和客户的交往中获得客户的好感和信任。商务礼仪是商务人员和客户在商务活动中相互尊重的体现。"商务礼仪"课程是高等职业院校相关专业学生重要的基础课程。通过对本课程的学习，培养学生的商务礼仪素养，这是符合高等职业院校对学生综合职业能力培养要求的。

教育部颁发的《关于全面提高高等职业教育教学质量的若干意见》明确指出"高等职业教育课程建设与改革是提高教学质量的核心，也是教学改革的重点和难点"。为此，结合多年的教学改革和实践经验，我们潜心研究，不断摸索，编写适应高等职业教育教学模式的教材。我们对课程内容进行整合，使之符合高等职业教育标准的相关要求；在教学过程中设计情境教学，教师不只是教，而是指导学生去做，在模拟情境中发现问题、解决问题，从而强化学生的创新能力和操作能力，达到学习和运用理论知识的目的。本教材就是我们课程改革与建设的重要成果和载体。

本教材主要有以下特色。

1. 按照"技能型，融合型"财经商贸大类人才培养思路，通过实现三个对接（专业与产业对接、课程与职业对接、教学与培养目标对接）、一个基于（基于企业真实岗位场景）、三个新适应（新业态、新水平、新技术）的职业教育要求，紧贴云计算、数字商贸、智慧商贸等新兴产业人才需求，基于商务活动的流程重构课程内容，形成模块化课程体系。

2. 通过建立长效校企"双元"合作开发教材机制，根据岗位发展趋势和岗位能力要求，编写教材，保证学生走出校门后更能适应产业快速发展转型升级的需求。

3. 践行党的二十大报告精神，深挖课程思政元素，融入中华优秀传统文化。强化立德树人、培根铸魂，提倡以德润身、以礼行事。

4. 教材配套河北省精品在线课程和数字化云教材，促进"三教"改革。

5. 活页式教材，便于学生提交学习记录和教师评阅。

教材编写团队由具有丰富教学经验的双师型教师组成，团队成员学历结构合理，教学和实践经验丰富。其中，主编之一的王炎老师为河北省礼仪文化教育学会副会长。

来自唐山百货大楼集团公司、可儿文化用品有限公司等知名企业的在职员工在教材编写过程中，提供了大量的企业培训资料，从企业的实际工作需要角度给予了很多指导，并积极参与了教材的编写及资料收集、整理工作。

本教材由王炎、杨川川老师担任主编，李允、黄耕老师担任副主编。唐山职业技术学院王炎老师编写情境1、唐山职业技术学院王薇老师编写情境2、唐山职业技术学院黄耕老师编写情境3、唐山职业技术学院杨川川老师编写情境4、情境5、唐山职业技术学院杨晶老师编写情境6、情境7、唐山职业技术学院李允老师编写情境8、情境9。

虽然在教学改革过程中，我们经历了多次实践和研讨，但是由于水平有限，书中难免有不足之处，希望各位同行和广大读者不吝赐教。

编 者

说明：本教材以资源共享为目的，建有丰富完善的一体化数字配套精品在线课程和云教材，实现教材知识点微课全覆盖，同时提供了对学习者的过程性、结果性评价和监测机制，相关人员可以通过以下二维码获取上述资源。

配套精品在线课程入口　　　　　　　　配套精品云教材入口

目 录

情境 1　成功从"头"开始——商务人员仪容礼仪 1

 训练项目 1　商务人员面部修饰礼仪 2
  1.1.1　眉部的修饰 3
  1.1.2　眼部的修饰 4
  1.1.3　口部的修饰 5
  1.1.4　鼻部的修饰 6
  1.1.5　耳部的修饰 6
  1.1.6　化妆的礼仪 7
 训练项目 2　商务人员发部修饰礼仪 13
  1.2.1　发部清洁梳理 14
  1.2.2　发部造型 15
  1.2.3　发部的美化 16
 训练项目 3　商务人员肢体修饰礼仪 20
  1.3.1　手部及手臂的修饰 21
  1.3.2　腿脚的修饰 23

情境 2　佛靠金装，人靠衣装——商务人员服饰礼仪 31

 训练项目 1　商务男士西装礼仪 32
  2.1.1　西装的选择 33
  2.1.2　西装的穿着要领 36
 训练项目 2　商务女士套裙礼仪 41
  2.2.1　女士套裙的选择 42
  2.2.2　套裙的穿着方法 45
 训练项目 3　商务人员制服礼仪 49
  2.3.1　制服穿着规范 50
  2.3.2　饰品选择礼仪 52
  2.3.3　办公用品选择礼仪 54

情境 3　巧用形体语言——商务人员仪态礼仪 63

 训练项目 1　商务人员站、行、坐姿礼仪 64
  3.1.1　站姿礼仪 65
  3.1.2　行姿礼仪 67
  3.1.3　坐姿礼仪 70
 训练项目 2　商务人员蹲姿与手臂姿势礼仪 77
  3.2.1　蹲姿礼仪 77
  3.2.2　手势礼仪 79
 训练项目 3　表情、神态礼仪 85
  3.3.1　表情礼仪 86
  3.3.2　微笑礼仪 88

情境 4　重视与客户的第一面——商务日常会面礼仪 96

 训练项目 1　见面之初 97
  4.1.1　称呼礼仪 97
  4.1.2　关于介绍的礼仪 100
 训练项目 2　巧用名片 107
  4.2.1　名片的递送礼仪 108
  4.2.2　名片的接受礼仪 110
 训练项目 3　见面时的礼节 113
  4.3.1　握手的礼仪 114
  4.3.2　其他常用的见面礼节 116

情境 5　商务交往的隐形翅膀——商务通信礼仪 126

 训练项目 1　固定电话使用礼仪 127
  5.1.1　拨打电话的礼仪 128
  5.1.2　接听电话的礼仪 131
 训练项目 2　手机的使用礼仪 136

5.2.1　商务场合中的手机通话礼仪 138
　　5.2.2　商务场合中短信的使用礼仪 140
训练项目3　互联网通信礼仪 143
　　5.3.1　电子邮件使用礼仪 144
　　5.3.2　微信使用礼仪 149
　　5.3.3　QQ 的使用礼仪 152

情境6　礼尚往来——商务拜访与接待礼仪 160
训练项目1　办公室拜访与接待礼仪 161
　　6.1.1　办公室拜访礼仪 162
　　6.1.2　办公室接待礼仪 165
训练项目2　居室拜访与接待礼仪 172
　　6.2.1　居室拜访的礼仪 172
　　6.2.2　居室接待礼仪 178
训练项目3　宾馆拜访与接待礼仪 183
　　6.3.1　宾馆拜访礼仪 184
　　6.3.2　宾馆接待礼仪 186

情境7　开会的技巧——会务礼仪 194
训练项目1　商务会议礼仪 195
　　7.1.1　商务会议的筹备 196
　　7.1.2　会议的座次排列 198
　　7.1.3　会务服务礼仪 202
　　7.1.4　会后服务礼仪 205
训练项目2　新闻发布会礼仪 208
　　7.2.1　新闻发布会的筹备 209
　　7.2.2　会议进行中的服务 213
　　7.2.3　会后工作 214

训练项目3　展销会礼仪 217
　　7.3.1　展销会的组织 218
　　7.3.2　参加展销会的礼仪 220

情境8　闪亮登场——商务仪式礼仪 229
训练项目1　签约仪式礼仪 230
　　8.1.1　签约仪式的准备工作 231
　　8.1.2　合同签署礼仪 235
训练项目2　开业仪式及剪彩仪式礼仪 240
　　8.2.1　开业仪式礼仪 241
　　8.2.2　剪彩仪式礼仪 247
训练项目3　庆典仪式礼仪 252
　　8.3.1　庆典仪式的组织 253
　　8.3.2　参加庆典仪式的礼仪 255

情境9　舌尖上的礼仪——商务宴会礼仪 265
训练项目1　中式宴会礼仪 266
　　9.1.1　中式宴会的筹备 267
　　9.1.2　中式宴会进行中的礼仪 273
　　9.1.3　中式宴会结束时的礼仪 277
训练项目2　西式宴会礼仪 280
　　9.2.1　西式宴会的准备 281
　　9.2.2　西式宴会进行中的礼仪 283
　　9.2.3　西式宴会结束时的礼仪 287
训练项目3　酒会、冷餐会礼仪 290
　　9.3.1　酒会、冷餐会的准备 291
　　9.3.2　酒会、冷餐会进行中的礼仪 294

参考文献 305

情境 1

成功从"头"开始——商务人员仪容礼仪

情境导入

【角色背景】

李想，男，25岁，白羊座，性格开朗，风趣幽默，大大咧咧，不拘小节。现就职于上海一家知名公司（简称"A公司"）。

文静，女，24岁，双鱼座，性格温和，为人谨慎，做事稳妥。年初被北京一家知名公司（简称"B公司"）录用。

李想和文静要想由初入职场的"新新人类"转变为成功的商务人士，除了要具备过硬的专业知识和出色的工作能力，还需要掌握诸多商务礼仪知识。

来吧，让我们与他们共同成长！

清晨6点，闹钟的铃声响起，文静和李想分别从美梦中醒来。一天的工作开始了！让我们跟随他们一起开始新的征程吧！

训练项目 1　商务人员面部修饰礼仪

情景 1

今天是文静上班的第一天,她憧憬着美好的未来,既紧张又兴奋。为了给新同事留下良好的第一印象,她设计了以下几款妆容,但她不知道哪款妆容更适合她所在的金融行业。请你帮她挑选或设计一款适宜的妆容吧!

(1) 暖黄眼影+粉紫唇膏+无光唇彩。
(2) 粉绿眼影+桃红腮红+桃红唇膏。
(3) 咖啡眼影+珊瑚腮红+咖啡唇膏。
(4) 透明睫毛膏+天蓝眼影+粉红腮红+橘色珠光唇膏。
(5) 黑色亮粉眼影+棕色眉毛+棕红腮红+浅肤色唇膏。
(6) 紫色眼影+肤色腮红+肤色珠光唇膏。

我们的任务

1. 根据自身眉部特点总结眉部修饰的技巧。
2. 根据自身眼部特点设计商务谈判场景中的眼部修饰方案。
3. 根据自身唇部特点设计商务晚宴场景中的唇部妆容。
4. 根据情景中设定的文静的职业背景设计一款适合她的职场妆容。

我们的目标

1. 了解商务场合面部修饰的规范和要求。

2．熟练运用商务场合面部修饰技巧。
3．女生学会化职业妆。
4．男生学会根据自身特点进行面部修饰。

面部的修饰首先要做到面容整洁。面部应干净清爽，做到无污垢、无汗渍、无分泌物等。要做好这一点，平时必须养成勤于洗脸的良好习惯。除早晨起床后洗脸外，还应注意在外出后、午休后、出汗后及时洗脸。洗脸时，要耐心细致，完全彻底。

我们来学习

面容，通常是指人的面貌、容貌，是仪容的重要组成部分。

1.1.1 眉部的修饰

知识点 1　商务人员眉部修饰基本要求

眉部的修饰，要求眉形自然、整洁。对于那些不够美观的眉形，如残眉、断眉、竖眉、八字眉或是过淡、过稀的眉毛，应采取措施进行适当的美化和修饰。

眉部的修饰很重要，商务人员每天上班前应修饰一下眉毛，令自己眉清目秀。在洗脸、化妆及其他情况下，要特别留意自己的眉部是否整洁，以避免眉部有污垢、死皮或脱落的眉毛等异物。

知识点 2　眉形与脸形

不同的人有不同的脸形，脸形一般有 7 种：鹅蛋形脸、圆形脸、三角形脸、倒三角形脸、方形脸（国字形脸）、长形脸和菱形脸。人们无法保证自己拥有标准的鹅蛋形脸，这就需要采用描画不同眉形的方法来适当弥补自己脸形的不足，从而达到提升个人形象的目的。表 1-1 为不同的脸型适合的眉形。

表 1-1　脸形与眉形

脸　　形	适合眉形	错误眉形
鹅蛋形脸眉形设计	标准眉　　水平眉	
圆形脸眉形设计	上升眉	水平眉
三角形脸眉形设计	3/4 眉	下垂眉
倒三角形脸眉形设计	标准眉　　水平眉	

续表

脸　形	适合眉形	错误眉形
方形脸（国字形脸）眉形设计	 上升眉	水平眉
长形脸眉形设计	水平眉	 上升眉
菱形脸眉形设计	 3/4 眉	下垂眉

1.1.2　眼部的修饰

知识点 1　商务人员眼部修饰要求

商务人员进行眼部修饰时首先应重视清洁问题，最重要的是及时去除眼角出现的分泌物，同时还要特别注意眼部疾病的预防和治疗，如"红眼病""沙眼"等，商务人员患眼部疾病后应及时治疗、休息。

其次，商务人员佩戴眼镜时应注意每天坚持擦拭镜片，以保持镜片清洁，并定期对眼镜架进行清洗。墨镜主要适合在室外活动时佩戴，以防紫外线伤害眼睛。商务人员在工作岗位上不宜佩戴墨镜，以免让他人产生不易亲近之感。

知识点 2　女士眼部化妆技巧

由于工作需要，女性商务人员在多数情况下需要带妆上岗。俗话说，眼睛是心灵的窗户。对于职业女性来说，眼部妆容是眼部修饰的重要部分。下面介绍几点女性职业妆眼部妆容的简易画法。

（1）用眼影刷蘸取少量眼影粉，涂抹在整个眼窝上（如图 1-1），用指腹轻轻地在眼窝和眼睑处按压，如觉得眼影颜色不够，还可以用指腹沾上眼影粉再画一次。

（2）用黑色眼线笔，在内眼睑位置描画出眼线，记住要把睫毛之间的空隙填满，这样才能够让眼睛看起来更大、更有神采（如图 1-2）。

（3）刷睫毛膏。先用睫毛夹把睫毛夹卷，然后再刷睫毛膏，这样做效果会更好。用睫毛刷蘸取少量睫毛膏，以 Z 字形方式涂刷睫毛膏，下睫毛也要同样涂刷（如图 1-3）。

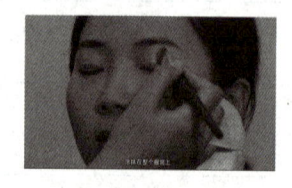

图 1-1 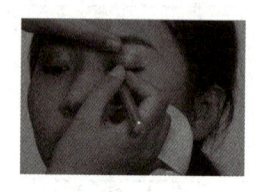　　　　　图 1-2 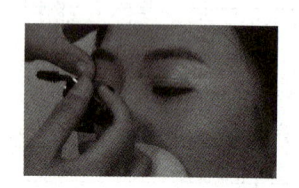　　　　　图 1-3

1.1.3 口部的修饰

知识点 1　商务人员口部修饰要求

口部除了口腔之外，还包括其周边地带。口部修饰首先要注意口腔卫生，商务人员应坚持每天刷牙。正确有效地刷牙要做到"三个三"，即每天刷三次牙，每次刷牙宜在餐后三分钟进行，每次刷牙的时长不少于三分钟。正确的刷牙方式是顺着牙齿生长的方向上下刷，牙齿的每面都应被刷到。如果牙齿上有不易去除的牙垢，或是牙齿发黄，可以考虑去医院洗牙，以使牙齿看起来更加洁白、健康。此外，不吸烟、不喝浓茶是避免牙齿变黄的有效方法。

为减少因为饮食的原因而产生的口腔异味，应避免食用一些气味过于刺鼻的食物，主要包括葱、蒜、韭菜、腐乳、虾酱等，此外，饮酒和吸烟也会使口腔产生异味。

口部修饰除了要做到无异物、无异味，还要注意保持牙齿洁白。最有效的办法就是定期去专业的口腔医院进行洗牙。但洗牙也不宜过勤，洗牙过勤会对牙齿及牙龈造成一定损伤。一般情况下，成人每半年进行一次洗牙即可。

商务人员平时应有意识地呵护自己的嘴唇，尽量避免唇部干裂、爆皮或生疮。

男性商务人员应坚持每天上班之前剃须，这样既令自己显得精明强干，又显得干净整洁。

知识点 2　女士唇妆化妆技巧

（1）化好唇妆的第一步是润唇。在化唇妆前，首先要在唇部涂抹护唇产品，滋润双唇。要做好唇部的保湿、滋润工作，让嘴唇看起来水润饱满。

（2）第二步是勾画唇线。涂好润唇膏后，先使用裸色的唇妆产品或者遮瑕产品，把唇部的轮廓描画出来；再用唇线刷蘸取比要使用的唇彩深一些的唇膏，按描画好的唇线勾画，也可以选择自己喜爱的方式，用唇线笔直接勾画唇线。

（3）第三步是涂抹唇彩。选择适宜的唇彩，涂抹在嘴唇上。注意涂抹时要将唇彩涂抹在唇线轮廓以内，千万不要将唇彩涂抹在唇线外，这样会使妆容脏污。最后在唇部中央，涂上有亮片闪粉的唇彩或是使用唇釉进行提亮，让双唇更显丰盈和水润。

学霸笔记

润唇膏的选择

润唇膏的基本成分离不开凡士林和蜡质，不过现在也有不含蜡质的新配方产品。如果唇部的皮肤比较敏感，最好选择含天然香料和香油成分的润唇膏。

一支好的润唇膏应该具备以下几个条件。

1. 不含有害物质，不会引起过敏。
2. 香味纯正，无腥味、异味。
3. 膏体应能牢固地保持棒状外形，润滑美观而不油腻，色泽鲜艳均匀，不应有深浅之分。
4. 使用顺利，容易涂抹，无须费力即可均匀涂在唇上。

5．膏体耐热、耐寒性好，在正常情况下，热天不渗油、冷天不开裂、不变色，在一年之内不收缩、不变软。

6．膏体表面无气泡、色素及油脂类物质析出；外壳光滑。

1.1.4　鼻部的修饰

知识点1　商务人员鼻部修饰应注意的问题

鼻部的修饰，首先应注意保持鼻腔清洁。有必要去除鼻垢时，宜在无人场合以手帕或纸巾辅助轻声进行，用完的纸巾要自觉地扔进垃圾箱。不要当众擤鼻涕，挖鼻孔或者乱抹、乱弹鼻垢。

知识点2　商界男士鼻部保养方法

男士鼻部的保养护理重点是注意鼻头是不是有黑头或粉刺。日常男士的鼻部护理主要有以下几点。

（1）每周固定去角质。商界男士应每周进行一次鼻部去角质，以保证有效去除男士面部堆积的污垢。有鼻头粉刺的男士更要加强鼻部按摩，先把老化角质去掉，以便后续进行深层清洁。

（2）打开毛孔清除粉刺。可在洗澡时用热毛巾进行热敷，然后在鼻部敷上清除黑头的清洁鼻贴。每周一次即可，持续四周可使鼻部的粉刺减少80%。之后只要一个月固定护理一次就能使鼻部保持干净。切记千万不要在毛孔还没完全打开时用手挤压粉刺，这样会引起细菌感染。

（3）收紧毛孔。清完粉刺之后要马上使用不含酒精的爽肤水收缩毛孔。用化妆棉蘸爽肤水，湿敷约十分钟左右便能有效地收紧毛孔，消退红肿，然后涂抹平时使用的护肤品即可。

对于商界男士来说，修剪鼻毛也是相当重要的。男士应在每天早晨洁面剃须后，用小剪刀修剪一下鼻毛。鼻毛只要不外露，对镜子做表情时看不到就可以了，不宜过度修剪。

1.1.5　耳部的修饰

知识点1　商务人员耳部修饰要点

（1）耳部清洁。耳孔里不仅有分泌物，还有灰尘，经常清洁耳垢，可以预防耳道疾病，防止细菌滋生。商务人员要经常进行耳部清洁，务必每天进行耳部除垢，干净的耳部能让自己的侧面看起来与正面一样美观。因此，在平时洗澡、洗头、洗脸时，应小心清洗耳朵，及时清除耳孔中的分泌物。但一定要注意，此举不宜在工作岗位上进行。

（2）清洁耳毛。大多数人的耳毛比较短，平时很难注意到，但有的人因生理原因，耳毛过长，应注意及时修剪，否则既影响听力，又影响美观。

知识点2　耳朵保养

（1）尽量避免掏挖耳孔。经常用挖耳勺、火柴棒掏耳朵，容易伤害耳道，引起感染、发炎，还可能损伤耳膜。

（2）尽量避免噪声影响。人倘若长时间接触机器、车辆等噪声，会使听力减退，甚至引发噪声性耳聋。因此，应尽量避免或减少噪声干扰。此外，还应避免长时间使用耳机，以免损伤听力。

（3）尽量避免使用耳毒性药物。应尽量避免使用如庆大霉素、链霉素、卡那霉素、新霉素等耳毒性药物，长期大量使用这些药物容易引起耳中毒，从而损害听力。

（4）经常进行耳部按摩。按摩耳垂前后的翳风穴（在耳垂与耳后高骨之间的凹陷处）和听会穴（在耳屏前下方，下颌关节突后缘之凹陷处），可以增加内耳的血液循环。每日早晚各按摩一次，每次 5~10 分钟，长期坚持下去有保护听力的作用。

导师提问：为什么要对商务人员的面部修饰进行严格的规范？

我的想法：_____

1.1.6 化妆的礼仪

知识点 1　商务人员化妆礼仪规范

商务人员在工作岗位上，为了体现自己的敬业精神，更好地维护所在单位的形象，同时也为了对自己的交往对象表示应有的尊重，必须做到化妆上岗、淡妆上岗。

（1）淡妆上岗。商务人员在工作时应当化淡妆，淡妆主要特征是简约、清丽、素雅。它既要给人以深刻的印象，又不能让人看起来脂粉气十足。总的来说，就是要清淡而又得体。

男士所化的工作妆，包括美发定型；清洁面部与手部，并使用护肤品；使用无色唇膏与无色指甲油，保护嘴唇与手指甲；使用香水等几项内容。女士所化的工作妆，在男士工作妆的基础上，还要使用相应的化妆品，略施粉黛，充分展现女性的光彩与魅力。

（2）避免过量地使用芳香型化妆品。在工作时，商务人员使用任何化妆品都不能过量。尤其是香水。实际上，当人们过量地使用香水时，不但有可能使人觉得自己表现欲望过于强烈，而且还有可能因此"摧残"他人的嗅觉，引起对方的反感或不快。

一般来说，与他人相处时，自己身上的香味在一米以内能被对方闻到，则使用的香水不算是过量，但是如果在三米以外，自己身上的香味依旧能被对方闻到，则为过量使用香水了。

（3）避免当众化妆或补妆。尽管商务人员的时间并不宽松，且需要认真对待自己的妆容，但这并不意味着商务人员可以随时随地化妆或补妆。

一些女士，不管置身于何处，只要稍有闲暇，便掏出化妆盒来，替自己补妆。她们重视自我形象这一点固然正确,但若当众表演化妆术,尤其是在工作时这样做,是很不雅的,并且还会使人觉得她们对待工作用心不专。

商务人员在工作时进行必要的化妆或补妆,要到专门的化妆间进行。特别需要提到一点,女性商务人员千万不要当着异性的面,为自己化妆或补妆,否则会使人对自身产生误解。

(4)避免与他人探讨关于化妆问题。商务人员在工作时,不要介绍自己化妆的心得或技巧,也不要评价、议论他人的妆容。每个人的审美观不一样,所以不必在这方面替别人"忧心忡忡",否则很可能会"费力不讨好"。

(5)保持妆容整洁。在工作时,假如自己适当地化了一些彩妆,那么就应努力维护妆容的整洁。一般在用餐之后、饮水之后、休息之后、出汗之后,发现妆面出现脏污时,要及时进行补妆。

妆面一旦出现脏污,不仅会直接损害自身形象,还会使自己在他人眼中显得做事缺乏条理、为人懒惰、邋里邋遢、不善自理。所以,商界人士,尤其是白领丽人必须努力避免这种事情的发生。

学霸笔记

男用化妆品的选择

男士在进行皮肤保养时,可根据自身皮肤情况选择合适的化妆品。由于生理上的差别,男女对化妆品的性能要求不同。男性皮脂腺分泌较女性皮脂腺分泌更为旺盛,因此男性皮肤毛孔更容易堵塞。此外,男性皮肤较女性皮肤更多地暴露在阳光下,由于紫外线的作用使得男性皮肤更易老化。

1. 男用化妆品的特点

(1)男用化妆品多采用无油配方。

(2)与女用化妆品注重美白功效相比,男用化妆品更注重均衡肤色,而不是一味追求美白。

(3)男用化妆品注重质地的清爽,在滋润肌肤的同时还要防止毛孔堵塞,避免皮肤问题的产生。

(4)与气味浓烈、香气逼人的女用化妆品相比,男用化妆品一般气味淡雅,不会产生浓烈的香味。

2. 男用化妆品的选择技巧

(1)发用化妆品。男士发用化妆品主要有洗发香波、发乳、发蜡等。由于男性皮脂腺分泌旺盛,头皮油脂分泌较女性多。头皮油脂分泌过多还会引起头屑增多,影响头发的健康,甚至导致脱发,因此男用洗发香波除泡沫丰富、无刺激性、有适度去污力外,还应具有清爽感和滑润感,有止痒、去头屑的效果。

(2)面部化妆品。男用面部化妆品主要有洁面乳、面霜、润肤乳、剃须膏、剃须后用水。首先要挑选一款能够清洁皮肤表面的灰尘、油脂、汗液,并能防止暗疮产生的洁面啫喱,其次要挑选一款磨砂膏，男士适用清爽型磨砂膏，对鼻头进行磨砂也能有效去除黑头，但注意力度要轻。

男性剃须用品必不可少。由于男性的皮脂分泌旺盛，毛孔易被油污堵塞形成粉刺或暗疮，若护理不慎，脸部容易留下疤痕。剃须前应选用刮胡泡沫或啫喱，令皮肤保持湿润，并有助于软化表皮，减少剃须过程中产生的不适。剃须以后，用水或润肤露补充肌肤水分，防止剃须后皮肤发炎和皮肤中的水分蒸发。正确的剃须程序不仅能够给男士一个清爽的面孔，同时还能防止面部皮肤问题的产生。

在防晒方面，可以选防晒乳和防晒粉饼。市面上有专门为男士设计的古铜色防晒粉饼，使用后能增加男性魅力。

（3）芳香制品。芳香制品主要有香水。目前最流行的男用香水有薰衣草、素馨兰、龙涎草等香型。

知识点2　香水使用礼仪

商务人员在工作时如无必要可以不喷涂香水，如需使用香水要注意以下几点。
（1）不应使之影响本职工作，或是有碍于人，应选择淡香型的香水。
（2）香水的香型应与自己同时使用的其他化妆品香型大体一致，而不要彼此"串味"。
（3）香水切勿使用过量，产生适得其反的效果。
（4）应当将其喷在或涂抹于适当之处，如手腕、耳根、颈侧、膝部、踝部等处。凡身上容易出汗的地方，如发际、腋窝、脊背、膝弯等处，不可涂抹香水，否则汗味与香味混合在一起，使气味更加难闻。此外，千万不要将香水直接喷在衣物、围巾或丝织物等物品上。因为香水为化工产品，易与化纤织物产生化学反应，从而损伤化纤衣物或产生不良气味。

德润礼行

礼仪之始，在于正容体，齐颜色，顺辞令

"礼仪之始，在于正容体，齐颜色，顺辞令。"语出《礼记·冠义》。礼仪是从端正仪容、表情适当和使用得体的辞令开始的。这句话强调了讲究礼仪应从最基本的做起，首先要端正仪容、表情适当、说话和顺。

商务人员学礼仪就要从商务人员的仪容、仪表修饰规范学起，从商务人员与人交往中的一个态度、表情、言语开始学起。从仪容、仪表、言谈举止这些细节入手，不断提高自身素质，既是尊重别人的表现，同时也是博得对方好感和尊重的开始。

中国素有"礼仪之邦"之称，中华礼仪的根基是人内存的品德，只有在内心建立起德的根基，外在的言行规范才是真正意义上的"礼"。

商务人员学习礼仪就要从商务人员的仪容、仪表修饰规范学起，从商务人员与人交往中的一个态度、表情、言语开始学起。从仪容、仪表、言谈举止这些细节入手，不断提高自身素质。尊重他人要从自尊开始，良好的仪容既是尊重别人的表现，同时也是博得对方好感和尊重的开始。商务人员通过不断学习仪容礼仪规范，养成干净、整洁的仪容修饰习惯，培养自尊自爱的优良品德。

我们的计划

快来和我们一起制订自己的学习计划吧!

见工具单 1-1-1

我们来操作

任务 1　根据自身眉部特点总结眉部修饰的技巧

1. 操作步骤

（1）准备化妆工具：化妆镜、眉笔、眉刷。
（2）对镜练习，认真观察自己的脸形与眉形的特点。
（3）利用眉笔、眉刷等眉部化妆工具对眉部进行修饰。
（4）经过反复练习，描画出符合要求的眉形。

2. 操作要点

突出或改善个人眉形使妆容具有立体感，具体要求如下。
（1）修剪杂乱无序的眉毛。
（2）利用眉笔对眉毛进行描画。
（3）描画眉毛时注意两头淡、中间浓、上边浅、下边深。

任务 2　根据自身眼部特点设计商务谈判场景中的眼部修饰

1. 操作步骤

（1）准备化妆工具：化妆镜、眼影刷、眼影粉等。
（2）对镜练习，认真观察自己的眼部特点。
（3）利用眼影刷、眼影粉等眼部化妆工具对眼部进行修饰。
（4）经过反复练习，描画出符合要求的眼部修饰。

2. 操作要点

（1）画眼线。
基本要求：使眼睛生动传神。
主要要点：①笔法先粗后细，由浓而淡。
②上眼线从内眼角向外眼角画。
③下眼线从外眼角向内眼角画。
④上下眼线不可在外眼角处交会。
（2）扫眼影。

基本要求：使面部具有立体感，双眼明亮、传神。
主要要点：① 选择合适的眼影。
② 由浅而深，画出眼影的层次感。
③ 眼影色彩不宜过分鲜艳。
④ 工作妆应选用浅咖啡色眼影。

任务3　根据自身唇部特点设计商务晚宴场景中的唇部妆容

1. 操作步骤

（1）准备化妆工具：化妆镜、唇线笔、唇彩刷、各色唇彩等。
（2）对镜练习，认真观察自己的唇部特点。
（3）利用唇线笔、唇彩刷及唇彩等唇部化妆工具对唇部进行修饰。
（4）经过反复练习、化出符合要求的唇部妆容。

2. 操作要点

基本要求：改变不理想的唇形，使双唇更加娇媚。
主要要点：① 用唇线笔描好唇线，先描上唇，后描下唇，从左右两侧沿唇部轮廓向中间画。
② 涂好唇彩。
③ 用纸巾吸去多余的唇彩。
④ 描完后检查一下牙齿上有无唇彩痕迹。

任务4　根据情景中设定的文静的职业背景设计一款适合她的职场妆容

1. 操作步骤

（1）准备化妆工具：按初学者准备全套化妆品。
（2）教师利用教学视频进行演示讲解。
（3）学生在教师的指导下进行练习。
（4）经过反复练习，化出符合要求的妆容。

2. 操作要点

表1-2为女士化妆操作要点。

表1-2　女士化妆操作要点

项　　目	标　　准	操 作 规 范
束发	将头发束好，不要遮挡面部	用宽发带、毛巾等将头发束起来或包起来，最好在肩上披围巾，防止化妆时弄脏头发和衣服，也可避免头发散乱妨碍化妆
洁面	面部干净清爽	用洗面奶清洁面部，然后将爽肤水涂在脸上，轻轻拍打，以促进吸收
护肤	涂抹护肤品，对皮肤进行保护	将面霜或乳液涂在脸上，令肌肤柔滑，并可防止化妆品与皮肤直接接触，从而起到保护皮肤的作用

续表

项　目	标　准	操 作 规 范
打粉底	调整面部肤	① 选择粉底时应注意其颜色与肤色反差不宜过大。 ② 取适量粉底并将其均匀涂抹在脸上,切记在颈部也要涂抹粉底,以免面部与颈部的色差过于明显
画眼线	眼睛生动传神	① 笔法先粗后细,由浓而淡。 ② 上眼线从内眼角向外眼角画。 ③ 下眼线从外眼角向内眼角画。 ④ 上下眼线不可在外眼角处交会
打眼影	面部具有立体感,双眼明亮传神	① 选择适合自身的眼影。 ② 由浅而深,画出眼影的层次感。 ③ 眼影色彩不宜过分鲜艳。 ④ 工作妆应选用浅咖啡色眼影
画眉	突出或改善个人眉形,使妆容具有立体感	① 修眉,修剪杂乱无序的眉毛。 ② 对眉毛进行描画。 ③ 注意两头淡、中间浓、上边浅、下边深
上腮红	使面颊更加红润,轮廓更加优美,显示健康活力	① 选择适宜的腮红。 ② 晕染腮红。 ③ 扑粉定妆。 ④ 腮红与唇膏或眼影应属于同一色系。 ⑤ 注意腮红与面颊肤色的过渡要自然
涂唇彩	使双唇更加娇媚	① 用唇线笔描好唇线,先描上唇,后描下唇,从左右两侧沿唇部轮廓向中间描画。 ② 涂好唇彩。 ③ 用纸巾吸去多余的唇彩。 ④ 检查一下牙齿上有无唇彩的痕迹
喷香水	掩盖体味	① 选择合适的香型。 ② 喷涂于腕部、耳后、颌下等适当之处。 ③ 香水切勿使用过量

快来记录下我们的工作过程吧！　　　　　　　　　　见工具单 1-1-2

我们的成绩

___分
女士化妆规范综合评价表见工具单 1-1-3

情境 1 成功从"头"开始——商务人员仪容礼仪

训练项目 2 商务人员发部修饰礼仪

情景 2

文静有一张可爱的娃娃脸,她不知道今天上班选择哪种发型比较合适,她从网上找到了以下几种发型示例,让我们一起帮她设计一下吧!

我们的任务

1. 请根据情境 2,为文静选择一款合适的发型。
2. 请根据自己的脸形制定一套头发修饰方案。
3. 根据自身特点,为自己设计一款适合参加商务谈判活动的发型。

我们的目标

1. 了解在商务场合中,发部修饰的规范和要求。
2. 掌握发型设计的方法和技巧。
3. 能够为自己设计一款适合商务场合的发型。

我们来学习

发型是指头发的长度、颜色和形状，是肉眼所能观察到的。头发位于人体的"制高点"，往往是一个人被注视的第一个部分，因此，修饰仪容应从"头"做起。商务人员的应依据自己的审美习惯、工作性质和自身特点，对头发进行清洁、修剪、保养和美化。

1.2.1 发部清洁梳理

知识点1 头发的清洁

要保持头发的整洁，首先要勤于清洗，每周至少清洗头发2~3次，并且要自觉坚持。

人们在洗发时，通常对很多细节不太在意，这样做可能会损伤头发。以下是一些洗发的小技巧，大家在平时洗发时，可以尝试一下。

首先，在洗发前可用梳子将头发梳开，这样一边梳发，一边可用梳子按摩头皮。然后用清水将头发冲洗一遍，这样既可使头发上的灰尘、脏污及头皮屑略微减少又可减少洗发液的用量，以降低对头皮的刺激。

其次，在洗发时可先倒1元硬币大小的洗发液在手心上，加水轻轻搓揉至起泡，再涂抹于头发上，然后用温水冲洗干净。如此重复两次，便可彻底清洁头皮与头发。但切记千万不要将洗发液直接倒在头发上搓洗，这样会刺激头皮，长此以往，会导致脱发。

再次，洗头发时应注意以打圈的方式进行，可用指腹按摩头皮，这样可以促进头部血液循环。但切记千万不要用手指甲抓挠头皮，这样的动作容易使头皮受伤。如为油性发质者，可着重清洗发根，而干性发质者则不宜清洗太久，以免损伤头发。

最后，用清水将头发冲洗干净。如果冲洗不干净，残留的洗发液会伤害头皮。还要注意的是，不要误以为热水的溶解力高而用高温的水来冲洗头发，这样做会伤害头皮。同时，高温会使头皮水分流失而变得干燥。如果担心冲洗不净，可用温水多冲洗几次。

学霸笔记

如何防止脱发

1. 防止脱发的早晚梳发

你是否有早晚把头发梳得很整齐的习惯？我们最好能花一点心思在自己的头发上，使头发保良好的状态。每天早晚各梳头100下，不仅能刺激头部穴位，而且可以防止脱发及头皮屑的产生。

2. 经常变换分发线

分发线如果一直保持在相同的地方，梳发的方向保持不变，头发分开的地方，由于经常被阳光照射，会使头皮干燥或变薄，导致头发稀疏。如果分开的地方开始变薄，应该在涂抹发乳或头油后，加以按摩，使已经干燥的头皮得到滋润。此外，经常变换分发线，还能感受变换发型的乐趣。

知识点 2　头发的修剪

商务人员要定期理发，在正常情况下，男性商务人员通常应当每半个月左右修剪一次头发。

头发生长到一定长度，发梢就会出现分叉、易断的现象，同时还会使发型看起来较为凌乱。定期修剪可避免这种现象发生，使发丝保持良好的状态。此外，定期修剪还可促进头发的生长。

知识点 3　头发的梳理

商务人员的头发要注意勤于梳理。特别是在出门上班前、换装上岗前及摘下帽子后更应及时梳理头发。

梳发时应注意：梳头不宜当众进行；梳头不宜直接用手，最好随身携带一把梳子；梳理的断发和头屑不可随手乱扔。

1.2.2　发部造型

商务人员在选择发型时必须考虑本人的职业、性别、年龄、脸形和体形等因素。

知识点 1　发型与性别相适宜

男性商务人员的头发不能过长，要求前发不覆额，侧发不掩耳，后发不及衣领，不留大鬓角，也不能剃光头，绝不允许为追求时尚留长发或梳起发辫。

女性商务人员最好剪短发，这样既方便梳理，又给人以精明强干之感。头发不宜长于肩部，不宜挡住眼睛。如果是长发过肩者最好采取一定的措施，在上岗之前，将长发束起不可披头散发。

知识点 2　发型与脸形相协调

发型与脸形的关系特别密切，发型的好坏，关键看与人的脸形是否相配。

（1）鹅蛋形脸。鹅蛋形脸的人适合采用中分发型，这样显得发型左右均衡，更显端庄。

（2）圆形脸。圆形脸的人可选择向下垂的直发，同时适当丰隆顶发。因为适当丰隆的顶发，可使脸形显长。因此宜侧分头缝，以不对称的发量来减弱脸形扁平的视觉效果。面颊两侧不宜隆发，同时也不宜留头发帘。

（3）方形脸。方形脸的人可利用发型使脸部看起来窄一些，用不对称的发缝、翻翘的发帘来增加发式变化，并尽量增多顶发。方形脸的人切勿理寸头，耳旁头发不宜变化过大，不宜暴露额头。

（4）长方形脸。长方形脸的人在选择发型时可适当地保留发帘，使两侧的发量增加，体现发式的层次感。同时顶发不可高隆，垂发不宜笔直。

（5）菱形脸。菱形脸的人在选择发型时,应避免选择直发,并注意遮盖颧骨。选择短发时,要强化头发的柔美,并挡住太阳穴;选择长发时,应以"波浪式"为主,发部轮廓轻松丰满。

（6）三角形脸。三角形脸形就是下宽上窄的脸形,这类人不宜留短发。做发型时要注意,前顶部的头发不宜吹高,要让头发紧贴头顶和太阳穴部位,以减小额角的宽度。心形脸形的人头前部的头发应向左、右两侧分开,让额部显得宽一点。

总之,选择发型,应根据自己的脸形的特点,扬长避短、显美藏拙。

知识点3　发型与身份场合相适宜

商务人士在选择发型时,除了要考虑性别、脸形外,还应考虑职业、身份与工作场合等因素,切勿"以不变应万变"。商务场合,发型应当传统、庄重和保守一些,而在社交场合的发型则可以个性、时尚、艺术一些,至于较为前卫的发型则更多适用于艺术工作者。

1.2.3　发部的美化

美发包括护发、烫发、染发和佩戴假发、发饰、帽子等,不论采用哪种方法,都要注意美观大方,自然得体。

知识点1　头发的护理

正确地护理头发,一是要长期坚持,二是要选择好的护发产品,三是要采用正确的护发方法。头发的养护主要从以下两个方面入手。

（1）护理发丝。如果是干性发质和受损发质每周要焗油1次,以补充发丝的油分和水分。每日按摩头部10～15分钟,以促进头部的血液循环、营养头皮。每次洗发后可用少量橄榄油滋润头发。如果是中性发质要每隔10～15天焗油一次,每周做3～4次头部按摩,每次10～15分钟,每次洗发时使用少量护发素。

（2）合理膳食。发丝也是由细胞构成的,细胞的新陈代谢需要多种营养,因此,合理的膳食是头发养护的基础。

知识点2　头发的染烫

（1）染发。中国人历来以黑发为美,假如自己的头发不够油黑,特别是早生白发或长有杂色的头发,将其染黑通常是必要的。商务人员不宜将头发染成红、黄等个性的颜色或是将其染成数色并存的彩色。

学霸笔记

染过的头发应如何护理

染发是许多人都尝试过的一种美发方式,染过的头发没有光泽或色彩难以保持很令人烦恼。所以,我们要了解染发后的正确护理方法。

染发时,染膏中的碱性成分把头发表层的毛鳞片打开（头发上的鳞片遇碱张开）,人工

情境 1
成功从"头"开始——商务人员仪容礼仪

色素进入头发的皮质层，与天然色素中的一部分相结合，使头发的颜色变成染膏的颜色。

染发时染膏对头发表层的毛鳞片有很强的破坏作用，如果养护不当会造成毛鳞片脱落，进而使头发变得干枯且缺少光泽。

护理时避免头发干燥，日常最好使用含碱量低、性质温和的洗发水。此外，吹风机的热风也会加快色素脱落，所以一定要在吹头发之前涂一些含护发成分的护发产品。

（2）烫发。由于商务场合的特殊性，商务人员在烫发时，切记不要将头发烫得过于繁乱。烫发过勤会使头发中的细胞受损，从而使发丝干枯、分叉、易折断。烫发以半年一次为宜，应选择直径略大的卷心，烫发的时间也不宜过长。

知识点 3　头发的修饰

（1）假发。只有在出现掉发严重的时候，才适合佩戴假发，以弥补自己的缺陷。其他情况下商务人员不宜佩戴假发。

（2）帽子。一般情况下，商务人员在工作时是不允许戴帽子的。各种意在装饰的帽子或是头巾等均不适宜佩戴。

（3）发饰。女性商务人员在工作时以不戴或少戴发饰为宜。

德润礼行

不学礼，无以立

不学礼，无以立。语出《论语•季氏篇第十六》第十三章：陈亢问于伯鱼曰："子亦有异闻乎？"对曰："未也。尝独立，鲤趋而过庭。曰：'学《诗》乎？'对曰：'未也。''不学《诗》，无以言。'鲤退而学《诗》。他日，又独立，鲤趋而过庭。曰：'学礼乎？'对曰：'未也。''不学礼，无以立。'鲤退而学礼，闻斯二者。"陈亢退而喜曰："问一得三。闻诗，闻礼，又闻君子之远其子也。"

讲的是孔子和他儿子孔鲤的故事，有一天孔子独自站在庭院里，他的儿子孔鲤恭敬地低头快步走过庭院。孔子见后说："站住，学诗了吗？"孔鲤答道："没有"。孔子说"你不学诗你怎么会说话？"孔鲤于是退而学诗。又一天，孔子又站在庭院里，孔鲤"趋而过庭"，孔子见后说："站住，学礼了吗？"孔鲤答道："还没有"。孔子说："做人要有礼，不学礼，怎么来做人啊！"孔鲤于是退而学礼……

礼仪是无处不在的，学习礼仪不仅使个人的言行在社会活动中与其身份、地位、社会角色相适应，还是衡量个人道德水准高低和有无教养的标准。"不学礼，无以立"。不学礼，就难以立身，以礼待人才能以理服人！

知礼、懂礼、用礼，不仅能培养我们讲文明、懂礼貌的优秀品德，还能促进社会文明的和谐发展，增强文化自信，弘扬"围绕举旗帜、聚民心、育新人、兴文化、展形象建设社会主义文化强国"的党的二十大报告精神。随着现代商务交往的日益频繁，真诚、文明、富有魅力的商务礼仪已成为增进友谊、加强合作、促进商务发展的重要手段。

导师提问:为什么要求"女性商务人员的头发不宜长过肩部,不宜挡住眼睛,长发应束起,不可披头散发"?

我的想法:＿＿＿＿＿＿＿＿＿＿＿＿＿＿＿＿＿＿＿

＿＿＿＿＿＿＿＿＿＿＿＿＿＿＿＿＿＿＿＿＿＿＿＿＿

＿＿＿＿＿＿＿＿＿＿＿＿＿＿＿＿＿＿＿＿＿＿＿＿＿

＿＿＿＿＿＿＿＿＿＿＿＿＿＿＿＿＿＿＿＿＿＿＿＿＿

我们的计划

快来和我们一起制订自己的学习计划吧!

见工具单 1-2-1

我们来操作

任务1 根据情景2,为文静选择一款合适的发型

1. 操作步骤

(1)认真阅读情景2中的内容,在充分讨论的基础上填写任务计划单。

(2)根据情景2中描写的文静的脸形特点展开讨论,为文静选择一款合适的发型。

(3)将小组讨论的结果进行展示并填写任务记录单。

2. 操作要点

(1)商务人员发型设计的要点如下。

①发型与性别相适宜。②发型与脸形相协调。③发型与身份场合相适宜。

(2)圆形脸的发型设计要点:圆形脸可选择垂直向下的发型;顶发若适当丰隆可使脸形显长;宜侧分头缝,以不对称的发量减弱脸形扁平的视觉效果;面颊两侧不宜隆发,不宜留头发帘。

任务2 根据自己的脸形制定一套头发修饰方案

1. 操作步骤

(1)每人准备一个化妆镜,观察自己的脸形特点。

(2) 根据自己脸形的特点选择一款合适的发型。
(3) 展示自己设计的头发修饰方案并填写任务记录单。

2．操作要点

表 1-3 为女士脸形与发型设计操作要点

表 1-3　女士脸形与发型设计操作要点

脸　　形	适合的发型	不适合的发型
鹅蛋形脸发型设计	大部分的发型都很适合此种脸形，发型设计需遵循简洁的原则	① 太复杂或不对称的发型。 ② 太厚重的刘海
圆形脸发型设计	① 头发长度长一点的发型——有助于让脸部看起来修长。 ② 带点蓬松感及高耸感的发型——有加长脸形的效果。 ③ 尽量保持两鬓的宽度——不会使脸形看来更圆	① 太短的发型——会让脸看起来更圆、更短。 ② 太贴、太平或是顶部太塌的发型。 ③ 后方推高的发型——会使脸部看来更圆
三角形脸发型设计	① 额头显宽的发型——不会使两颊看起来更加宽大。 ② 柔和一点的发型——如有卷度或波浪式、中长至肩部的发型	① 直发造型。 ② 中分或任何过短的短发造型
倒三角形脸发型设计	① 保持及于颈部的头发长度以造成加宽下巴的视觉效果。 ② 偏分刘海可弱化前额的宽度。 ③ 颧骨不凸出的人也可以留短发	盘发或者束发等造型
方形脸（国字形脸）发型设计	① 上方有点蓬度而两侧服帖一点的发型——使脸形看起来修长。 ② 偏中分的发型	① 长度刚好到下巴的发型——使脸形看起来更宽。 ② 覆盖整个额头的一片式刘海。 ③ 发线太过旁分的发型——增加下巴的宽度，使脸形看来起更宽
菱形脸发型设计	① 能够加宽前额宽度并让两颊显瘦、下巴加宽的发型设计。 ② 长度到颈部的发型——有助于增加下巴宽度。 ③ 半边侧刘海	

任务3 根据自身特点，为自己设计一款适合参加商务谈判活动的发型

1. 操作步骤

（1）准备发型美化及修饰用品。
（2）根据所学知识，总结参与商务谈判活动时发型的设计要点。
（3）观察并总结自身特点。
（4）制定设计方案。
（5）展示设计成果并填写任务记录单。

2. 操作要点

（1）发型与性别相适宜。
（2）发型与脸形相适宜。
（3）发型与身份相适宜。
（4）发型与场合相适宜。

快来记录下我们的工作过程吧！

见工具单 1-2-2

我们的成绩

___分
商界人员发部修饰礼仪评价
见工具单 1-2-3

训练项目3 商务人员肢体修饰礼仪

情景3

文静伸开了她那纤纤玉指，指甲上还有着昨天同学聚会前做的美甲。她万分心痛地拿起了卸甲油。请问为什么？

情境 1

成功从"头"开始——商务人员仪容礼仪

我们的任务

1. 请根据文静的身份特点设计手臂修饰方案并进行展示。
2. 请根据所学知识，展示商务场合中的腿脚修饰礼仪。
3. 请根据自身特点，设计一套适合自己在商务场合中使用的肢体修饰方案。

我们的目标

1. 了解商务场合肢体修饰的规范和要求。
2. 掌握肢体修饰的方法和技巧。
3. 能够为自己设计适合商务场合的肢体修饰方案。

我们来学习

肢体也称为四肢，主要是指人的手臂与腿脚。除人的面容及发式以外，人体其他所有未被服饰遮掩的肌肤也属个人仪容的基本内容，因此肢体的修饰礼仪也是仪容礼仪的重要组成部分。在商务活动中，人们的肢体动作最多，经常受到关注，因此商务人员对肢体的运用与修饰也有着相应规范和要求。

1.3.1 手部及手臂的修饰

手通常被视为"第二张脸"因此，我们应当重视手部修饰。

知识点 1　手部保洁

手常常是暴露在外的，比较容易沾染细菌和污垢，所以我们要注意手部保洁和清洗。如手上所沾的墨水、印油、油渍等，均应清洗干净。

商务人员还要注意用手卫生，如用手揉眼睛、掏耳朵、抠鼻孔、搔头发、剔牙等，都是极不卫生的。

学霸笔记

研学旅行指导师的肢体修饰规范

研学旅行指导师，是指指导中小学生研学旅行的老师，在研学旅行的过程中，研学旅行指导师要根据学生需求确定教学目标，设计既有体验性又有教育意义的课程内容和形式。研学旅行指导师与导游有着很大的区别，研学旅行指导师在研学旅行过程中的角色决不但是知识的传递者，而且是中小学生研学旅行的支持者、合作者、引导者。研学旅行指导师在旅行中肢体动作，对学生起着言传身教的作用，因此对从业者的肢体修饰应进行严格的规范和约束。

1. 手臂的修饰规范。

首先要注意手臂的清洁与保养，避免出现粗糙、开裂、红肿、生疮等皮肤问题和皮肤外伤，以免有损指导师的形象。上岗之前、手脏之后、入口食物前及上过卫生间之后等均应注意及时清洗手部，随时保持手臂干净，做好学生的榜样。其次，不留长指甲，不涂抹彩色指甲油和彩绘、文刺手臂，这些与研学旅行指导师的身份不符。如出于养护的目的，平时可以使用无色指甲油。第三，研学指导师在工作场合着装要注意不要裸露肩部，避免腋毛外露，如个别人手臂上的汗毛较为浓密，应穿着长袖衣衫，以保持整洁美观。

2. 腿脚的修饰规范

首先腿脚的清洁是最基本的，做到勤于洗脚、勤换袜子、勤换鞋子。其次，不要光腿、光脚。女性着裙装工作服时应穿长筒袜，如在旅行中不方便穿着长筒袜时应选择过膝的长裙或长裤，以保持庄重的形象。其次，不要露脚趾和后跟。这是指研学旅行指导师在工作岗位上不应穿着露脚趾或脚后跟裸露在外的鞋子。如露趾凉鞋或拖鞋等，这样做会有损研学指导师的形象。

知识点 2 指甲的修饰

为了增添美感，商务人员可以进行必要的指甲修饰。

（1）勤剪指甲。勤剪指甲是讲卫生的表现，商务人员的手指甲通常不宜过长，因此要养成"三日一修剪，一日一检查"的良好习惯。从卫生角度来讲，留长指甲有弊无利，在修剪指甲时还应注意剪除指甲周围的死皮。

（2）不使用颜色醒目的指甲油。透明的指甲油，能增强指甲的光泽感，可以适当涂一些，一般商务人员不宜在手指甲上涂彩色指甲油，或者进行艺术美甲，也不宜在手背、胳膊上使用贴饰、文身等。

学霸笔记

怎样修剪指甲

将指甲修剪出好的外形，可以弥补手指的缺陷，美化手型，使双手显得纤细修长。

1. 工具

修剪指甲的工具有小尖剪刀、榉木小棒、指甲锉刀、指甲刷等。

2. 方法及步骤

（1）清洁指甲。用卸甲油除去旧的指甲油，如本身没涂指甲油，此步骤可忽略。

（2）指甲外形的选择。指甲的外形，要根据手指的外形、长度、指甲的状态、工作性质及个人兴趣等决定。卵形指甲是大多数人所喜爱的，但也应考虑是否与自己的手指外形协调。

手小指细的人,将指甲修剪成尖形,可以显得手指修长;手掌宽大的人,不宜将指甲剪成"尖塔"形,指甲也不宜留得太长。

(3)修剪。用指甲剪将指甲修剪成自己所需要的外形,并使指甲平滑。此时,可用棉棒蘸肥皂水清洁指甲内侧。将指甲周围的肉刺及死皮去除,轻柔推拿手指片刻。

导师提问:为什么要求商务人员不宜使用醒目的指甲油?
我的想法:_____
_____
_____

知识点3 臂部的修饰

一般而言,商务人员应修剪腋毛,腋毛外露极不雅观。女士尤其要注意这一点。另外,有的人手臂上长有较为浓密的汗毛,这不符合我国的审美标准,必要时应采取有效办法将其去除。

1.3.2 腿脚的修饰

知识点1 保持下肢清洁

下肢的清洁,应特别注意三个方面:一是勤洗脚,人的双脚不但易出汗,而且容易产生异味,商务人员必须每天洗脚;二是要勤换鞋袜,一般要每天换洗一次袜子,才能避免异味的产生,还要注意尽量穿透气、吸湿性好的袜子;三是要定期擦鞋,商务人员在穿鞋前务必细心清洁鞋面、鞋跟、鞋底等处,使其一尘不染,定期擦鞋油,使其锃亮光洁。

学霸笔记

上班族的丝袜穿着守则

丝袜的发明,是近代科技对女人的重要贡献之一。自丝袜出现后,其颜色越来越多。丝袜具有美化腿部线条、提臀等功能,因此备受女性喜爱。

对于上班族而言,丝袜更是其职业造型不可或缺的得力助手,如何将丝袜穿得好又穿得巧呢?

1. 完美形象经不起一"丝"瑕疵

丝袜是"消耗品",如出现钩纱或脱线的情况就应立即淘汰,即使只破了一个小洞,也不可用透明指甲油等一补了事。

既然丝袜是消耗品,许多精打细算的上班族便会到量贩店大量购买,或者集结女同事向厂商直接订购,以节省开销。但丝袜的品质往往与其价格成正比,为了提升自身整体形象,提高一点丝袜的采购预算绝对是值得的。

2. 肤色丝袜最实用

虽然市面上丝袜的色彩繁多,但对于上班族来说,肤色丝袜是最实用的选择,不妨在量贩店推出特价活动时,多买一些备用。

3. 冬季厚裤袜的选择与搭配

在寒冷的冬天,保守的深色厚裤袜可以呵护双腿。在搭配时,尽量选择和裙子或鞋子颜色相同的厚裤袜,也可以选择和鞋子同色系的厚裤袜,但是鞋子的颜色要比裤袜的颜色深。

4. 丝袜收纳有妙方

丝袜晾干之后,先将两边向中间对折成长条状,再从脚底往上折,然后从袜口往外翻,把折起来的丝袜包住就可以了。其次,收纳丝袜的器具需光滑,否则会增加丝袜被钩坏的概率。

最后,不妨在包包、办公室、车里各准备一双备用的肤色丝袜,当雨天潮湿泥泞时,或是丝袜不小心被钩破时,便可马上更换。另外,在穿凉鞋或露脚趾的高跟鞋时,最好选择"一体成型"的丝袜,不要让脚趾和脚背的连接处出现明显的区隔线条或深浅色块的差异。

知识点 2 腿脚的适度掩饰

在商务活动中,为了展现自己的良好形象,对于下肢的有关部位要进行适度掩饰和修饰。具体来说,应注意以下四点。

(1)不光腿。男性光腿,往往会令他人对其产生反感;女性光腿有卖弄性感之嫌。因此,商务人员在工作时不宜裸露双腿。若因天气炎热或工作性质比较特殊而光腿,则应穿着长过膝盖的短裤或裙子。

(2)不赤脚。在比较正式的场合中不允许赤脚,也不宜赤脚穿鞋。这不仅为了美观,还是一种礼貌的表现。

(3)不露趾。商务人员在工作场合中,不能穿露趾的鞋,以免令人反感。

德润礼行

人必其自爱也,而后人爱诸

人必其自爱也,而后人爱诸:语出《法言·君子》,作者扬雄是西汉的文学家、哲学家。原文是:人必其自爱也,而后人爱诸;人必其自敬也,而后人敬诸;自爱,仁之至也;自敬,礼之至也。未有不自爱敬而人爱敬之者也。人必须先自爱,而后别人才会爱他;人必须先自敬,而后别人才会敬他。自爱是仁的极致,自敬是礼的极致。世界上没有不自爱、自敬,而能够被他人爱和敬的人。

这段话强调人必须先自爱,而后他人才会对他有所爱;强调人一定要先自尊,然后才能被他人所尊敬。只有自尊自爱的人,才能获得他人的爱和尊重。

在现代的商务交往中,我们想要得到他人的尊重首先要自尊自爱,自尊自爱,就是在品格、行为等方面严格要求自己,就要求我们在学习礼仪过程中遵守"自律"原则,不断自我要求、自我约束、自我控制、自我反省,培养我们"严于律己"的美好品格。注重自身仪容仪表的修饰,塑造自身商务形象也是自尊自爱的具体表现。只有先尊重、爱护自己,才能获得他人的尊重和爱护。

我们的计划

快来和我们一起制订自己的学习计划吧!

见工具单 1-3-1

我们来操作

任务1 根据文静的身份特点设计手部及手臂修饰方案并进行展示

1. 操作步骤

(1) 准备手部修饰用品:清水、洗手液、纸巾、护手霜、指甲刀、指甲油等。
(2) 根据所学知识对任务内容进行充分讨论,提出自己的观点并请教师进行指导。
(3) 根据自己制定的手部及手臂修饰方案进行现场操作。
(4) 对自己手部及手臂修饰的成果进行展示并填写任务记录单。

2. 操作要点

(1) 手部保洁。如手上所沾的墨水、印油、油渍等污垢均应清洗干净。
(2) 手臂修饰。
① 勤剪指甲。② 不使用颜色醒目的指甲油。③ 不外露腋毛。

任务2 根据所学知识点展示商务场合中的腿脚修饰礼仪

1. 操作步骤

(1) 准备腿脚修饰的用品:男士棉袜、男款皮鞋、女士长筒丝袜、女款皮鞋等。
(2) 根据所学知识对任务内容进行充分讨论,提出自己的观点并请教师进行指导。
(3) 根据自己制定的腿脚修饰方案进行现场操作。
(4) 对腿脚修饰的成果进行展示并填写任务记录单。

2. 操作要点

(1) 保持腿脚的清洁。
① 勤洗脚。② 勤换鞋袜。③ 定期擦鞋。
(2) 腿脚的适度掩饰。
① 不光腿。② 不赤脚。③ 不露趾。④ 勤剪脚指甲。

任务 3　根据自身特点，设计一套适合自己在商务场合中使用的肢体修饰方案

1. 操作步骤

（1）准备肢体修饰用品：可参考任务 1 和任务 2 中的修饰用品。
（2）根据所学知识对任务内容进行充分讨论，提出自己的观点并请教师指导。
（3）根据自己制定的肢体修饰方案进行现场操作。
（4）对肢体修饰的成果进行展示并填写任务记录单。

2. 操作要点

商务人员肢体修饰操作要点，如表 1-4 所示

表 1-4　商务人员肢体修饰操作要点

操作项目		男士操作要点	女士操作要点
手臂的修饰	1. 手部保洁	清洗手部，如手上所沾的墨水、印油、油渍等污垢，均应清洗干净	清洗手部，如手上所沾的墨水、印油、油渍等污垢，均应清洗干净
	2. 手臂修饰	① 勤剪指甲。 ② 不外露腋毛，不要穿着无领无袖的上衣	① 勤剪指甲。 ② 不使用颜色醒目的指甲油，如有必要，可选用无色或裸色指甲油
腿脚的修饰	1. 保持下肢的清洁	① 要勤洗脚。 ② 要勤换鞋袜。 ③ 勤擦鞋	① 要勤洗脚。 ② 要勤换鞋袜。 ③ 勤擦鞋
	2. 腿脚的适度掩饰	① 不光腿，男士在商务场合中只可穿长裤，即便在夏季也不可穿短裤。 ② 不赤脚，尽量穿深色棉袜。 ③ 夏季不可选用网眼或露跟脚的皮凉鞋	① 在商务场合中，女士着裙装时要穿长筒丝袜。 ② 女性商务人员一般穿船形皮鞋，夏季不可穿露脚趾或脚跟的皮凉鞋。 ③ 勤剪脚指甲并慎用彩妆

快来记录下我们的工作过程吧！

见工具单 1-3-2

我们的成绩

＿＿＿分
商务人士肢体修饰评价表
见工具单 1-3-3

情境1 训练项目1 工具单

工具单 1-1-1　训练项目1 计划单

班级：_____　　组别：_____　　项目负责人：_____

具体分工及进度安排：

我们的任务	我的任务及合作伙伴	需要的知识点	完成时间
1. 根据自身眉部特点总结眉部修饰的技巧			
2. 根据自身眼部特点设计商务谈判场景中的眼部修饰			
3. 根据自身唇部特点设计商务晚宴场景中的唇部妆容			
4. 根据情景中设定的文静的职业背景设计一款适合她的职场妆容			

_____年_____月_____日

工具单 1-1-2　训练项目1 记录单

日期：_____　　班级：_____　　组别：_____

训练项目完成情况

任务1　根据自身眉部特点总结眉部修饰的技巧
　　完成情况：请在相应的完成情况前画"√"。
　　　　　　□顺利完成　　　□基本完成　　　□部分完成　　　□不能完成

任务2　根据自身眼部特点设计商务谈判场景中的眼部修饰
　　完成情况：请在相应的完成情况前画"√"。
　　　　　　□顺利完成　　　□基本完成　　　□部分完成　　　□不能完成

任务3　根据自身唇部特点设计商务晚宴场景中的唇部妆容
　　完成情况：请在相应的完成情况前画"√"。
　　　　　　□顺利完成　　　□基本完成　　　□部分完成　　　□不能完成

任务4　根据情景中设定的文静的职业背景设计一款适合她的职场妆容
　　完成情况：请在相应的完成情况前画"√"。
　　　　　　□顺利完成　　　□基本完成　　　□部分完成　　　□不能完成

工作小结及自我评价：

工具单 1-1-3　女士化妆规范综合评价表

评价项目	评价标准	是否做到	存在的问题
束发	将头发束好，不要遮挡面部	□是　□否	
洁面	面部干净清爽	□是　□否	
护肤	选择护肤品，对皮肤进行保护	□是　□否	
打粉底	调整面部肤色	□是　□否	
画眼线	眼睛生动传神	□是　□否	

续表

评价项目	评价标准	是否做到	存在的问题
打眼影	使面部具有立体感，双眼明亮传神	□是 □否	
画眉	突出或改善个人眉形使妆容具有立体感	□是 □否	
上腮红	使面颊更加红润	□是 □否	
涂唇彩	使双唇更加娇媚	□是 □否	
喷香水	掩盖体味	□是 □否	
教师评语			

情境1训练项目2工具单

工具单1-2-1 训练项目2计划单

班级：_____ 组别：_____ 项目负责人：_____

我们的任务	我的任务及合作伙伴	需要的知识点	完成时间
1. 请根据情景2为文静选择一款合适的发型，并说明理由			
2. 请根据自己的脸形制定一套头发修饰方案			
3. 根据自身特点，为自己设计一款适合参加商务谈判活动的发型			

_____年_____月_____日

工具单1-2-2 训练项目2记录单

日期：_____ 班级：_____ 组别：_____

任务1 根据情景2，为文静选择一款合适的发型
　　完成情况：请在相应的完成情况前画"√"。
　　　　□顺利完成　　□基本完成　　□部分完成　　□不能完成

任务2 根据自己的脸形制定一套头发修饰方案
　　完成情况：请在相应的完成情况前画"√"。
　　　　□顺利完成　　□基本完成　　□部分完成　　□不能完成

任务3 根据自身特点，为自己设计一款适合参加商务谈判活动的发型
　　完成情况：请在相应的完成情况前画"√"。
　　　　□顺利完成　　□基本完成　　□部分完成　　□不能完成

工作小结与自我评价：

情境1 成功从"头"开始——商务人员仪容礼仪

工具单 1-2-3 商界人员发部修饰礼仪评价表

评价项目	评价标准	是否做到	存在问题
发部的清洁与梳理	干净	□是 □否	
发部的清洁与梳理	整齐	□是 □否	
发型的选择	与场合相适应	□是 □否	
	与脸形相适应	□是 □否	
	与年龄相适应	□是 □否	
	与体形相适应	□是 □否	
	与性别相适应	□是 □否	
发部的美化	头发的颜色与身份相符	□是 □否	
	头发的护理方法得当	□是 □否	
	发饰选择得当	□是 □否	
教师评语			

情境1 训练项目3 工具单

工具单 1-3-1 训练项目3 计划单

班级：_____ 组别：_____ 项目负责人：_____

我们的任务	我的任务及合作伙伴	需要的知识点	完成时间
1. 请根据文静的身份特点设计手臂修饰方案并进行方案展示			
2. 请根据所学知识，展示商务场合中的腿脚修饰礼仪			
3. 请根据自身特点，设计一套适合自己在商务场合中使用的肢体修饰方案			

_____年_____月_____日

工具单 1-3-2 训练项目3 记录单

日期：_____ 班级：_____ 组别：_____

任务1 根据文静的身份特点设计手臂修饰方案并进行方案展示
　　完成情况：请在相应的完成情况前画"√"。
　　　　□顺利完成　　□基本完成　　□部分完成　　□不能完成

任务2 根据所学知识。展示商务场合中的腿脚修饰礼仪
　　完成情况：请在相应的完成情况前画"√"。
　　　　□顺利完成　　□基本完成　　□部分完成　　□不能完成

任务3 根据自身特点，设计一套适合自己在商务场合中使用的肢体修饰方案
　　完成情况：请在相应的完成情况前画"√"。
　　　　□顺利完成　　□基本完成　　□部分完成　　□不能完成

工作小结与自我评价：

工具单 1-3-3　商务人士肢体修饰评价表

评价项目		操作规范	是否做到	存在问题
手臂的修饰	1. 手臂保洁	清洗手部，如手上所沾的墨水、印油、油渍等污垢，均应清洗干净	□是　□否	
	2. 手臂修饰	① 勤剪指甲	□是　□否	
		② 不使用颜色醒目的指甲油	□是　□否	
		③ 不外露腋毛	□是　□否	
腿脚的修饰	1. 保持下肢的清洁	① 勤洗脚	□是　□否	
		② 要勤换鞋袜	□是　□否	
		③ 定期擦鞋	□是　□否	
	2. 腿脚的适度掩饰	① 不光腿	□是　□否	
		② 不赤脚	□是　□否	
		③ 不露趾及不显跟	□是　□否	
教师评语				

情境 2　佛靠金装，人靠衣装——商务人员服饰礼仪

情境导入

7点整，李想和文静开始准备上班的服饰。

训练项目 1　商务男士西装礼仪

情景 1

李想站在穿衣镜前,想起了昨天尴尬的经历。昨天,他陪老板参加了一个画展开幕式,参加开幕式的人员都西装革履,风度翩翩,而自己的一身打扮实在有失体面,裤线没了,领带忘系了,上衣的口袋翻着,鞋子脏兮兮的且变了形。李想清楚地记得当时那种尴尬的感觉,为此他正在发愁今天上班该如何着装。

我们的任务

1. 练习并演示如何选择适合自己身形特点的西装。
2. 练习并演示如何选择适合自己身形特点的正装衬衫。
3. 练习并演示一种适合自己身形特点的领带结的打法。
4. 设计并展示李想陪同老板参加画展开幕式的服饰。

我们的目标

1. 了解在商务场合中男士西装的穿着规范和要求。
2. 掌握商务场合中的西装穿着与搭配技巧。
3. 熟练运用西装穿着与搭配技巧。

西装是最为常用的男士正装,也是商务人员在正式场合中着装的优先选择。下面主要介绍西装作为商务人员在商务场合中的正装的穿着方法。

情境 2

佛靠金装，人靠衣装——商务人员服饰礼仪

我们来学习

商界男士在选择西装时首先要考虑西装面料。商务活动中穿着的西装，其面料要力求高档，应以毛料为首选。纯毛、纯羊绒面料西装及含毛、羊绒比例较高的混纺面料的西装都是不错的选择。

颜色是商界男士在选择西装时要考虑的另外一个因素。商界男士在正式场合中不宜穿着色彩过于艳丽的西装，西装的颜色应显得庄重。商界男士的西装颜色应当全身统一，以藏蓝色为首选。此外，还可以选择灰色或棕色西装。出席庄重、严肃的礼仪性活动时，黑色西装最为合适。正式场合的西装套装一般以无图案为好，也可以选择细密的竖条纹图案。

2.1.1 西装的选择

知识点 1 西装的选择

西装有单件和套装之分。单件西装是指一件与西裤不配套的西装上衣。西装套装是指上衣与裤子在面料、颜色、款式上一致，风格统一的多件成套的西装。单件西装适用于非正式场合。男性商务人员在商务交往中所穿着的西装应该是西装套装，也称商务套装。

男性商务人员在选择西装时首先要考虑西装面料。商务活动中穿着的西装，其面料要力求高档，应以毛料为首选。纯毛、纯羊绒面料西装及含毛、羊绒比例较高的混纺面料的西装都是不错的选择。

颜色是男性商务人员在选择西装时要考虑的另外一个因素。男性商务人员在正式场合中不宜穿着色彩过于艳丽的西装，西装的颜色应显得庄重。男性商务人员的西装颜色应当全身统一，以藏蓝色为首选。此外，还可以选择灰色或棕色西装。出席庄重、严肃的礼仪性活动时，黑色西装最为合适。正式场合的西装套装一般以无图案为好，也可以选择细密的竖条纹图案。

西装的尺寸也是选择西装的重要因素。再昂贵的西装，如果尺寸不合适，也不能选择。男性商务人员穿着的西装一定要大小合身、宽松适度。西装上衣的衣长、袖长、胸围，西裤的裤长、腰围、臀围一定要符合自己的身形，购买西装时要反复地比较、试穿，不可将就。

合体的西装外套要求：上衣过臀部；手臂伸直时，袖子的长度应达到手心处；领子应紧贴后颈部；衬衫的领子应露出西装上衣领子约 1～2 厘米；衬衫的袖口应长出外衣袖口约 1～2 厘米。

西裤合适的腰围的判断标准是裤子穿好拉上拉链、扣好裤扣后，裤腰处能正好伸进一个五指并拢的手掌。西裤穿好后，裤脚的下沿正好触及地面，并确保裤线笔直。

学霸笔记

西装的款式

在正式场合中穿着的西装通常有两种款式：单排扣西装和双排扣西装。单排扣西装一般分为单粒扣、两粒扣和三粒扣三种款式，当然也有四粒扣的西装，一般只扣其中最上面的两粒或三粒。双排扣西装则有四粒或者六粒扣子。西装款式在开衩的问题上，有三种选择：在两个侧面各开一个衩，被称为双开衩，或者只在后面的中部开一个衩，被称为单开衩，也可以不开衩。单排扣西装可以选择其中的任何一种，而双排扣西装则只能在两个侧面各开一个衩，或者不开衩。目前比较适合年轻人的西装款式，通常是单排扣的；双排扣的西装款式则更适合中老年人。在单排扣的西装中，双开衩西装显得更为正式，而单开衩西装略带休闲风格。如果你是特别瘦高的身材，可以考虑四颗纽扣的西装，普通身材的人则适合三粒纽扣的西装。西裤裤腰的前面可以打褶，也可以不打褶。有的裤子钉有穿皮带用的套圈儿；有的裤子则钉有小搭扣，以便对裤腰的松紧进行调节。钉着小搭扣的裤子还钉有扣裤子背带用的扣子。是否选择裤腰前面打褶的裤子，完全取决于个人的喜好。不过，裤腰前面不打褶的裤子只有腹部扁平的人穿起来才好看。如今，西裤一般都缝有穿皮带用的套圈儿，因为只有少数男士愿意穿带背带的裤子。

知识点 2 衬衫的选择

搭配西装套装穿着的衬衫，应当是正装衬衫。面料以精纺的纯棉、纯毛为主，也可选择棉、毛成分含量较高的混纺衬衫。商务套装的衬衫最好是白色无花纹衬衫，另外也可配浅色的、细条子或细格子花纹的衬衫。纹路较细的竖条纹衬衫也可作为备选项，但是切忌与同样是竖条纹的西装相搭配。

正装衬衫的衣领形状，大多是方领、圆领和尖领。具体选择哪种领型，应该考虑自己的脸形、脖颈长度和领带结的大小，尽量使它们相互协调。大小合适的衬衫领子判断标准：扣上衬衫领子扣以后还能插进自己的一根食指。正装衬衫应该是长袖衬衫，衬衫的袖子应比西装上衣的袖子稍长，衬衫领子的高度应比西装领子的高度稍高。如果不是统一制服，男性商务人员在正式场合中千万不要单独穿着短袖衬衫，因为短袖衬衫往往显得不够正式。

知识点 3 领带的选择

领带是商务男士西装的重要配饰。一条搭配得体的领带可以使人的整体形象看起来更为优雅、庄重。男性商务人员在挑选领带时，要考虑领带的面料、颜色、图案、款式等问题。

好的领带外形平整美观，面料较为厚重，反复打结不易变形。真丝面料或者羊毛面料的领带，是品质较高的领带，是男性商务人员的首选。商务人员的领带主要是为了使人的整体形象看起来更为庄重、严肃，因此，颜色较深的素色领带是比较好的选择，如黑色、蓝色、灰色、棕色、紫红色等。男性商务人员不宜佩戴三种或三种以上颜色相混合的领带或者颜色过于鲜艳的领带。领带在图案方面以无图案的领带为主，也可以选择带有条纹、方格、圆形等规律的几何图案的领带。男性商务人员应尽量选择箭头型领带。穿着胸围较宽或者衣领较宽的衬衣时宜选宽幅领带，反之则选择窄幅领带。

总之，领带的款式、颜色应与西装和衬衫的款式、颜色相协调。简易的"一拉得"领带不适合在正式的商务场合中佩戴，男性商务人员在出席商务活动时切勿选择。

学霸笔记

领带的搭配技巧

衬衫和领带的搭配是一门学问，若搭配不妥，有可能破坏人的整体形象，但是如果搭配得巧妙，则能令人眼前一亮，而且显得自己别出心裁。一般来说，我们应注意领带与西装上衣的搭配，上衣的颜色应该成为领带的基础色。

白色衬衫穿在每个男人身上都非常合适，且适用于各种场合，不会过时，所以每个男人至少应该准备一件可换洗的白色衬衫白色或浅蓝色衬衫和单色领带是永不过时的搭配。

衬衫与领带的搭配在某种程度上还能反映一个人处世的老练程度。每位男士都应该至少有一件白色或浅蓝色的衬衫。每位男士至少应有一条纯藏蓝色或葡萄酒红色的领带供白天参加商务活动使用，还应该有一条丝质织花领带或纯黑色领带以备参加正式晚宴时代替领花使用。

从颜色搭配的角度来说，应注意以下几点。

（1）黑色西装，可以配以白色为主的衬衫或浅色衬衫，并搭配灰色、蓝色、绿色等与衬衫颜色协调的领带。

（2）灰色西装，可以配以白色为主的衬衫，并搭配灰色、绿色、黄色或唇红色领带。

（3）暗蓝色西装，可以配白色和明亮蓝色的衬衫，并搭配蓝色、胭脂红色或橙黄色领带。

（4）蓝色西装，可以配粉红、乳黄、银灰和明亮蓝色的衬衫，并搭配暗蓝色、灰色、胭脂红、黄色和砖红色领带。

（5）褐色西装，可以配白、灰、银色和明亮的褐色衬衫，并搭配暗褐色、灰色、绿色和黄色领带。

（6）绿色西装，可以配明亮的银灰色、蓝色、褐色衬衫，并搭配黄色、胭脂红、褐色和砖色领带。

知识点4　领带夹的选用

领带夹的主要用途是固定领带，在穿着西服时使用，如果仅穿长袖衬衫，则没必要使用领带夹，更不要在穿夹克时使用领带夹。穿西服时使用领带夹，其正确的做法是从衬衫风纪扣开始向下数第四与第五粒扣子之间，将领带和衬衣前襟一起夹住，领带夹的金属环扣在第四颗扣子上。然后扣上西服上衣的扣子，从外面一般看不见领带夹。

知识点5　鞋与袜子的选择

与西装配套的鞋子，只能选择皮鞋。一般来说，真皮皮鞋与西装最相配，磨砂皮鞋、翻毛皮鞋属于休闲皮鞋，不太适合与西装相搭配。男士所穿皮鞋的款式应庄重而正统，没有任何图案或装饰。根据这一要求，系带皮鞋是最佳选择。各类无带皮鞋，如船形皮鞋、盖式皮鞋、拉链式皮鞋等，都不符合这一要求。

男性商务人员在正式场合的着装，应当符合"三一定律"，即皮鞋、腰带和公文包三个配饰的颜色应一致，最好都选择黑色。

穿着西装、皮鞋时最好穿纯棉或纯毛袜子，不要选择尼龙袜或丝袜。袜子的颜色以深色、单色为佳，最好是黑色袜子。白色袜子与西装、皮鞋的颜色反差较大，男性商务人员在出席正式的商务活动时最好不要选择。

导师提问：怎样选择一套合体的西装？
我的想法：_____
_____
_____
_____

2.1.2 西装的穿着要领

知识点1 穿着西装的要求

（1）西装要干净、平整，西裤要熨出裤线。

（2）穿西装时，衬衫要十分整洁，领头要硬挺，应保证七八成新，内衣要单薄。衬衫里面一般不穿毛衫，如果穿了，毛衫的领子和袖子不宜露在外面。天气较冷时，衬衫外可穿羊毛衫，但只可穿一件。衬衫的下摆要均匀地塞在西裤内。

（3）穿单排扣的西装可以不系扣，但商务人员在正规场合中需要系扣，可根据西装款式系风纪扣或系一个扣。把西装的扣子都系上，其实并不符合西装穿着规范。

（4）为保证西装不变形，上衣袋只作为装饰。裤兜也与上衣口袋一样，不可装东西，以保证裤形美观。

（5）穿着西装，无论衣袖还是裤边，皆不可卷起。

（6）皮鞋一定要上油、擦亮。

知识点2 西装扣子的扣法

西装扣子的基本扣法为：双排扣全扣，单排扣扣上不扣下。

（1）双排扣西装，由于设计风格偏于稳重，纽扣的系法也相对保守，所有扣子最好都扣上。

（2）单排单粒扣，可扣可不扣。

（3）单排双粒扣，最常见的扣法为扣最上面一粒，或者全部不扣。

（4）单排三粒扣，可以全部不扣，也可以扣中间一粒或最上面两粒，最好不要全部扣上。

（5）如果是就座状态，可以把全部纽扣解开，或者至少把最下面一粒纽扣解开。这样西装不容易"扭曲"变形，也使人坐得舒服自然。

情境 2

佛靠金装，人靠衣装——商务人员服饰礼仪

学霸笔记

西装手帕的叠法

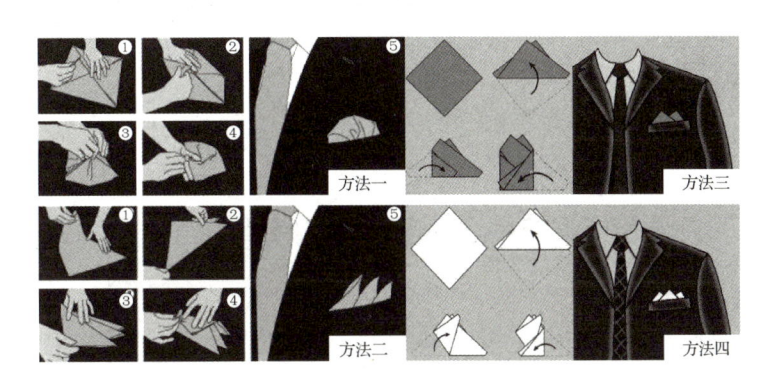

德润礼行

冠必正，纽必结

冠必正，纽必结。袜与履，俱紧切。置冠服，有定位。勿乱顿，致污秽。衣贵洁，不贵华。上循分，下称家。——《弟子规》

《弟子规》在个人的形象方面，提出了具体的要求和准则。其主张要注重服装仪容的整齐清洁，帽子要戴端正、衣服扣子要扣好、袜子要穿平整、鞋带应系紧。回家后衣帽、鞋袜都要放到固定的地方，避免脏乱。穿衣服最重要的是整洁，而不应单纯追求华丽，所穿衣物应符合自己的身份和自己的经济状况。

春秋时期晋国君主晋灵公荒淫无道，大臣赵宣子为人忠诚耿直，时时劝谏君主。晋灵公很不耐烦，便心生歹念，雇杀手锄麑刺杀赵宣子。锄麑天不亮就到了赵宣子的家。这时赵宣子已经起床，端端正正穿好朝服，正在闭目养神等待上早朝。赵宣子的威仪，让锄麑非常感动和震惊，心想：一个人居家时都端端正正，一定是国家的栋梁。假如杀了他，就是对社稷百姓的不忠；假如不杀他，又会失信于君主。最后他不得已，撞树自杀。可见当一个人仪容端庄，就能赢得他人的尊重和敬仰。

古人这些穿戴的礼仪规矩，是自重也是对他人的尊重。在现代社会中，很多人抱着"大行不顾细谨，大礼不辞小让"的想法对自己的仪容仪表不甚讲究。仪容仪表的讲究不仅是为了带给人观感上的舒适，还是一个人思想精神的外在体现。整洁、得体的衣着在人际关系中会给人留下稳重、端庄、高雅的印象，更容易使人觉得其内里的精神是积极向上的。注意仪容仪表是为了能更好地展现我们的内在涵养，保证衣冠整洁、形象端庄即可，不可过于奢华浪费，我们在彰显服饰之美的同时仍然要秉持节俭朴素的中华传统美德。

党的二十大报告指出："我们不断厚植现代化的物质基础，不断夯实人民幸福生活的物质条件，同时大力发展社会主义先进文化，加强理想信念教育，传承中华文明，促进物的全面丰富和人的全面发展。"这就要求我们在传承中华传统美德的同时还要展现现代礼仪修养。

我们的计划

快来和我们一起制订自己的学习计划吧！　　见工具单 2-1-1

我们来操作

任务1　练习并演示如何选择适合自己身形特点的西装

1. 操作步骤

（1）准备各种颜色、款式的西装套装及白色衬衫。
（2）对镜练习，认真观察自己身形特点。
（3）在所提供的西装套装中，选择适合自己的西装并正确穿着。
（4）学生展示穿着效果，教师进行点评。

2. 操作要点

基本要求：选择的西装要符合自己的身形特点，符合商务场合的穿着要求。挑选西装的操作要点如表 2-1 所示。

表 2-1　挑选西装的操作要点

操作标准	操作要点
西装的外套必须合体	① 上衣的长度要超过臀部。 ② 手臂伸直时，袖子的长度应达到手心处。 ③ 领子应紧贴后颈部。 ④ 衬衫的领子应高于西装上衣领子约 1～2 厘米。 ⑤ 衬衫的袖口应长于外衣袖口约 1～2 厘米
西裤要合体	① 西裤腰围的判断标准是裤子穿好拉上拉链、扣好裤扣后，裤腰处能正好伸进一只五指并拢的手掌。 ② 西裤穿好后，裤脚的下沿正好触及地面，并确保裤线笔直

任务2　练习并演示如何选择适合自己身形特点的正装衬衫

1. 操作步骤

（1）准备各种颜色、款式的衬衫。
（2）对镜练习，认真观察自己的身形特点。
（3）在所提供的衬衫中，选择适合自己的衬衫并正确穿着。
（4）学生展示穿着效果，教师进行点评。

2. 操作要点

基本要求：选择的衬衫要符合自己的身形特点，与西装外套相搭配。衬衫搭配操作要点如表 2-2 所示。

表 2-2　衬衫搭配操作要点

操作标准	操作要点
衬衫要合适	① 衬衫领围的判断标准是扣上衬衫领子扣后还能自由插进自己的一个食指。 ② 衬衫的袖子应比西装上衣的袖子稍长；衬衫的领子应比西装上衣的领子稍高

任务 3　练习并演示一种适合自己身形特点的领带结的打法

1. 操作步骤

（1）准备各种颜色、图案、面料的领带及白色衬衫。
（2）对镜练习，认真观察自己的身形特点。
（3）在所提供的领带中，选择与自己所穿西装外套相配的领带。
（4）反复练习领带结的打法，展示如何打出一个漂亮的领带结，教师进行点评。

2. 操作要点

基本要求：领带与西装外套、衬衫相搭配，选择合适的领带结。打领带的操作要点如表 2-3 所示。

表 2-3　打领带的操作要点

操作标准	操作要点
领带要与西装相协调	① 领带应为素色无花纹的。 ② 西装里若穿羊毛背心，则应将领带放在羊毛背心里面。 ③ 商务人员在穿着西装时最好夹上领带夹
平结打法	将领带挂在胸前，大剑端放在右手位置，小剑端放在左手位置，大剑端在上，小剑端在下，交叉叠放。 ① 将大剑端绕到小剑端之后，从右侧押出。 ② 将大剑端在正面从右手边翻到左手边，成环。 ③ 把大剑端翻到领带结之下，并从领口三角区位置向外翻出。 ④ 将大剑端插入先前形成的环中，系紧。 ⑤ 调整领带结形状，呈一个斜三角形
温莎结打法	将领带挂在胸前，大剑端在右，小剑端在左，大剑端在上，小剑端在下，交叉叠放。 ① 将大剑端由内侧向上翻折绕过小剑端，从领口三角区域向外抽出，向左侧拉平。 ② 将大剑端由内侧绕到右手边位置，拉平。 ③ 将大剑端由外向内绕过右侧领带，从领口三角区域向内抽出，向右侧拉平，整理三角形形状。 ④ 将大剑端从领结上方环过，放在左手边位置。 ⑤ 将大剑端从中间领口三角区域内侧翻折出来。 ⑥ 将大剑端从领结中间穿出，拉紧
半温莎结打法	大剑端在右，小剑端在左，大剑端在上，小剑端在下，交叉叠放。 ① 将大剑端向内翻向右侧。 ② 将大剑端由领口三角区域向内翻折，从右侧押出。 ③ 将领带拉紧，整理一下领带结的形状。 ④ 把领带的大端向左翻折，形成一个环状。 ⑤ 大剑端由内侧从领口三角形区域向外翻折。 ⑥ 打结系紧

任务4　设计并展示李想陪同老板参加画展开幕式的服饰

1．操作步骤

（1）准备合适的西装正装。
（2）根据学到的西服选择与搭配的技巧，提出自己的设计方案。
（3）小组学生对方案进行讨论并提出修改意见，征求教师的意见。
（4）确定方案，选择模特进行展示。
（5）教师点评。

2．操作要点

（1）西装穿着规范。

男士穿着示范图

眼镜　适合自己的脸型，镜片随时擦拭干净
表　与身份相符，避免戴名贵手表
口袋　不要放太多零钱和杂物
裤子要熨出裤线
袜子　与裤子的颜色相搭配
鞋子　避免穿过于名贵或休闲的鞋子
正装　素面，没有花纹
在侧上方口袋　保持平整
衬衫　素面，用熨斗熨平，确认纽扣没有短少
皮带　和鞋子同色系，和西装颜色相搭配，样式简单
公文包　收拾整齐（办公用品、名片、图章、文件）

（2）西装穿着操作要点如表2-4所示。

表2-4　西装穿着操作要点

操作标准	操作要点
西装的穿着要符合规范，商务人员切忌触犯禁忌	① 西装要干净、平整，裤子要熨出裤线。 ② 衬衫领子要硬挺，要保证七八成新。 ③ 衬衫更要十分整洁，内衣要薄，衬衫里一般不要穿毛衫，如果穿了，不宜把领子和袖口露在衬衫外面；天气较冷时，衬衫外可穿羊毛衫，但只可穿一件。 ④ 衬衫的下摆要均匀地塞在西裤内。 ⑤ 穿西装可以不系扣，但商务人员在正规场合中需要系扣，可根据西装款式选择系扣的数量；将扣子都系上，其实并不符合西装的穿着规范。 ⑥ 为保证西装不变形，上衣口袋只作为装饰；裤兜也与上衣口袋一样，不可装杂物，以保证裤形美观。 ⑦ 穿着西装时，无论衣袖还是裤边，皆不可卷起。 ⑧ 皮鞋一定要上油擦亮。

情境 2

佛靠金装，人靠衣装——商务人员服饰礼仪

快来记录下我们的工作过程吧！   见工具单 2-1-2

我们的成绩

___分
西装穿着规范评分表见
工具单 2-1-3

训练项目 2　商务女士套裙礼仪

情景 2

文静化好妆，打开了衣橱，看见里面花花绿绿的服装，有心爱的热裤和迷你裙，以及漂亮的吊带装，还有韩式连衣裙、牛仔装，此外还有不同款型、材质的半身裙、裤子、衬衣、外套。她该怎样搭配才符合商务人员的着装规范呢？

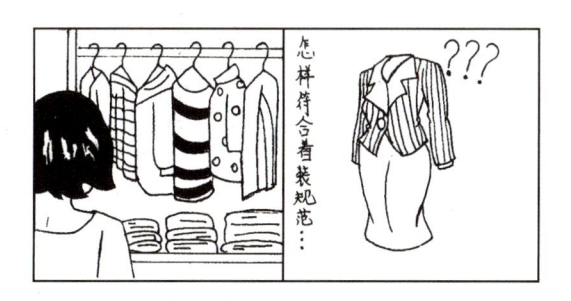

我们的任务

1. 根据自己的身形，选择并展示适合在商务场合中穿着的套裙。
2. 根据商务场合套裙的穿着要求，演示如何正确穿着套裙。
3. 根据情景 2，为文静挑选一套适合上班时穿着的服饰。

我们的目标

1. 了解在商务场合中女士套裙的穿着规范和要求。
2. 掌握在商务场合中女士套裙的搭配技巧。
3. 女生能够为自己挑选适合在商务场合中穿着的套。

我们来学习

套裙是商界女士的职业服装。正式的套裙，一般是由一件女式西装上衣和一条半身裙组成的两件套，西装上衣可以和裙子自由搭配，也可以成套设计。如果是三件套套裙，即再加上一件马甲背心。商界女士穿着的套裙，上衣一般是长袖，裙子下摆应触及小腿，短裙最短以不短于膝盖以上15厘米为限。

2.2.1 女士套裙的选择

知识点 1 套裙的选择

女性商务人员的职业装以套裙为主。穿着得体的套裙，不仅可以体现职场女性干练果敢的精神，也能展现女性端庄优雅的气质。正式的套裙，一般都是由一件女式西装上衣和一条半身裙组成的两件套。有时候，也可以再加一件马甲背心，组成三件套套裙。

选择套裙，首先要注意面料的选择。套裙的面料有毛呢、法兰绒、丝绸、亚麻等，女性商务人员最好选择质地优良的纯天然面料的套裙，而且上衣、裙子等要选用同一种面料。女性商务人员要切记，不论出席任何场合，都不要穿真皮或者仿皮面料的套裙，尤其是黑色的皮裙。

在色彩图案方面，套裙比男士西装的色彩图案要丰富得多。为展现女性典雅端庄的气质，套裙的颜色应以冷色调为主，青色、灰色、黑色、紫色都是可以选择的颜色。但是套裙不一定必须是深色的，也不一定必须是单一色调的。统一颜色的套裙，使女性显得端庄大方；上下深浅不同、对比鲜明的套裙，使女性看起来生动活泼。但要注意，一套套裙的颜色最多不要超过两种，颜色太多会给人眼花缭乱的感觉。套裙的图案选择要注意简单朴素，条纹、格子、圆点等图案都可以选择，但不要选择人物、花卉、文字、符号等图案。女性商务人员穿着的套裙，上衣一般是长袖上衣，裙子下摆应触及小腿。

学霸笔记

女士套裙的颜色选择

在职场上，女士如果想要塑造良好的职业形象，一定要选择具有"权威感"色彩的职业装。

1. 黑色

女士在职场上比男士更适合使用黑色。黑色让女士在展示"权威感"的同时又不失时尚感。

黑色套裙易与各色衬衫、丝巾、首饰相搭配；在服装面料质量欠佳时，黑具有良好的掩饰效果。

2. 深灰色

采用高档面料、制作精良的深灰色套裙，最能够体现职业女性严谨、细致、优雅的一面。找到适合自己的深灰色，能够凸显女性商务人员在职场中的"权威感"。深灰色的服装单品，也很容易和其他单品进行组合搭配。

3. 深蓝色

深蓝色是沉稳、冷静、智慧的最佳表现色。相对于黑色，深蓝色的亲和力更强，是塑造女性商务人员"权威感"的基础用色之一。

4. 红色

红色具有很强的吸引力和感染力，最容易让自己成为别人瞩目的焦点。需要注意的是，肤色偏暗的人不适合穿红色，适合暖色的人要找偏黄的红，适合冷色的人要找偏紫的红。

5. 深咖啡色

深咖啡色最能展示职业女性的成熟。在这一点上深咖啡色的效果有时甚至会超过黑色的效果。

6. 米色

米色是暖色的一种。这种颜色的套装给人轻快、阳光的感觉，而且相对于传统的套装颜色，米色使人看上去更有亲和力。肤色偏白的女性穿着米色套装会显得更加端庄、大方。

在现代商务环境中，对于套装的颜色要求，总体来说，就是颜色庄重，搭配稳重，风格持重。色彩对比强烈是职业套装颜色选择的禁忌。

知识点2 衬衫的选择

女式的职业套装并不像男式西装那样，一定要搭配衬衫。有时候，一套小西服可以搭配一件吊带衫，而不用搭配衬衫。但是在有的场合中，女式西装是一定要搭配衬衫的，所以，衬衫的选择至关重要。

衬衫的面料要轻薄柔软，纯棉、真丝、麻纱等面料都是不错的选择。在衬衫的颜色方面，纯色的衬衫是最佳的选择，以白色衬衫为主，当然，其他颜色，只要不过于鲜亮夸张，不与套裙颜色相斥都可选择。与套裙搭配的衬衫最好是无图案的，如果选择有图案的衬衫，还要考虑图案与套裙是否相配搭配。衬衣款式多样，领型、袖子、前襟、装饰等细节各有特色，女性商务人员可根据实际情况加以选择。

学霸笔记

女士衬衫的选择方法

与女式职业套装搭配的衬衫，在选择时主要应考虑以下因素。

1. 面料

衬衫的面料要求轻薄而柔软，因此，真丝、麻纱、府绸、罗布、花瑶、涤棉等都是不错的选择。

2. 颜色

衬衫的色彩要求主要是体现女性商务人员的雅致、端庄。除了作为"基本色"的白色之外，其他颜色（包括流行色在内），只要不是过于鲜艳，并且与所穿套裙的色彩相互斥的颜色均可作为备选项。不过，还是以纯色衬衫为首选。同时，我们还应注意，应使衬衫的颜色与所穿套裙的颜色相配，要么外深内浅，要么外浅内深，两者应形成深浅对比。

3. 图案

与套裙配套穿着的衬衫，其图案应力求简洁，可适当选择带有条纹、方格、圆点、碎花或暗花的衬衫。假如在穿着带有图案的套裙时穿带有图案的衬衫，应使两者或是外简内繁，或是外繁内简，变化有致。

4. 款式

女式衬衫的款式很多，其变化多体现在领型、袖子、前襟、装饰等方面。应当说明的是，与套裙配套穿的衬衫不必过于精美，领型等细节也不宜十分新奇夸张。那些样式精美、新奇、夸张的衬衫，仅适合单穿。如今，有不少不搭配外套而单独穿着的正装衬衫，都是一改往日严肃的风格，加入了很多流行元素，无论从颜色、款式还是装饰等方面，都体现了职业女性大方、稳重、端庄、得体的特点。但是，如果是专为套装搭配的衬衫，就不能有过多的装饰了。

知识点 3　衬裙的选择

衬裙，特指穿在裙子里面的裙子。穿套裙时，尤其是穿丝、棉、麻等薄型面料或浅色面料的套裙时，如若不穿衬裙，就很有可能会使自己的内裤为外人所见，那样是很丢人的。

衬裙最好是纯色的，且衬裙的颜色应与套裙的颜色一致，如果不一致，衬裙的颜色一定要比套裙的颜色浅。衬裙的款式也要和套裙搭配，要合身，不可将套裙撑得褶皱变形。

知识点 4　鞋袜的选择

鞋袜在与套裙搭配穿着时，其款式和颜色有一定的规则。袜子最好是肉色的高筒袜或连裤袜。因为肉色最不张扬个性，因而也最适合女性商务人员。中筒袜、低筒袜，绝对不宜与套裙相搭配。

与套裙配套的鞋子，宜为高跟、半高跟的船式皮鞋或盖式皮鞋。系带式皮鞋、丁字式皮鞋、皮靴、皮凉鞋等，都不宜采用。黑色的皮鞋是最佳选择，也可根据套裙的颜色选择与之颜色相配的皮鞋。但是颜色鲜艳的鞋子不适合女性商务人员在商务场合中穿着。

不管是袜子还是鞋子，在选择时都要注意其颜色、款式应与套裙的颜色、款式协调统一，避免杂乱无章或喧宾夺主。

> 学霸笔记

女性二手车经纪人着装规范

《二手车经纪人国家职业技能标准》(2022年版)中指出,四级二手车经纪人应能执行二手车销售人员礼仪标准,掌握二手车销售人员的着装规范。女性二手车经纪人着装要求主要包括:1.套装面料上乘,做工精良;2.衬衫款式简洁,颜色单一;3.鞋袜干净整洁,无破损;4.配饰精简,搭配协调。

2.2.2 套裙的穿着方法

知识点1 穿着商务套裙的注意事项

女性商务人员在穿套裙时,需要注意以下几点。

(1)穿着到位。在穿套裙时要注意:上衣的领子要完全翻好,衣袋的盖子要拉出来盖住衣袋;不允许将上衣披在身上,或者搭在身上;裙子要穿得端端正正,上下对齐。

按照规矩,女性商务人员在穿套裙时,上衣的衣扣必须全部系上,不允许将其部分或全部解开,更不允许当着别人的面随便将上衣脱下。

(2)女性商务人员在穿衬衫时需注意以下几点。

第一,衬衫的下摆必须掖入裙腰内,不得任其垂悬于外,或是将其在腰间打结。

第二,女性衬衫在公共场合不宜直接外穿。

(3)女性商务人员在穿衬裙时要注意以下几点。

第一,衬裙的裙腰不可高于套裙的裙腰,从而暴露在外。

第二,应将衬衫下摆掖入衬裙裙腰与套裙裙腰之间,不可将其掖入衬裙裙腰内。

(4)女性商务人员在搭配鞋袜时需要注意以下几点。

第一,鞋袜应当完好无损。鞋子如果开线、裂缝、掉漆、破残,袜子如有洞、跳丝等,均应立即更换。

第二,袜口不可暴露于外。袜口,即袜子的上端。根据商务礼仪规范的要求,穿套裙时皮肤不能裸露在裙子下摆和袜口之间,也就是说,任何时候、任何姿势(站、坐或蹲)都应确保袜口始终在裙摆里面。

在工作过程中,如出现袜口下滑的情况,应及时处理,但不要在他人面前堂而皇之地拉袜子,这既不雅观也不尊重他人。女性商务人员在穿着开衩裙时应注意,在走动时袜口不应偶尔出现于裙衩之处。

知识点2 妆容饰品的搭配

女性商务人员着套裙出席商务活动时,还要讲究服装与妆容、佩饰风格统一,相辅相成。精致的妆容能展示商界女士积极、健康的个人形象,也能增加女性商务人员的自信心。精巧的佩饰更能为商界女士的整体衣着打扮起到画龙点睛的作用。

女性商务人员在出席商务活动时,既不能素面朝天,也不能浓妆艳抹。在一般工作场合中,应着淡雅、清爽的妆容。妆容要自然,力求有妆似无妆,更不要化另类妆容。发型、发式应美观、大方。干练的短发是女性商务人员比较理想的发型，长发应盘起、束起。

女士的首饰包括耳环、项链、胸针、戒指、手链、手镯等。在工作时，女性商务人员可以不佩戴首饰。首饰的佩戴应以不妨碍工作为原则，太长的项链、过大的耳环不仅会给工作带来不便，看起来也不够端庄稳重。

德润礼行

劳毋袒，暑毋褰裳

《礼记·曲礼》中记载"劳毋袒，暑毋褰裳"，意思是说劳动的时候不要袒胸露怀，夏天再炎热也不要掀卷衣服，即使汗流浃背、暑热难耐之时也要注意仪表，不能为求凉快而过分暴露身体。

由古及今，服饰是无声的语言，一个人的服饰体现着他的态度、修养、品格和气质。衣着妆容要自然得体，协调大方，又要遵守约定俗成的规范和原则。严格遵守服饰礼仪规范，文明着装，即是社会规范的要求又是中华美德的体现。

一个人的着装体现着其修养、品位和气质。女性商务人员穿套裙要符合礼仪之规，衣着、妆容要自然得体，端庄大方。

导师提问：女性商务人员穿着套裙，在选择鞋袜时应注意什么？

我的想法：_____
_____
_____

我们的计划

快来和我们一起制订自己的学习计划吧！　　　　见工具单 2-2-1

我们来操作

任务 1　根据自己的身形，选择并展示适合在商务场合中穿着的套裙

1. 操作步骤

（1）准备各种颜色、款式的套裙。

（2）对镜练习，认真观察自己的身形特点。
（3）在所提供的套裙中，选择适合自己的套裙。
（4）根据所选择的套裙，搭配衬衫、衬裙、内衣与鞋袜。
（5）学生进行穿着展示，教师进行点评。

2. 操作要点

基本要求：所选套裙要符合自己的身形，符合商务场合的穿着要求。选择女士套裙的操作要点如表 2-5 所示。

表 2-5　选择女士套裙的操作要点

训练项目	操 作 标 准	操 作 要 求
女士套裙的选择	上衣与裙子的选择要得当	① 上衣和裙子的面料与颜色应相同。 ② 套裙的面料应以素色、无光泽为好。 ③ 上衣袖口一般应到手腕，裙子下摆触及小腿
	衬衫及内衣的选择要得当	① 衬衫的颜色以白色为主。 ② 内衣应当柔软贴身，并且大小合适。 ③ 穿上内衣之后，不应当使之显露于套裙之外
	衬裙的选择应慎重	穿套裙时，尤其是穿丝、棉、麻等薄面料或浅色面料的套裙时，应当穿衬裙
	鞋袜要与套裙相配	① 与套裙配套的鞋子，宜为高跟、半高跟的船式皮鞋或盖式皮鞋。 ② 袜子最好是肉色的高筒袜或连裤袜

任务 2　根据商务场合中的套裙穿着要求，演示如何正确穿着套裙

1. 操作步骤

（1）了解套裙的搭配要求及穿着的注意事项。
（2）对镜练习，认真观察自己的身形特点。
（3）练习合理搭配套裙并正确穿着。
（4）学生展示着装效果，教师进行点评。

2. 操作要点

基本要求：套裙要符合自己的身形，符合商务场合的穿着要求。套裙穿着要求如表 2-6 所示。

表 2-6　套裙穿着要求

训练项目	操 作 要 求	操 作 规 范
女士套裙的穿着规范	套裙穿着要符合规范	① 上衣的领子要完全翻好，衣袋的盖子要拉出来盖住衣袋。 ② 裙子要穿端正，上下对齐；上衣的衣扣必须全部系上，不允许将其部分或全部解开，更不允许当着他人的面随便脱下上衣
	衬衫的穿着要符合规范	① 衬衫的下摆应掖入裙腰内，不得任其垂悬于外，或是将其在腰间打结。 ② 衬衫在公共场合中不宜直接外穿

续表

训练项目	操作要求	操作规范
女士套裙的穿着规范	衬裙的穿着要符合规范	① 衬裙的裙腰不可高于套裙的裙腰。 ② 衬衫下摆应掖入衬裙裙腰与套裙裙腰之间，不可将其掖入衬裙裙腰内
鞋袜的搭配	鞋袜要与套裙相搭配	① 鞋袜应当完好无损，鞋子如果开线、裂缝、掉漆等，袜子如果有洞、跳丝等，应立即更换。 ② 袜口不可暴露于外，任何时候、任何姿势（站、坐或蹲），都应确保袜口始终在裙摆里面

任务3　根据情景2，为文静挑选一套适合上班时穿着的服饰

1. 操作步骤

（1）准备合适的套裙。
（2）根据学到的套裙选择与搭配技巧，提出自己的穿搭方案。
（3）小组学生对方案进行讨论并提出修改意见，征求教师意见。
（4）确定穿搭方案，选择模特进行试穿。
（5）学生进行成果展示，教师进行点评。

2. 操作要点

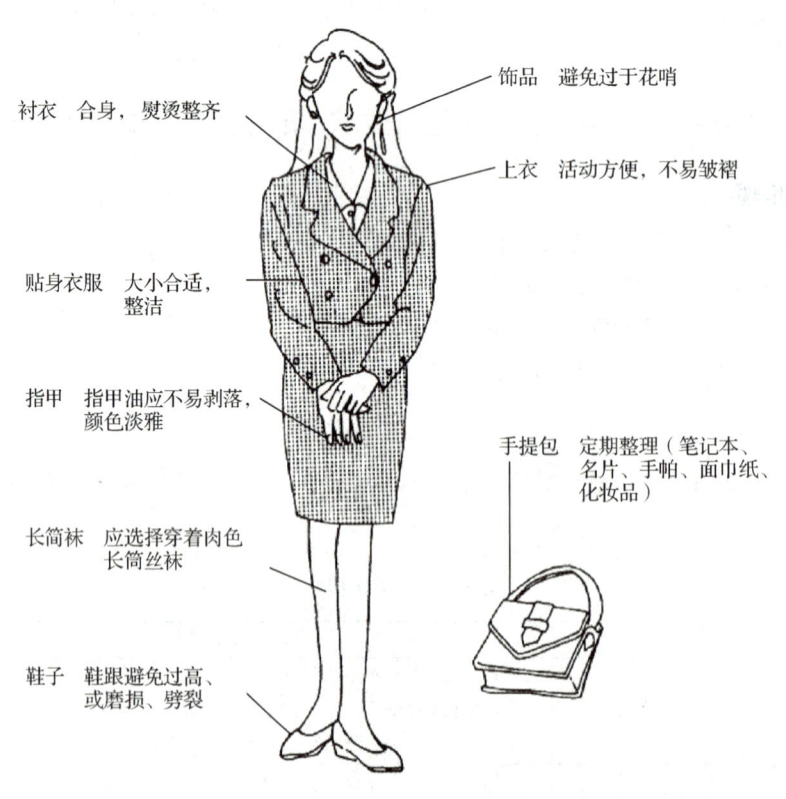

衬衣　合身，熨烫整齐
贴身衣服　大小合适，整洁
指甲　指甲油应不易剥落，颜色淡雅
长筒袜　应选择穿着肉色长筒丝袜
鞋子　鞋跟避免过高、或磨损、劈裂

饰品　避免过于花哨
上衣　活动方便，不易皱褶
手提包　定期整理（笔记本、名片、手帕、面巾纸、化妆品）

女士套装穿着示范图

情境 2
佛靠金装，人靠衣装——商务人员服饰礼仪

快来记录下我们的工作过程吧！

见工具单 2-2-2

我们的成绩

____分

女士西装套裙穿着礼仪评分表见工具单 2-2-3

训练项目3 商务人员制服礼仪

情景3

李想的公司想为员工统一订制制服，他们应该考虑哪些方面？

我们的任务

1. 根据情景3，为李想的公司设计一套制服并穿着演示。
2. 设计并演示制服的饰品搭配技巧与规范。
3. 根据情境中李想的工作特点，思考并展示李想上班时应携带的办公用品与日常用品。

我们的目标

1. 了解商务场合中制服的穿着规范和要求。
2. 学会制服穿着方法和饰品搭配技巧。
3. 能够根据商务场合及岗位需求选择合适的制服。

我们来学习

2.3.1 制服穿着规范

对于商务人员而言，制服指的是商务人员在工作时按照相关规定必须穿着的，由其所在单位统一制作下发的服装，即工作服。一般来讲，不同单位的制服有所不同；同一单位内，不同性别、不同等级人员的制服也可能所有区别。

知识点 1　制服穿着的基本要求

要使制服在工作场合中发挥其应有的作用，商务人员在自己的工作岗位上身着制服时，必须要注意以下四个方面。

（1）制作精良。商务人员所穿制服是组织形象的重要标志，因此单位在财力、物力允许的前提下，为商务人员制作的制服要力求制作精良。

（2）外观整洁。商务人员身着美观、整洁的制服能充分展示全体员工积极进取、奋发向上的精神风貌。保持制服的外观整洁，应做到以下几点。

① 保证制服无褶皱。商务人员在穿着制服前，要熨烫制服；不穿时应把它悬挂起来。

② 保证制服不出现残破。商务人员如果穿着外观有明显的残破的制服就会给人以工作消极，敷衍了事的印象。

③ 保证制服无污渍。有时，商务人员在工作中难免会使自己的制服沾上污渍，如油渍、泥渍、汗渍、雨渍、水渍、墨渍、血渍等，这些污渍会给人不洁之感，必须及时清理干净。

④ 保证制服无异味。制服充满异味，如汗酸味、体臭味等，会令人反感。

（3）文明着装。商务人员在工作时文明着装。制服穿着雅观是对商务人员最基本的要求。根据商务礼仪的基本规定，商务人员在身着制服上岗时要使之显示出自己文明高雅的气质。

（4）穿着得当。商务人员在身着制服时必须注意穿着得当，就是说要把制服穿好。商务人员要穿好制服，就要重视两个问题。

① 必须按规定穿着制服。要求全体员工必须身着制服上岗的单位，在这方面通常都会有许多详细的规定。例如，什么时候应当穿制服，穿制服时的具体注意事项，等等。对于此类规定，商务人员应当严格遵守。

在一个有统一着装规定，尤其是要求员工身着制服上岗的单位里，假如有个别员工不穿制服，或者不按有关规定着装，那么除说明其自身纪律性较差之外，还意味着其所在单位管理不严。所以此类单位一定要有令必行，既然规定了全体员工统一着装，就要严格进行检查，不允许任何人有所例外。

② 必须自觉地穿好制服。商务人员在穿着制服时必须穿戴整齐。

学霸笔记

商务人员穿着统一制服的意义

1．树立企业形象

企业形象可以在宽敞整洁的办公环境中得以体现，也可以在商业广告中得以体现，但最能生动和随时随地体现企业形象的，就是员工形象。统一的制服能体现员工积极的精神面貌，也能展现企业独特的形象。设计独特的制服，还能展现企业的文化，如深色调和保守的制服能够体现企业的稳健作风，而颜色和款式设计大胆的制服则能体现企业的创新精神。

2．体现行业特征

由于各行业工作内容的差异，不同职业的制服具有不同的特征。如同军服、警服、铁路制服、航空制服各具特色一样，企业所在的行业不同，其员工的制服也各不相同。

3．表明职业等级差异

在企业中商务人员的分工不同、职位不同，这些差异可以体现在制服的区别上。企业可以根据商务人员所在部门、级别、职务的不同，在制服的颜色、图案、款式等细节上加以区分。这样做，既可以体现分工的差异，也可以增强商务人员的归属感。

4．规范员工行为

商务人员在工作岗位上不允许过多地张扬自己的个性。统一的制服能够体现出企业的共性，有利于培养员工的团队意识和协作精神，也便于企业对员工进行管理。同时，上班时换上统一的制服，也能使商务人员意识到自己马上要开始工作，更利于其集中精力进行工作。

知识点2　制服穿着的禁忌

（1）忌过分裸露。商务人员在工作岗位上穿着的制服，不宜过多地裸露身体。一般来说，凡可以展示性别特征、个人姿色的身体部位，或者令人反感、有碍观瞻的身体隐私部位，均不得在身着制服时有意暴露在外。在特别正式的场合中，脚趾与脚跟同样也不得裸露。

（2）忌过分薄透。如果制服过于薄透，弄不好就会让自己的内衣甚至身体的重要部位"公之于众"，这样会使人十分难堪。女士尤其需要高度重视这个问题。

（3）忌过分肥大或瘦小。一般来说，商务人员在工作中所穿的制服，其尺寸必须合身。制服若是过于肥大，会使着装者显得无精打采，过于随意、懒散。制服若是过于瘦小，不仅会让人觉得拘谨、小气、不自然，还会给工作带来很多不便。

（4）忌过分艳丽。企业在选择制服时，服装的颜色尽量要少，在突出企业形象的同时还要注意色彩及图案的使用。制服的颜色应多选用中性、柔和的颜色，而应尽量避免定制颜色过于艳丽和夸张的制服。

2.3.2 饰品选择礼仪

知识点 1　饰品的选择

佩戴饰品的主要作用在于美化自身、体现自身的情趣等。饰品的选择要符合身份，以少为佳，区分品种，佩戴有方。

（1）符合身份。在工作时，商务人员所佩戴的饰物不宜过度张扬。商务人员在工作时，不宜佩戴珠宝饰品。一般而言，珠宝饰品价格昂贵，它更适合在社交场合中进行佩戴。在工作中，商务人员只宜选戴简单的金银饰品。

（2）以少为佳。商务人员在工作时佩戴饰品，一定要牢记以少为佳。在选择、佩戴饰品时，一般不宜超过两个品种。佩戴某一具体品种的饰物，则不应超过两件。

一般来说，商务人员在工作时可以不佩戴任何饰品。对于男性商务人员来说，更是如此。

（3）区分品种。商务人员在工作时，要注意区分饰品的品种。

日常生活中，人们所佩戴的饰品多种多样。目前，最为常见的有戒指、项链、耳环、耳钉、手链、手镯、胸针、发饰、脚链等。

商务人员在选戴饰品时，因其具有特殊身份，并不可以对上述饰品随意地进行选择。所以，商务人员为自己选戴饰物时，应依具体品种区别对待。

（4）协调得体。商务人员在佩戴饰物时，一定要注意协调得体。除以上各点要多加注意外，还应当掌握一些基本的饰品佩戴技巧。

学霸笔记

常见饰品的佩戴礼仪

人们平日经常佩戴的饰品有项链、戒指、耳环、胸针等，主要起装饰、点缀的作用。饰品佩戴得体在增加美感的同时，能对塑造良好的整体形象起到画龙点睛的作用。饰品并不是单纯凭喜好随意佩戴的，很多饰品的佩戴都有其特殊的含义。

1. 戒指的佩戴礼仪

戒指是一种戴在手指上的环状饰物。戒指一般戴在左手上，而且最好只戴一枚，最多可戴两枚，且是戴在两只手相对应的手指上。

戒指戴在不同的手指上有不同的含义：戴在食指上，表示求婚；戴在中指上，表示处在热恋中；戴在无名指上，表示已经订婚或结婚；戴在小指上表示独身，或终身不嫁、不娶。

2. 项链的佩戴礼仪

项链是一种戴于脖颈之上的链状饰物。在其下端，往往还带有某种形状的挂件。项链的式样要和服装、肤色、颈部轮廓相协调。艳丽的服装与简约淡雅的项链比较相配；深沉单色的服装可以搭配一些色彩明亮、款式简洁的项链。脖子较粗的人适合选择较细的项链；脖子较细的人则应选粗一些的项链。从长度方面区分，项链可分为四种。一是短项链（长度约40厘米），适合搭配低领上衣；二是中长项链（长度约50厘米），可广泛使用；三是长项链（长度约60厘米），适合女士用于社交场合；四是特长项链（长度在70厘米以上），适合女士在隆重的社交场合中佩戴。

在商务场合中，一般女士可以佩戴项链，但一般不宜佩戴过于粗大或是挂件过大的项链。通常，男性商务人员在商务场合中不宜佩戴项链即便佩戴，也不能将其露出，而不宜令其显露在外。

3. 手镯、手链的佩戴礼仪

手镯，通常是指人们佩戴在手腕上的环状饰物。手链，一般是指戴在手腕上的链状饰物。通常情况下，手链应仅戴一条，并且要戴在左手上。若戴两条，可一只手戴一条，也可以都戴在左手上。一般不要在一只手上戴多只手镯。手链手镯不可与手表同戴在一只手上。如果已经佩戴了手镯、手链和耳环等首饰，一般可以不戴项链，或只戴短项链为宜，否则会显得累赘。

商务人员在商务活动中尽量不要戴手镯。

4. 耳环、耳钉的佩戴礼仪

耳环，一般是指戴在耳垂上的环状饰物，有时又名耳坠。通常耳环被视为最能彰显女性魅力的饰物。耳环讲究成对佩戴，每只耳朵各佩戴一只。在一只耳朵上同时戴多只耳环是不雅观的做法。耳环的选择要考虑脸形，一般不要选择形状与脸形相似的耳环。若无特殊要求，不要同时戴链形耳环、项链与胸针。因为三种首饰的视线焦点都集中于胸部位置，会显得繁杂凌乱。

商务人员在商务场合中最好不要佩戴耳环。

耳钉，是指戴在耳垂上的钉状饰物。与耳环相比，耳钉小巧而含蓄。所以，在一般情况下，女性商务人员可在商务场合中佩戴耳钉。

5. 胸针（胸花）的佩戴礼仪

胸针，又称胸花，是指人们佩戴在上衣左侧胸前或衣领上的一种饰物，男女皆可佩戴。胸针可别在胸前，也可别在上衣领口、前襟。胸针式样要注意与脸形协调。长脸形适合佩戴圆形胸针；圆脸形适合佩戴长方形胸针；方脸形，适宜佩戴圆形胸针。

胸花的式样应当根据服装的色彩、面料、款式来选择。白色衣裙配天蓝色或翠绿色胸花，形成冷色调的协调美；红色衣裙配黄色、米色胸花，形成暖色调的和谐美。

商务人员可以佩戴胸针，但若需佩戴身份牌或单位证章上岗时，则不宜同时佩戴胸针。

6. 发饰

发饰，多是女性在头上所采用的兼具束发、别发功能的各种饰品的统称，常见的有头花、发带、发箍、发卡等。女性商务人员在工作中，在选择发饰时应强调其实用性，而不宜偏重其装饰性。通常，头花及色彩鲜艳、图案花哨的发带、发箍、发卡，都不宜在商务场合中选用。

7. 脚链

脚链，又称足链。它是指佩戴在脚腕上的一种链状饰物，多受年轻女性的青睐。

佩戴脚链，可以吸引他人对佩戴者腿部及步态的关注。正因如此，一般不提倡女性商务人员在工作时佩戴脚链。

除上述几种最为常见的饰品外，时下还流行佩戴鼻环、脐环等。它们多为标榜前卫、张扬个性的选择，尚未成为主流饰品，所以商务人员在工作时不宜佩戴。

知识点 2　饰品佩戴的要求

商务人员在佩戴饰品时，需谨记以下几点。

（1）穿制服的要求。穿制服时，商务人员一般不宜佩戴任何饰品。

（2）穿正装的要求。穿正装时，商务人员通常不宜佩戴各种工艺饰品。此处的工艺饰品特指那些经过精心设计、制作，具有高度技巧性、艺术性，在造型、花色、外观等方面别具一格的饰品。

（3）协调性的要求。商务人员在工作中佩戴饰品，要力求少而精。如果同时佩戴两种饰品或两件饰品时，一定要注意其搭配问题。

在这一问题上，商务人员应当关注以下三点：一是饰品在质地方面大体相同，二是饰品在色彩方面相协调，三是饰品在款式方面相协调。

2.3.3　办公用品选择礼仪

办公用品，一般是指商务人员在平时工作中，不可缺少的一类日常用品。因此，商务人员平时必须对其加以重视。

在工作中，商务人员使用最广泛的办公用品主要有身份牌、笔、计算器、记事簿等。

知识点 1　身份牌

身份牌，又称姓名牌、姓名卡，简称"名牌"。它是指商务人员在工作时佩戴在身，用以说明本人具体身份的、由单位统一制作的、有着一定规格的、专用的标志牌。商务人员在工作时佩戴身份牌，有助于商务人员表明自己的身份，进行自我监督，同时也方便客户更好地寻求帮助，或是对其进行监督。

在使用身份牌时，要注意以下四点。

（1）规格统一。商务人员所佩戴的身份牌，应当由其所在单位负责统一订制。身份牌要耐折、耐磨、轻巧。身份牌的色彩宜淡、宜少，其尺寸不应过大或过小。

（2）内容统一。身份牌的具体内容，一般应包括部门、职务、姓名三项。上述内容，均应打印，而不宜手写。必要时，还可贴上本人照片，以供他人"验明正身"。

（3）按要求佩戴身份牌。凡有佩戴身份牌上岗要求的单位，商务人员必须自觉遵守相关规定。

（4）保证身份牌完整无缺。在工作岗位上，身份牌是商务人员个人形象的重要组成部分，商务人员应爱护自己的身份牌，保证其完好无损。凡破损、污染、折断、掉角、掉字的身份牌，应及时更换，否则会有损商务人员的自身形象。

知识点 2　笔

在工作中，商务人员经常需要签字，因此，必须随身携带质量较好的笔。

情境 2
佛靠金装，人靠衣装——商务人员服饰礼仪

商务人员在工作时随身携带的笔应放在公文包内，或是别在上衣内侧衣袋上。一般不适合将其放在裤袋中。有时，为方便使用，也可将圆珠笔以绳、带缚住，挂在脖子上，令其垂于胸前。但是，切不可这样携带钢笔。

学霸笔记

钢笔的使用礼仪

钢笔，被视为商务人员的必备之物，商务人员在选择和使用钢笔时要注意以下几点。

首先要注意品牌。商务人员，特别是公司高层管理者，往往会选择知名度较高的品牌，以彰显其高端形象。

其次，在样式方面，商务人员所用的钢笔应以朴实、大方、装饰简洁为主。在颜色方面，外壳颜色单一的钢笔是较好的选择，如黑色、灰色、金色、银色、红色等。在商务活动中，商务人员的钢笔虽有一定的装饰作用，但主要还是在业务往来过程中用于办公，因此不要选择附加功能太多的钢笔。

商务人员在使用钢笔时，还有一些要注意的细节。第一，养成随身携带钢笔的习惯，避免在一些关键场合中耽误工作。第二，随身携带两支钢笔，当一支钢笔出现问题时，可以用另一支钢笔，做到有备无患。第三，保证钢笔墨水充足，商务人员在外出办公前，要将各种物品准备齐全，还要检查随身携带的钢笔墨水是否充足。第四，要注意在工作中不宜随便向他人借用钢笔。第五，应注意钢笔放置的位置。在正式场合中，钢笔应该放在公文包、笔袋中。商务人员也可将钢笔放在上衣口袋内，但是不要将其夹在衣襟上，也不要将其放在西装上衣外侧左上方的口袋中，更不要将其夹在耳朵上，这是极不雅观的做法。

知识点 3　记事簿和计算器

在工作中，商务人员要真正做到恪尽职守，就要勤观察、细思量。在工作中有许多重要信息需要记在心里，如资料、数据、人名、品名、地址、电话、传真、线索、思路、建议等。商务人员如果没有掌握正确的信息处理手段，极有可能会耽误自己的工作。

应当指明的是，千万不要随手抓到什么东西，便把自己要记的东西写在那里。将重要的信息记录在商品、报纸、碎纸、烟壳、钱币或者自己的手掌上，容易遗忘或使信息遗失。也不要轻易开口向同行或者客户讨要可做记录之物，更不要当着外人的面四处乱翻或随便乱撕，这样显得极不礼貌。

正确的做法是商务人员应当准备一本可以随身携带的记事簿。使用记事簿时，特别要注意书写清晰与妥善保管两大问题。不要乱记、乱丢，不然很可能劳而无功。在进行记录时，最好分门别类，并且定期予以归纳、小结。

在买卖活动中，价格的计算必不可少。商务人员在必要时，若能够拿出随身携带的计算器，既便于进行必要的计算，又能节省时间。

导师提问：你认为在工作期间应该选择什么样的日常用品？

我的想法：_____

_____

_____

_____

德润礼行

垂裳而治

垂裳而治，意思是垂衣而能治理天下，用以称颂帝王无为而治。语出《周易·系辞下》，"黄帝、尧、舜垂衣裳而天下治，盖取诸乾坤。"

传说汉服是黄帝发明的，服饰形制取自乾坤天地。乾上坤下，衣服上为衣下为裳，这种上衣下裳制代表阴阳、天地、男女、父子、君臣关系，是华夏祖先对天地秩序的理解。汉服右襟在内左襟在外，衣领相交，衣袖宽长且呈圆弧状，代表"不以规矩不成方圆"；腰封宽大，象征权力，也象征人道正直，进退权衡有度。君臣，官吏等级都跟衣裳有关。官吏取谐音冠履，代表了从头到脚，从天子到百姓的各级官吏体系。

古代服装制度中提倡的服装穿戴应符合身份、适应场合的思想仍然值得现代人学习。不同年龄、不同身份、不同职业的人的着装要求各不相同，服装除美化自身形象外，还要展现个人的职业风采。

古代服装制度中提倡的服装穿戴应符合身份、适应场合的思想仍然值得现代人学习。不同年龄、不同身份、不同职业的人的着装要求各不相同，服装除美化自身形象外，还要展现个人的职业风采。商务人员上岗工作时的穿戴应符合岗位要求，在展现企业文化的同时也是个人爱岗敬业的体现。

我们的计划

快来和我们一起制订自己的学习计划吧！　　见工具单 2-3-1

我们来操作

任务 1　根据情景 3 为李想的公司设计一款制服并穿着演示

1. 操作步骤

（1）准备适宜的制服。

(2) 根据要求设计、挑选、穿着制服。
(3) 学生展示穿着效果,教师进行点评。

2. 操作要点

基本要求:制服干净整洁,能体现商务人员的职业素养和个人风采。设计制服并穿着演示的操作要点如表 2-7 所示。

表 2-7 设计制服并穿着演示的操作要点

操作要求	操作规范
制作精良	① 选择优良的面料。 ② 设计适当的款式。 ③ 进行精心的缝制
外观整洁	① 保证制服无褶皱。 ② 保证制服无残破。 ③ 保证制服无脏物。 ④ 保证制服无污渍。 ⑤ 保证制服无异味
文明着装	制服穿着雅观,避免出现以下问题。 ① 忌过分裸露。 ② 忌过分薄透。 ③ 忌过分瘦小。 ④ 忌过分艳丽
穿着得当	严格按照各单位的相关要求去做

任务 2 设计并演示制服的饰品搭配技巧与规范

1. 操作步骤

(1) 准备制服和饰品。
(2) 根据学到的饰品选择与搭配的技巧,提出自己的设计方案。
(3) 小组成员对方案进行讨论并提出修改意见,征求教师的意见。
(4) 确定方案,选择模特进行演示。
(5) 学生进行成果展示,教师进行点评。

2. 操作要点

制服饰品搭配的操作要点如表 2-8 所示。

表 2-8 制服饰品搭配的操作要点

操作要求	操作要点
符合身份	在工作中,商务人员只适宜选戴简单的金银饰品,不宜佩戴珠宝饰品或仿真的珠宝饰品
以少为佳	① 商务人员在工作时可以不佩戴任何饰品。 ② 商务人员在选择、佩戴饰品时,一般不宜超过两种饰品。 ③ 某一品种的饰品不应超过两件

续表

操作要求	操作要点
区分品种	① 戒指：商务人员在工作时允许佩戴纯金或纯银戒指一枚。 ② 项链：商务人员在工作时允许佩戴纯金或纯银的项链，但链子不可过长，项坠不可过大。 ③ 耳环、耳钉：在工作时不允许佩戴耳环，但女性商务人员可以佩戴耳钉。 ④ 手链、手镯：在工作时商务人员不宜佩戴手链和手镯。 ⑤ 胸针：女性商务人员在工作时可以佩戴胸针，但不可与身份牌等同时佩戴。 ⑥ 发饰：女性商务人员在工作时可以佩戴实用性较强的发饰，但头花及色彩鲜艳、图案花哨的发带、发箍、发卡，都不宜在工作时选用。 ⑦ 脚链：商务人员在工作时不允许佩戴脚链
协调得体	① 穿制服时的要求：不宜佩戴任何饰品。 ② 穿正装时的要求：不宜佩戴工艺饰品。 ③ 协调性要求：饰品的质地大体相同；饰品的色彩上保持一致；饰品的款式相互协调

任务3　根据情境中李想的工作特点，思考并展示李想上班时应携带的办公用品与日常用品

1. 操作步骤

（1）准备制服。

（2）根据学到的有关办公用品的选用的知识，提出自己的想法。

（3）小组成员进行讨论并征求教师的意见。

（4）学生进行成果展示，教师进行点评。

2. 操作要点

选择办公用品的操作要点如表2-9所示。

表2-9　选择办公用品的操作要点

训练项目	操作要求	操作规范
身份牌	单位统一制作、统一规格的专用标志牌，商务人员在工作时必须佩戴	① 规格统一。 ② 内容统一。 ③ 佩戴到位。 ④ 完好无损
笔	商务人员必须随身携带	① 最好同时携带两支笔。 ② 随身携带的笔具，最好别在上衣左侧衣袋上（西装除外），或别在上衣内侧衣袋上；不宜将其放在裤袋中。为方便使用，也可将圆珠笔以绳、带缚住，挂在脖子上，令其垂于胸前。但切不可这样携带钢笔
计算器	商务人员在时最好随身携带一个计算器，这样既便于进行必要的计算，又能节省时间	① 计算器的计算结果应尽量精确。 ② 应随身携带小型的计算器
记事簿	在工作时商务人员应当准备一个可以随身携带的记事簿	① 注意书写清晰。 ② 妥善保存

情境 2
佛靠金装，人靠衣装——商务人员服饰礼仪

快来记录下我们的工作过程吧！ 见工具单 3-3-2

我们的成绩

____分
商务人员制服礼仪评价表
成绩评价见工具单 2-3-3

情境 2 训练项目 1 工具单

工具单 2-1-1　训练项目 1 计划单

班级：_____　　组别：_____　　项目负责人：_____

我们的任务	我的任务及合作伙伴	需要的知识点	完成时间
1. 练习并演示如何选择适合自己身形特点的西装			
2. 练习并演示如何选择适合自己身形特点的正装衬衫			
3. 练习并演示一种领带结的打法			
4. 设计并展示李想陪同老板参加画展开幕式的服饰			

_____年_____月_____日

工具单 2-1-2　训练项目 1 记录单

日期：_____　　班级：_____　　组别：_____

任务 1　练习并演示如何选择适合自己身形特点的西装
　　完成情况：请在相应的完成情况前画"√"。
　　　　　　□顺利完成　　□基本完成　　□部分完成　　□不能完成

任务 2　练习并演示如何选择适合自己身形特点的正装衬衫
　　完成情况：请在相应的完成情况前画"√"。
　　　　　　□顺利完成　　□基本完成　　□部分完成　　□不能完成

任务 3　练习并演示一种领带结的打法
　　完成情况：请在相应的完成情况前画"√"。
　　　　　　□顺利完成　　□基本完成　　□部分完成　　□不能完成

任务 4　设计并展示李想陪同老板参加画展开幕式的服饰
　　完成情况：请在相应的完成情况前画"√"。
　　　　　　□顺利完成　　□基本完成　　□部分完成　　□不能完成

工作小结及自我评价：

工具单 2-1-3 西装穿着规范评分表

评价项目	评价标准	是否做到	存在问题
西装的选择	① 西装外套合体	□是 □否	
	② 西裤合体	□是 □否	
	③ 衬衫合体	□是 □否	
	④ 领带与西装相搭配	□是 □否	
	⑤ 鞋袜与西装相搭配	□是 □否	
西装的穿着要领	① 西装干净平整，裤子熨出裤线	□是 □否	
	② 衬衫干净整洁，领子硬挺	□是 □否	
	③ 衬衫下摆均匀地塞在西裤内	□是 □否	
	④ 西装纽扣系法符合规范	□是 □否	
	⑤ 西装上衣口袋、裤兜不可装物品	□是 □否	
	⑥ 衣袖、裤边不可卷起	□是 □否	
	⑦ 领带的系法符合规范	□是 □否	
	⑧ 皮鞋上油擦亮	□是 □否	
教师评语			

情境 2 训练项目 2 工具单

工具单 2-2-1 训练项目 2 计划单

班级：_____   组别：_____   项目负责人：_____

我们的任务	我的任务及合作伙伴	需要的知识点	完成时间
1. 根据自己的身形，选择并展示适合在商务场合中穿着的套裙			
2. 根据商务场合中的套裙穿着要求，演示如何正确穿着套裙			
3. 根据情景 2，为文静选择一套适合上班时穿着的服饰			

_____ 年 _____ 月 _____ 日

工具单 2-2-2 训练项目 2 记录单

日期：_____   班级：_____   组别：_____

任务 1 根据自己的身形，选择并展示适合商务场合穿着的套裙

　　完成情况：请在相应的完成情况前画"√"。

　　　　　□顺利完成　　　□基本完成　　　□部分完成　　　□不能完成

任务 2 根据商务场合中的套裙穿着要求，演示如何正确穿着套裙

　　完成情况：请在相应的完成情况前画"√"。

　　　　　□顺利完成　　　□基本完成　　　□部分完成　　　□不能完成

任务 3 根据情景 2，为文静选择一套适合上班时穿着的服饰

　　完成情况：请在相应的完成情况前画"√"。

　　　　　□顺利完成　　　□基本完成　　　□部分完成　　　□不能完成

工作小结及自我评价：

佛靠金装，人靠衣装——商务人员服饰礼仪

工具单 2-2-3　女士西装套裙穿着礼仪评分表

评价项目	评价标准	是否做到	存在问题
女士套裙的选择	① 上衣与裙子选择适当	□是　□否	
	② 衬衫及内衣的选择符合规范	□是　□否	
	③ 衬裙的选择符合规范	□是　□否	
	④ 鞋袜与套裙相配	□是　□否	
女士套裙的穿着规范	① 套裙的穿着符合规范	□是　□否	
	② 衬衫的穿着符合规范	□是　□否	
	③ 衬裙的穿着符合规范	□是　□否	
	④ 鞋袜的穿着符合规范	□是　□否	
教师评语			

情境 2 训练项目 3 工具单

工具单 2-3-1　训练项目 3 计划单

班级：_____　组别：_____　项目负责人：_____

我们的任务	我的任务及合作伙伴	需要的知识点	完成时间
1. 根据情景 3 为李想的公司设计一款制服并进行穿着展示			
2. 设计并演示制服的饰品搭配技巧与规范			
3. 根据情境中李想的工作特点，思考并展示李想上班时应携带的办公用品与日常用品			

_____年_____月_____日

工具单 2-3-2　训练项目 3 记录单

日期：_____　班级：_____　组别：_____

训练项目完成情况：

任务 1　根据情景 3，为李想的公司设计一款制服并进行穿着展示
　　完成情况：请在相应的完成情况前画"√"。
　　　　　　□顺利完成　　　□基本完成　　　□部分完成　　　□不能完成

任务 2　设计并演示制服的饰品搭配技巧与规范
　　完成情况：请在相应的完成情况前画"√"。
　　　　　　□顺利完成　　　□基本完成　　　□部分完成　　　□不能完成

任务 3　根据情景中李想的工作特点，思考并展示李想上班时应携带的办公用品与日常用品
　　完成情况：请在相应的完成情况前画"√"。
　　　　　　□顺利完成　　　□基本完成　　　□部分完成　　　□不能完成

工作小结及自我评价：

工具单 2-3-3　商务人员制服礼仪评价表

评价项目		评价标准	是否做到	存在问题
制服礼仪		① 制作精良	□是　□否	
		② 外观整洁	□是　□否	
		③ 文明着装	□是　□否	
		④ 穿着得当	□是　□否	
饰品佩戴礼仪		① 符合身份	□是　□否	
		② 以少为佳	□是　□否	
		③ 区分品种	□是　□否	
		④ 协调得体	□是　□否	
工作用品选择礼仪	身份牌	① 规格统一	□是　□否	
		② 内容标准	□是　□否	
		③ 佩戴到位	□是　□否	
		④ 完好无损	□是　□否	
	书写笔	① 品种齐全	□是　□否	
		② 佩戴到位	□是　□否	
		③ 颜色适宜	□是　□否	
	计算器	① 品种选择正确	□是　□否	
		② 力求小型化	□是　□否	
	记事簿	① 注意书写清晰	□是　□否	
		② 妥善保存	□是　□否	
教师评语				

情境 3　巧用形体语言——商务人员仪态礼仪

情境导入

上午8时整，李想和文静准时到达了公司，开始了忙碌的一天。

训练项目1 商务人员站、行、坐姿礼仪

情景1

李想到达办公室后,部门的张经理让李想到总经理办公室取一份文件。李想气喘吁吁地跑到总经理办公室,一屁股坐在沙发上,跷起二郎腿。总经理见状,眉头紧锁。李想见总经理不说话,也很尴尬,不知哪里做错了。你能帮他改正错误吗?

我们的任务

1. 练习并演示在商务场合中常用的站姿。
2. 练习并演示入座与离座礼仪。
3. 模拟演示在商务场合中引领客人进出电梯的礼仪。
4. 设计并演示李想在情景1中应有的仪态。

我们的目标

1. 了解商务人员站姿、坐姿、行姿的相关要求。
2. 学会商务场合中的站姿、坐姿、行姿。
3. 能够在各种商务场合中熟练运用适宜的站姿、坐姿、行姿。

情境 3

巧用形体语言——商务人员仪态礼仪

我们来学习

仪态，也叫仪姿、姿态，是人或事物的姿势、举止和动作、样子。仪态礼仪主要指人的身体形态方面的礼节，包括站姿、坐姿、行姿、手势和目光等。

3.1.1 站姿礼仪

"站有站相"是一个人基本的礼仪修养，良好的站姿能体现一个人的气质和精神面貌，不同的站姿能带给人截然不同的感觉。训练符合礼仪规范的站姿，是培养仪态美的起点，如果一个人的站姿不够标准，那么这个人的其他姿势就谈不上优美。

知识点 1　标准的站姿

标准的站姿如下。
（1）头正，双目平视，嘴巴微闭，下颌微收，面容平和自然。
（2）双肩放松，稍向下沉，人有向上的感觉。
（3）躯干挺直，挺胸、收腹、立腰、提臀。
（4）双臂自然下垂于身体两侧，中指贴拢裤缝，两手自然放松。
（5）双腿立直、并拢，脚跟相靠，两脚尖张开约60°，身体重心落于两脚正中。

学霸笔记

站姿的训练要求

站姿的基本要求是"直"。从前面看，身体两侧对称，从侧面看，脑后、背部中心、后腰、臀尖、腿肚和脚跟应在一个垂直平面上。

站姿的训练要点是挺胸抬头，双肩张开，头正目平，下颌微收，挺胸、收腹、立腰、提臀，双臂自然下垂。站立后，竖看要有直立感，即以鼻子为中线的人体大体成直线，横看要有开阔感，即肢体及身体有舒展感，侧看要有垂直感，即从耳与颈相接处至脚踝骨前侧应成直线。

站立时，呼吸的方法很重要。吸气时，用意念把气息引向头顶，自我感觉躯干有被拉长的感觉；呼气时，用意念把气息沉向肾区，补足肾气，使人看上去精力旺盛，这点对男士尤为重要。

站立时，重心应稍向前移至前脚掌，这样站可以站得稳，而且不累。女性两腿相靠站直，肌肉略有收缩感，两腿的大腿间不要留缝。男士两腿自然张开，但切莫宽过两肩。

知识点 2　侧立式站姿

侧立式站姿也称肃立，如图3-1（a）所示。其要领是头部抬起，面部转向正前方，双目平视，下颌微向内收；颈部挺直，双肩放松，呼吸自然，腰部立直；双臂自然下垂，放于身体两侧，中指指尖对准裤缝，手部虎口向前，手指稍曲，呈半握拳状，指尖向下；双腿立正并拢，双膝与双脚的跟部紧靠，双脚呈"V"字形分开，二者相距约一拳宽，注意提起髋部，身体重量应平均分布在两腿上。

此种站姿常用于较为庄重严肃的场合，例如，参加升降国旗仪式或参加遗体告别仪式时应该使用肃立。

知识点 3　前腹式站姿

前腹式站姿也称腹前交叉式站姿，如图 3-1（b）所示，是女士常用的站立姿势，其要领是身体立直，脚跟靠拢，两膝并拢，右手搭在左手上，自然贴在腹部，双臂稍曲。

知识点 4　后背式站姿

后背式站姿，如图 3-1（c）所示，是男士常用的站立姿势。其要领是身体立直，双手在后背腰处轻握，贴在臀部，两腿分开，两脚平行，比肩宽略窄些。

(a)　　　　(b)　　　　(c)　　　　(d)

图 3-1

知识点 5　丁字式站姿

丁字式站姿，如图 3-1（d）所示，是女士穿旗袍时常用的站姿。其要领是身体立直，一脚在前，将脚跟靠在另一只脚的内侧，双脚尖向外略展开，形成一个斜写的"丁"字，双手在腹前相交，置于肚脐位置，身体的重心在两只脚上。

站得太累时，可自行调节，双腿微微分开，将身体重心移向左脚或右脚。礼貌的站姿给人留下舒展俊美、精神饱满、积极向上的印象。

知识点 6　站姿的禁忌

在商务场合中，切记千万不要出现以下几种站姿。

（1）双手叉在腰间或抱于胸前。

（2）驼着背、弓着腰、眼睛不断左右斜视，一肩高一肩低，双腿不停地抖动。

（3）将手插进裤袋里，或者下意识地做小动作，如摆弄打火机、香烟盒、皮带扣、发辫，咬手指甲等，这样会显得有失庄重。

商务场合中的不良站姿，如图 3-2 所示。

| 双手插兜 | 双手抱在胸前 | 歪斜倚靠 |

图 3-2

3.1.2 行姿礼仪

行姿是指一个人在行走时的具体姿势，是人在行进中所呈现出的一种姿态，它以站姿为基础，是站姿的延续动作。行姿是展示人体动态美的重要姿态，无论是在日常生活中还是在工作场合中，走路姿势都能体现出一个人的修养。

知识点 1　标准的行姿

（1）以站姿为基础，双目向前平视，下颌微收，面容平和自然，不左顾右盼，不回头张望，不盯住他人乱打量。

（2）双肩平稳，双臂前后自然摆动，摆幅以 30°～35° 为宜，双肩及双臂不应过于僵硬。

（3）上身自然挺拔，头正、挺胸、收腹、立腰、提臀，重心稍向前倾。

（4）行走时，两只脚行走的轨迹各为一条直线。

（5）步幅要适当。男性步幅（前后脚之间的距离）约 25 厘米，女性步幅约 20 厘米。

步幅与人所穿服饰也有关系，如女性穿裙装，特别是穿旗袍、西服裙、礼服时步幅应小一些，穿长裤时步幅可大一些。

（6）走路时应全部脚掌着地，膝和脚腕不可过于僵直，膝盖要尽量绷直，双臂应自然摆动，步伐要有节奏。

学霸笔记

几种不良的行走姿态

（1）走路最忌内八字、外八字。

（2）弯腰驼背，摇头晃脑，扭腰摆臀。

（3）膝盖弯曲。

（4）左顾右盼，走路时抽烟，双手插进裤兜。

（5）身体松垮，无精打采。

（6）摆动过快，摆动幅度过大或过小。

知识点 2　陪同、引导礼仪

陪同，是指陪伴别人一同行走。引导，则是指在行进中带领别人，有时又叫引领、引路等。商务人员在陪同、引导时，应注意以下几点。

（1）所处方位。当双方并排行进时，陪同或引导人员应处于左侧；当双方前后行进时，陪同或引导人员应位于客人左前方1米左右的位置。当客人不熟悉行进方向时，一般不应请其先行，同时也不应让其走在外侧，如图3-3所示。

（2）协调行进速度。在陪同、引导客人时，商务人员行进的速度须与对方相协调，切勿我行我素，走得太快或太慢。

（3）及时关照、提醒。在陪同、引导客人时，商务人员一定要处处以对方为中心。经过拐角、楼梯或道路昏暗处，须提醒对方多加留意。

（4）采取正确的体态。在陪同、引导客人时，商务人员有必要采取一些特殊的体态，如请对方开始行进时，应面向对方，稍许欠身，在行进中与对方交谈或答其提问时，头部和上身应转向对方。

知识点 3　上下楼梯的礼仪

上下楼梯时要减少在楼梯上的停留时间，坚持"右上右下"原则，如图3-4所示，以方便对面上下楼梯的人。另外，还要注意礼让客人，上下楼梯时，出于礼貌，应请对方先行。

在陪同、引导客人时，商务人员上楼梯时应走在客人后面，下楼梯时应走在客人前面。若上下楼梯时陪同引导的客人为女士，当女士穿着短裙时，上楼时，商务人员应请女士走在自己的后面。

图 3-3　　　　　　　　　　　　　图 3-4

知识点 4　进出电梯的礼仪

（1）牢记"先出后进"原则。一般情况下，乘坐电梯时电梯里的人出来之后，外面的人方可进去。

（2）照顾好客人。乘坐无值班员的电梯，商务人员须自己先进后出，以便为客人控制电梯。乘坐有值班员的电梯，则商务人员应后进后出。进出电梯时，商务人员应侧身而行，以免碰撞、踩踏别人；进入电梯后，商务人员应尽量站在里边。

知识点 5　出入房门的礼仪

（1）事先通报。进入别人的办公室或房间时，一定要先叩门或按门铃向房内之人进行通报，即使门是虚掩的或是敞开的，也应先敲门以示尊敬。

（2）以手开关。出入房门时，务必用手轻轻开关房门，不可用身体其他部位，如用肘部顶、用膝盖拱、用臀部撞、用脚尖踢、用脚跟蹬等方式开关房门。

（3）面向他人。出入房门，特别是在出入一个较小的房间，而房内又有自己熟悉的人时，最好是反手关门、反手开门，并且始终注意面向对方，而不可以背向对方，如图3-5所示。

（4）要"后入后出"。与他人一起出入房门时，礼貌的做法是：自己后进门、后出门，请对方先进门、先出门。

（5）为他人开门。尤其是在陪同、引导他人时，商务人员要注意在出入房门时替对方开门。

导师提问：出入领导办公室时应注意哪些？
我的想法：_____

知识点 6　变向行走礼仪

（1）后退。先面向对方退几步，再转身离去。通常面向他人至少后退两三步，对交往对象越尊重，后退的步数则越多。后退时步幅宜小，脚掌轻擦地面。转体时宜身先头后。

（2）侧行。当与同行者进行交谈时，上身应正面转向交谈对象，身体与对方保持一定距离。与他人狭路相遇时，应两肩一前一后，胸部正面转向对方，而不可背向对方。

（3）前行转身。在向前行进中转身而行：一是前行右转，以左脚掌为轴心，在左脚落地时，向右转体90°，同时迈出右脚；二是前行左转，与前行右转相反，在前行中向左转身，应以右脚掌为轴心，在右脚落地时，向左转体90°，同时迈出左脚。

（4）后退转身。在后退时转身而行：一是后退右转。先退几步，以左脚掌为轴心，向右转体90°，同时向右迈出右脚；二是后退左转，先退行几步，以右脚掌为轴心，向左转体90°，同时向左迈出左脚。

知识点 7　与客人对面相遇的礼仪

客人从对面走来时，应向客人行礼，同时应注意以下几点。

（1）放慢步伐。在离客人约2米处，目视客人，面带微笑轻轻点头致意，并且说"您好！""您早！"等礼貌用语。

（2）行鞠躬礼。行礼前应停步，躬身15°～30°，眼往下看，并致问候，如图3-6所示。切忌边走边看边躬身，这是十分不雅观的。

图 3-5　　　　　　　　　　　　　　　　图 3-6

（3）商务人员在工作中，可以边工作边致礼，如果能暂停手中的工作并行礼，会让客人更为满意。

3.1.3　坐姿礼仪

知识点 1　坐姿标准

坐姿标准要根据座椅的高低及有无扶手、靠背来调整，并注意两手、两腿、两脚的正确摆放方式。

（1）两手的摆放方式。有扶手时，双手轻搭或一搭一放；无扶手时，两手相交或轻握或呈八字形置于腿上；右手搭在右腿上，左手搭在右手手背上。

（2）两腿的摆放方式。座椅高度适中时，两腿相靠或稍分，但不能超过肩宽；座椅高度较低时，两腿并拢，自然倾斜于一方；座椅高度较高时，一条腿放在另一条腿上，脚尖向下。

（3）两脚的摆放方式。两脚的脚跟、脚尖紧靠或一靠一分，也可一前一后（可靠拢也可稍分开）。

知识点 2　标准的坐姿

标准的坐姿是指人在就座后身体所保持的一种姿态，是人际交往和工作中采用较多的一种姿势。

（1）正襟危坐式坐姿。此种坐姿适用于正式的商务场合，这种坐姿要求入座者的上身与大腿、大腿与小腿均成直角，且小腿与地面垂直，双膝双脚完全并拢。此坐姿男女皆宜，在尊长面前就座时不宜坐满椅面，以占 2/3 左右为宜，如图 3-7 所示。

（a）　　　　　　　　　　　　　　　　（b）

图 3-7

（2）叠腿式坐姿。叠腿式坐姿（如图3-8）的要求是：两腿膝部交叉，一脚内收于前腿膝下，两脚一前一后着地，双手稍微交叉于腿上，起立时，前脚向后收半步，而后立起，离开时，再向前走一步，自然转身退出房间。

（3）双腿斜放式坐姿。双腿并拢后，双脚同时向右侧或左侧斜放，并与地面形成45°左右的夹角。这种坐姿适合穿短裙的女士在较低的座椅上就座时采用，如图3-9所示。

（4）双脚交叉式坐姿。这种坐姿要求双膝并拢，双脚在踝部交叉，但不宜远伸，此坐姿男女皆宜，如图3-10所示。

（5）双腿叠放式坐姿。此种坐姿要求双腿一上一下完全交叠在一起，适合穿短裙的女士采用，如图3-11所示。叠放在上的那只脚的脚尖应垂向地面，双脚的放置视座椅高矮而定，可以垂放，亦可以与地面形成45°角斜放。采用此种坐姿，切勿双手抱膝。

（6）前伸后曲式坐姿。此种坐姿要求先将大腿并拢，然后向前伸一条腿，同时把另外一条腿后曲。两脚脚掌着地，前后要保持在一条直线上，如图3-12所示。

（7）垂腿开膝式坐姿。这种坐姿的基本要求与前一种坐姿的基本要求相同，只是双膝稍许分开，但不超过肩宽，此坐姿多为男士所用，如图3-13所示。

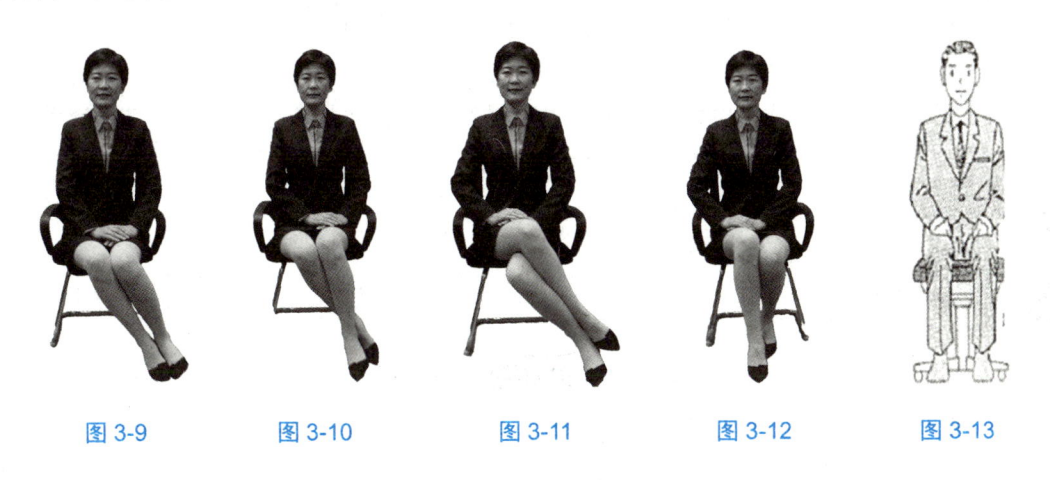

图3-8

图3-9　　　图3-10　　　图3-11　　　图3-12　　　图3-13

知识点3　入座礼仪

在入座时，出于礼貌可与对方同时入座。但应当注意座次的尊卑，应主动将上座让给来宾或客人，一定要先让对方入座，切勿自己抢先入座。

就座时，一定要坐在椅、凳等常规位置。坐在桌子上、窗台上、地板上等，是非常失礼的。若条件允许，在就座时最好从座椅的左侧入座，这样做既是一种礼貌，也易于就座。就座时，若附近坐着熟人，应主动和对方打招呼，若不认识身边的人，亦应向其点头示意，在公共场合要想坐在别人身旁，须先征求对方同意。

就座时，要减慢速度，放轻动作，尽量不要弄得座椅乱响，以免噪声扰人。

在他人面前就座时，最好背对着自己的座椅入座，这样不会背对着对方。具体做法是先侧身走近座椅，背对其站立，右腿后退一点，以小腿确认座椅的位置，然后随势坐下。

坐下后调整体位。为了使自己坐得端正、舒适，或为了方便整理衣服，可在坐下后调整体位，但此动作不可与就座同时进行。

知识点4　离座礼仪

离座时应遵循以下礼仪。

离座时身旁如有人在座，需以语言或动作向其示意，随后方可起身，猛然起身会使邻座的人或周围人受到惊扰。与他人同时离座，须注意起身的先后次序：当自己的地位低于对方的地位时，应稍后离座；当自己的地位高于对方的地位时，可先行离座；当双方身份相似时，可以同时起身离座。起身离座时，应动作轻缓，避免弄响座椅或将椅垫掉在地上。

离开座椅后，先要采用"基本站姿"，站定后，方可离去。若是起身便跑，或者离座与走开同时进行，则会显得过于匆忙、有失稳重。

知识点5　坐姿的禁忌

（1）双腿叉开过大。面对外人时，双腿如果叉开过大，或双腿成八字形摆放，都极其不雅。

（2）架腿方式欠妥。将一条小腿架在另一条大腿上，两者之间还留出大大的空隙，形成"二郎腿"或架"4"字形腿，甚至将腿放在桌椅上，就更显得过于放肆了。

（3）双腿过分伸张。坐下后，将双腿直挺挺地伸向前方，这样不但可能会妨碍他人，而且也有碍观瞻。因此，身前若无桌子，双腿尽量不要过分前伸。

（4）腿部抖动摇晃。与人交谈时，双腿不停地抖动，是不礼貌且缺乏教养的表现。

（5）落座后脚后跟接触地面，而且将脚尖翘起来，脚尖指向别人，使鞋底在别人眼前"一览无余"，或是以脚蹬踏其他物体等都是陋习。

德润礼行

坐如钟，站如松，行如风

古人有"坐如钟，站如松，行如风"的说法，意思是站着要像松树那样挺拔，坐着要像座钟那样端正，行走要像风那样快而有力。

古代坐姿的基本要求是保持上身正直，大腿与小腿成直角，小腿垂直于地面。因为儒家讲究人的身体"正"和内心的"中"，认为这是君子内外一致的表现。"箕坐"是古人坐姿中最为怠慢不敬的。《礼记·曲礼》中有"坐毋箕"，意思是坐着的时候，不要把双腿叉开向前伸直，那样像收垃圾用的簸箕。

站立时"立如斋""立必方正""立毋跛"，即站立要像祭祀前斋戒时那样端庄肃立，挺直端正，不能一脚踏地，另一脚虚点地，像瘸子一样身体倾斜。

古人对走路的规定主要体现在不同的时间、地点、场合中有不同的走法，《礼记·曲礼》中有较详细的记载。南宋著名理学家、教育家朱熹在其所编撰的《童蒙须知》中是这样训诫孩子的："凡步行趋跄，须是端正，不可疾走跳踯。若父母长上有所唤召，却当疾走而前，不可舒缓。"

情境 3 巧用形体语言——商务人员仪态礼仪

"礼"是中华民族传统美德的核心价值理念和基本要求之一，好礼、有礼、注重礼是中国人立身处世的重要美德。在商务活动中，商务人员要注意自身的行为，使之符合相关的礼仪规范。良好的行为姿态可以使商务人员的外在形象更佳，也容易拉近与他人之间的距离。通过学习仪态礼仪，端正自身的坐立行走姿态，培养和展现我们良好的教养和优雅的风度、得体文明的外在形象，使个人外在美与内在美得到统一。

我们的计划

快来和我们一起制订自己的学习计划吧！　　见工具单 3-1-1

我们来操作

任务 1　练习并演示商务场合中常用的站姿

1. 操作步骤

（1）服饰准备：男生着西装，女生着职业套装。
（2）学生练习商务场合中的常用站姿，教师进行现场指导。
（3）学生展示商务场合中的常用站姿，教师进行点评。

2. 操作要点

（1）站姿的相关要求如表 3-1 所示。

表 3-1　站姿的相关要求

操作项目	操作要点
侧立式站姿	① 头抬起，面向正前方，双目平视，下颌微微内收，颈部挺直，双肩放松，呼吸自然，腰部直立。 ② 脚掌分开呈"V"字形，脚跟靠拢，两膝靠紧，双手放在腿部两侧，手指稍曲，呈半握拳状
前腹式站姿	① 同"侧立式站姿"操作标准第①条。 ② 脚掌分开呈"V"字形，脚跟靠拢，两膝并严，双手相交放在小腹前
后背式站姿	① 同"侧立式站姿"操作标准第①条。 ② 两腿分开呈"V"字形，两脚平行，比肩宽略窄，双手在背后轻握放在腰处
丁字式站姿	① 同"侧立式站姿"操作标准第①条。 ② 一脚在前，将脚跟靠于另一脚内侧，两脚尖向外略展开，形成一个斜写的"丁"字，双手在腹前相交，身体重心放在两只脚上，此站姿仅限女性使用
站得太累时可自行调节	两腿微微分开，将身体重心移向左脚或右脚

（2）站姿的训练方法。
① 贴墙站立。要求脚后跟、小腿、双肩、后脑勺紧贴墙壁，每次训练 20 分钟左右。
② 背对背站立。要求两人一组，背对背站立，两人的小腿、臀部、双肩、后脑勺贴紧。

两人的小腿之间夹一张小纸片，其不能掉下。每次训练20分钟左右。

③ 顶书站立。要求训练者按标准站姿站好后，将书本放在头上，训练者在训练过程中保持站姿不变，书本不落。每次训练20分钟左右。

④ 夹纸站立。训练者按标准站姿站好后，将一张小纸片夹在两条小腿之间，训练期间不能让其掉下。每次训练20分钟左右。

站姿训练可结合微笑训练进行，强调微笑的准确、自然、始终如一，可配上悠扬、欢乐的音乐以调整受训者的心情。

任务2　练习并演示入座与离座礼仪

1. 操作步骤

（1）服饰准备：男生着西装，女生着职业套装。
（2）学生练习入座与离座礼仪，教师现场指导。
（3）学生展示学习成果，教师进行点评。

2. 操作要点

（1）入座礼仪。

① 入座时，可与对方同时入座。但应当注意座次的尊卑，应主动将上座让给来宾或客人，一定要先让对方入座，切勿自己抢先入座。

② 入座时，应从座椅的左侧入座，若附近坐着熟人，应主动和对方打招呼，若不认识身边的人，亦应向其先点头示意。

③ 就座时，应背对着自己的座椅入座。要减慢速度，放轻动作，尽量不要弄得座椅乱响，以免噪声扰人。

④ 坐下后可调整体位，但此动作不可与就座同时进行。

（2）离座礼仪。

① 离座时身旁如有人在座，需以语言或动作向其示意，随后方可起身，猛然起身会使邻座的人或周围的人受到惊扰。

② 与他人同时离座，须注意起身的先后次序：当自己的地位低于对方的地位时，应稍后离座；当自己的地位高于对方的地位时，可先行离座；当双方身份相似时，可同时起身离座。

③ 起身离座时，动作要轻缓，避免弄响座椅或将椅垫掉在地上。

④ 离开座椅后，先要采用"基本站姿"，站定后，方可离去。

（3）训练方法。

练习入座与离座。入座时，教师说"请坐"，受训者说"谢谢"，女士双手拢一下裙子，按规范动作坐下。离座时，速度适中，既轻又稳。

任务3　模拟演示在商务场合中引领客人进出电梯的礼仪

1. 操作步骤

（1）服饰准备：男生着西装，女生着职业套装。

（2）学生练习标准行姿，教师现场指导。
（3）学生练习引领礼仪，教师现场指导。
（4）学生练习进出电梯礼仪，教师现场指导。
（5）学生展示学习成果，教师点评。

2．操作要点

（1）商务人员行姿的相关要求如表 3-2 所示。

表 3-2　商务人员行姿的相关要求

操作项目	操作标准	操作要求
标准的行姿	① 方向明确。在行走时，必须先明确行进方向，尽可能使自己犹如在直线上行走，不要突然转向，更忌突然转身。 ② 步幅适中。一般而言，男性步幅约 25 厘米，女性步幅约 20 厘米。 ③ 速度均匀。在正常情况下，男子每分钟 108～110 步，女子每分钟 118～120 步，不要突然加速或减速。 ④ 重心要稳。行进时身体向前微倾，重心落在前脚掌上。 ⑤ 身体协调。行走时，脚后跟要首先着地，膝盖在脚落地时应当伸直，腰部要成为重心移动的轴线，双臂在身体两侧一前一后地自然摆动。 ⑥ 体态优美。做到昂首挺胸，步伐轻松而矫健，行走时两眼平视前方，挺胸收腹，直起腰背，伸直腿部	"行如风"，即走起来要像风一样轻盈。方向明确，抬头挺胸、不要晃肩摇头，两臂自然摆动，两腿直而不僵，步伐从容，步幅适中均匀，两脚的行进轨迹成两条直线
陪同、引导	① 采用标准的行姿。 ② 引领客人时，位于客人侧前方 2～3 步的位置，按客人的速度行进，不时用手势指引方向，对客人进行引导	
与客人相遇	① 采用标准的行姿。 ② 接近客人时，应放慢速度，与客人交会时，应暂停行进，在空间小的地方，要侧身，让客人通过后再前进	
与客人同向而行	① 采用标准的行姿。 ② 行走时尽量不超过客人；实在必须超越，要先道歉后超越，再道谢	
进出电梯	① 牢记"先出后进"的原则。乘电梯时：电梯里的人出来之后，外面的人方可进去。 ② 照顾好客人。乘坐无值班人员的电梯，商务人员应先进后出；乘坐有值班人员的电梯，商务人员应后进后出。进出电梯时，应侧身而行，以免碰撞别人，进入电梯后，尽量站在里边	

（2）行姿训练方法。在进行行姿训练时男生应着西服，女生应着套裙和半高跟鞋进行练习。

① 走直线。在地上画一条直线，行走时双脚内侧稍稍碰到这条线，即证明走路时两只脚几乎是平行的。配上节奏明快的音乐，训练行走时的节奏感。眼睛应平视，不能往地上看，收腹、挺胸、面带微笑。

② 顶书而行。这是为了纠正走路时摇头晃脑的毛病，在行走时使人保持头正、颈直的训练。

③ 练习背小包、拿文件夹、穿旗袍时的行姿。

任务 4　设计并演示李想在情景 1 中应有的仪态

1．操作步骤

（1）服饰准备：男生着西装，女生着职业套装。

（2）学生练习坐在各种椅子或沙发上的标准坐姿，教师进行现场指导。

（3）学生练习进出房门礼仪，教师进行现场指导。

（4）学生综合展示任务 4 的情景内容，教师进行点评。

2．操作要求

（1）商务人员坐姿的相关要求如表 3-3 所示。

表 3-3　商务人员坐姿的相关要求

操作项目	操作标准
标准的坐姿	① 入座时，要轻而缓，走到座位前面转身，右脚后退半步，左脚跟上，然后轻轻坐下。 ② 女性穿裙装时，应用手将裙子向前拢一下。 ③ 坐下后，上身挺直，头正目平，嘴巴微闭，面带微笑，腰背稍靠椅背，两手相交放在腹部或两腿上，两脚平落在地面上。男子两膝间的距离以一拳为宜，女子两膝紧靠
两手的摆法	① 有扶手时，双手轻搭或一搭一放。 ② 无扶手时，两手相交或轻握或呈八字形置于腿上；右手放在右腿上，左手搭在右手背上
两腿的摆法	① 椅子高度适中时，两腿相靠或稍分，但不能超过肩宽。 ② 椅子较低时，两腿并拢，自然倾斜于一方。此坐姿限女性使用。 ③ 椅子较高时，一条腿略放在另一条腿上，脚尖向下
两脚的摆法	① 脚跟与脚尖全靠或一靠一分。 ② 也可一前一后或右脚放在左脚外侧

（2）坐姿的训练方法。按规范的坐姿坐下，打开音乐。练习在高低不同的椅子、沙发上，不同交谈氛围下的各种坐姿。训练时，强调上身挺直，双膝不能分开，把一张小纸片夹在双膝间，其不能掉下来。

快来记录下我们的工作过程吧！

见工具单 3-1-2

我们的成绩

＿＿＿分

成绩评价见工具单 3-1-3

训练项目 2　商务人员蹲姿与手臂姿势礼仪

情景 2

文静抱着一摞文件准备去办公室复印。一不小心，文件掉在了地上。穿着套裙的文静，该用什么样的姿势捡起掉在地上的文件呢？

我们的任务

1. 练习并演示商务场合中的标准蹲姿。
2. 练习并演示商务人员在工作中常用的手势。
3. 根据情景 2，设计并演示文静捡拾文件的仪态。

我们的目标

1. 了解商务场合中蹲姿的规范和要求。
2. 掌握商务场合中常用手势的规范和要求。
3. 熟练掌握和运用商务场合中的蹲姿与手势礼仪。

我们来学习

3.2.1　蹲姿礼仪

蹲姿与坐姿都是由站姿变化而来的相对静止的体态。蹲姿是由站姿转变为两腿弯曲和身体高度下降的姿势。一般情况下，蹲姿不像站姿、行姿、坐姿那样使用频繁，因而往往被人们忽视。如果一位穿戴整齐的先生或女士，在众目睽睽之下很随便地弯腰撅臀，去捡掉在地上的东西，这种臀部后撅、上身前倾的姿势非常不雅，即使两腿展开，平衡下蹲也不美观，讲究举止的人也应该讲究蹲姿。商务人员在商务场合中所采用的蹲姿，往往只是在比较特殊的情况下采用的一种暂时性体态，时间不宜过久。

知识点 1　蹲姿的适用情况

在商务场合中，一般只有遇到下述几种比较特殊的情况时，商务人员才可以酌情采用蹲姿。

（1）整理工作环境。需要收拾、清理工位时，可以采用蹲姿。

（2）给予他人帮助。需要下蹲帮助他人时，如与一位迷路的儿童进行交谈时，商务人员可以这样做。

（3）提供必要的服务。当商务人员为客人提供服务，必须下蹲时，可以这样做。

（4）捡拾地面物品。当本人或他人的物品掉到地上，或需要从低处拿起来时，不宜弯腰捡拾拿取，此时采用蹲姿最为恰当。

（5）自己照顾自己。有时，商务人员需要照顾一下自己，如整理一下自己的鞋袜，亦可以采用蹲姿。

知识点 2　标准的蹲姿

（1）高低式蹲姿。高低式蹲姿主要要求商务人员在下蹲时，应右脚在前，左脚在后。右脚完全着地，左脚脚跟提起，左膝低于右膝，左腿右侧可靠于右小腿内侧，形成右膝高左膝低的姿势。臀部向下，上身稍向前倾，基本上用右腿支撑身体，如图 3-14（a）所示。采用这种蹲姿时，女性应并紧双腿，男性则可适度分开双腿。若捡拾身体右侧的东西，则为左膝高右膝低的姿势。这种双膝以上靠紧的蹲姿在造型上也是优美的。

（2）交叉式蹲姿。交叉式蹲姿主要适用于女性，尤其是适合身穿短裙的女性在公共场合中采用。采用这种姿势虽然体态优美，但操作难度较大。这种蹲姿要求商务人员在下蹲时，右脚在前，左脚在后，右小腿垂直于地面，后脚全部着地。右腿在上，左腿在下，交叉重叠。左膝从后下方伸向右侧，左脚跟抬起、脚尖着地。两腿前后靠紧，合力支撑身体。上身微向前倾，臀部向下，如图 3-14（b）所示。

（3）半蹲式蹲姿。半蹲式蹲姿多为人们在行进中采用。它的基本特征是身体半立半蹲，在下蹲时，上身稍许下探，但不宜与下肢构成直角或者锐角，臀部务必向下，双膝可微微弯曲，其角度可根据实际需要有所变化，但一般应为钝角。身体的重心应当放在一条腿上，双腿不宜过度分开。

（4）半跪式蹲姿。半跪式蹲姿又叫单蹲姿。它与半蹲式蹲姿一样，也属于一种非正式的蹲姿，多适用于下蹲的时间较长，或为了用力方便时采用。它的基本特征是双腿一蹲一跪。其主要要求是下蹲后，改用一条腿单膝点地，脚尖着地，臀部坐在脚跟上，另外一只脚全脚着地，小腿垂直于地面。这种蹲姿双膝必须同时向外，双腿则宜尽力靠拢，如图 3-14（c）所示。

情境 3 巧用形体语言——商务人员仪态礼仪

（a）　　　　（b）　　　　（c）

图 3-14

知识点 3　蹲姿的禁忌

（1）不要突然下蹲。蹲下的时候，速度切勿过快。当自己在行进过程中需要下蹲时，必须牢记这一点。

（2）不要离人太近。下蹲时，应与他人保持一定距离，与他人同时下蹲时，更不能忽略双方之间的距离，以免彼此迎头相撞。

（3）不要方位失当。在他人身边下蹲，尤其是在他人身旁下蹲时，最好与之侧身相向，正面面对他人或者背部对着他人下蹲，都是不礼貌的。

（4）不要随意滥用。在公共场合中若在毫无必要的情况下采用蹲姿，只会给人虚假造作之感。另外，不可蹲在椅子上，也不可蹲着休息。

导师提问：女性商务人员在正式场合中可以使用哪几种蹲姿？

我的想法：_____

_____

_____

3.2.2　手势礼仪

手势，指的是人们在运用手臂时，所呈现的具体动作与体位。手是传情达意的重要工具，它有着极强的表现力和吸引力。

知识点 1　手势使用礼仪

（1）使用规范化的手势。商务人员使用的手势应符合相关规范，这样才不致引起对方的误解。

（2）注意区域性差异。有些手势在使用时应注意不同区域和不同国家的不同习惯，不可以乱用。因为各地习俗迥异，相同的手势表达的意思，不仅有所不同，而且可能大相径庭。例如，伸出右臂，掌心向下，手臂反复向内侧挥动，其含义在中国主要是招呼别人，而在美国则是叫狗跑过来。商务人员使用手势时要注意不同国家、不同地区、不同民族的风俗习惯。

（3）手势宜少不宜多。手势的使用应有助于表达自己的意思，但不宜过于单调重复，也不宜做得过多。与他人交谈时，随便乱做手势，会影响他人对你说话内容的理解。

（4）注意手势的力度和幅度。使用手势应注意力度和幅度的大小，力度大小适中，不宜单调重复，上不超过头顶，下不低于胸部，左右不超过肩宽。

（5）禁用手指指点他人。在任何情况下，不要用手指指自己的鼻尖或用手指指点他人，谈到自己时应用手掌轻按自己的左胸，那样会显得端庄、大方。用手指指点他人的手势是十分不礼貌的。

学霸笔记

几种常见手势符号在不同国家、地区的不同含义

1. "OK"手势

"OK"手势是指将拇指和食指相接成环形，其余三根指头伸直，掌心向外。在不同的国家，"OK"手势有不同的含义：在我国和世界其他一些地方，伸手示数时该手势表示零或三；在美国、英国，表示"赞同""顺利""很好""了不起"的意思；在法国，表示"零"或"没有"的意思；在泰国，表示"没问题""请便"的意思；在日本、缅甸、韩国，表示"金钱"；在印度，表示"正确""不错"的意思；在突尼斯，则表示"傻瓜"的意思。

2. "V"形手势

"V"形手势是指食指和中指上伸成"V"形，拇指弯曲压于无名指和小指上。在不同的国家这种手势有不同的含义，在欧洲大多数国家中，用它表示Victory（胜利），据说是第二次世界大战时期英国首相丘吉尔发明的。不过，表示胜利时，手掌一定要向外，如果手掌向内，就是贬低人、侮辱人的意思了；在希腊做这一手势时，即使手心向外，如手臂伸直，也有对人不恭之嫌。在我国，此手势则表示数字"2"或"剪刀"的意思。

3. 竖起大拇指

竖起大拇指，一般表示顺利或夸奖。在我国，右手或左手握拳，伸出大拇指，表示"好""了不起"，有赞赏、夸奖之意；在德国表示数字"1"；在希腊，拇指上伸表示"够了"，拇指下伸表示"厌恶""坏蛋"；在美国、英国和澳大利亚等国，拇指上伸表示"好""行""不错"，拇指左、右伸大多是向司机示意搭车方向。

知识点2 引领手势

引领客人，常见于会议、宴请、客人拜访时，出于礼貌，主人常常会为重要客人亲自带路或安排专门人员负责将客人带到指定地点或座位处。在这种情形下，通常主人应走在客人的左斜前方，在拐弯或有楼梯台阶的地方，应用明确的手势指出前行方向并提醒客人"这边请"。

80

引领手势的要求是掌心向上，四指并拢，大拇指微微张开，以肘关节为轴，前臂自然上抬伸直，如图 3-15 所示。指示方向时，上身稍向前倾，面带微笑，以指尖方向表示前行方向，自己的眼睛看着目标方向，待客人明白后，再前行。

知识点 3　递接物品的手势

递物与接物是常用的一种动作，应当双手递物，双手接物，以表示对他人的尊重，如图 3-16 所示。不方便双手并用时，也应尽量用右手递接物品，以左手递接物品通常被视为失礼之举。递给他人的物品，应直接交到对方手中，不到万不得已，最好不要将所递的物品放在别处。若双方相距过远，递物者应主动走近接物者，假如自己坐着的话，还应尽量在递物时起身站立。在递物时，应为对方留出便于接取物品的地方，不要让其感到接物时无从下手。

将带有文字的物品递交他人时，还须使其正面朝向对方。将带尖、带刃或其他易于伤人的物品递于他人时，切勿以尖、刃直指对方，而应使尖、刃朝向自己，或是朝向他处。

图 3-15 　　　　　　　　　　图 3-16

学霸笔记

职业培训师的手势礼仪

职业培训师是从事面向全社会劳动者进行专业性、技能性、实操性职业（技能）培训一体化教学及培训项目开发、教学研究、管理评价和咨询服务等相关活动的教学人员。手势的使用是职业培训师的工作过程中必不可少的，其礼仪要求有：一要幅度适度。培训师在工作中手势动作幅度不宜过大，次数不宜过多，不宜重复。二是自然亲切。培训师应多用柔和的曲线手势，少用生硬的直线条手势，以求拉近与对方之间的心理距离。三是恰当适时。培训师讲课时应伴以恰当的、准确无误的手势，以加强表达效果，并激发听者的听课情绪。四是简洁准确。手势要适度舒展，既不要过分单调，也不要过分繁杂。

知识点 4　致意手势

致意是一种表达问候的手势，常用于相识的人在社交场合打招呼。它是已经相识的友人之间在相距较远或不宜多谈的场合，用无声的动作语言相互表示友好与尊重的一种方式，如图 3-17 所示。

一般来说，致意时要求与对方的距离不能太远，以 2～5 米为宜，也不能在对方的侧面或背面。在社交场合中，人们往往采用招手致意、欠身致意、脱帽致意等形式来表达友善之意。

举手致意时，应全身直立，面向对方，举起右手，掌心朝向对方，面带笑容。致意时应手臂自下而上向侧上方伸出，手臂既可略有弯曲，亦可全部伸直。

知识点 5　挥手道别

与人挥手道别时，身体应站直。尽量不要走动、乱跑，更不要摇晃身体。应目送对方远去直至离开，若不看道别对象，便会被对方理解为目中无人或敷衍了事。

挥手道别时，可用右手，也可双手并用，手臂应尽力向前伸出，注意手臂不要伸得太低或过分弯曲。挥手道别时要保持掌心向外，否则是不礼貌的。要将手臂左右两侧轻轻来回挥动，但尽量不要上下摆动。

图 3-17

学霸笔记

日常生活中应该避免出现的手势

商务人员在使用手势时，以下几种手势是值得特别重视的，否则，将会向对方传递不良信息。

1．工作中决不可随意用手指对他人指指点点，与人交谈时更不可这样做。

2．工作时，不可将一只手臂伸在胸前，指尖向上，掌心向外，左右摆动。这些动作的一般含义是拒绝别人，有时还有极不耐烦之意。

3．双臂抱起然后端在胸前这一姿势，往往暗含孤芳自赏、自我放松，或置身度外、袖手旁观、看他人笑话之意。

4．用双手抱头，这一体态的本意是自我放松，但在商务场合中这么做，则会给人以目中无人之感。

5．工作中无聊时反复摆弄自己的手指，活动关节或将其捻响、打响指，或手指动来动去，在桌面或柜台不断敲扣，这些动作往往会带给人不严肃、散漫之感，让人望而生厌。

6．工作时将手插入口袋，这种表现会使人觉得此人悠闲散漫，在工作中并未尽心尽力。

7．在工作中搔首弄姿，会给人以矫揉造作、当众表演之感。

8．在工作时，有人习惯抚摸自己的身体，如摸脸、擦眼、搔头、剜鼻、剔牙、抓痒、搓泥，这会给别人留下缺乏公德意识、不讲卫生、个人素质低下的印象。

9．用食指或中指竖起并向自己怀里勾，其他四指弯曲，示意他人过来，这种手势是极不礼貌的。

德润礼行

凡有刺刃者，以授人则辟刃

古人在拿放、传递物品时也很注意礼仪。《礼记》中有"凡有刺刃者，以授人则辟刃"，意思是凡有锋利刀刃的物品，递给他人时，要避免把刀刃朝向对方。"奉者当心，提者当带"，"当"是对的意思，捧东西的时候，双手要对着心的地方，提东西的时候不要在地上拖着，手要在对着腰带的位置。"执轻如不克"，执持轻小物品，要像持重物、盈满之器那样谨慎。《弟子规》中也有"执虚器，如执盈"的要求。

中国是文明古国、礼仪之邦，中华民族传统美德的形成和发展已经有几千年的历史。古人通过程式化的礼仪，表达着对他人的敬意。例如，拱手礼已经有两三千年的历史了，从西周起就开始在同辈人见面、交往时采用了。因此，手势礼仪是人们常用的一种肢体语言，在商务活动中手势礼仪非常重要，但要切记手势不宜过多，动作不宜过大，切忌"指手画脚"和"手舞足蹈"。

我们的计划

快来和我们一起制订自己的学习计划吧！   见工具单 3-2-1

我们来操作

任务1　练习并演示商务场合中的标准蹲姿

1. 操作步骤

（1）准备合适的服饰：男生着西装，女生着职业套装。
（2）练习标准的蹲姿。
（3）学生展示标准蹲姿，教师进行点评。

2. 操作要点

蹲姿的相关要求如表3-4所示。

表3-4　蹲姿的相关要求

操作项目	操作标准	基本要求
高低式蹲姿	① 捡拾身体右侧的东西，下蹲时，左脚在前，右脚在后。 ② 左脚完全着地，右脚脚跟提起，右膝低于左膝，右腿左侧可靠于左小腿内侧，形成左膝高右膝低的姿势。 ③ 臀部向下，上身微向前倾，基本上用左腿支撑身体	采用此式时，女性应并紧双腿，男性则可适度分开。若捡身体左侧的东西，则姿势相反
交叉式蹲姿	① 下蹲时，右脚在前，左脚在后，右小腿垂直于地面，右脚全脚着地。 ② 右腿在上，左腿在下，交叉重叠。 ③ 左膝从后下方伸向右侧，左脚跟抬起、脚尖着地。 ④ 两腿前后靠紧，合力支撑身体。 ⑤ 上身微向前倾，臀部向下	交叉式蹲姿主要适用于女性，尤其是适合身穿短裙的女性在公共场合采用

续表

操作项目	操作标准	基本要求
半蹲式蹲姿	① 蹲下时,上身稍许下探,但不宜与下肢构成直角或者锐角,臀部务必向下。 ② 双膝可微微弯曲,其角度可根据实际需要有所变化,但一般应为钝角。 ③ 身体的重心应当放在一条腿上,双腿不宜过度分开	半蹲式蹲姿多为人们在行进中临时采用
半跪式蹲姿	① 下蹲后,改用一腿单膝点地,脚尖着地,臀部坐在脚跟上。 ② 另外一只脚应当全脚着地,小腿垂直于地面。 ③ 双膝必须同时向外,双腿则宜尽力靠拢	它与半蹲式蹲姿一样,也属于一种非正式的蹲姿,多适用于下蹲时间较长,或为了用力方便时;它的基本特征:双腿一蹲一跪

任务 2　练习并演示商务人员在工作中常用的手势

1. 操作步骤

(1) 准备合适的服饰:男生着西装,女生着职业套装。

(2) 确定商务人员工作状态下常用的手势:引领手势、递接物品、招呼别人、致意手势、挥手道别等。学生练习以上姿势。

(3) 学生演示商务人员在日常工作中常用的手势,教师进行点评。

2. 操作要点

手臂姿势的相关要求如表 3-5 所示。

表 3-5　手臂姿势的相关要求

操作项目	操作标准
引领手势	① 掌心向上,四指并拢,大拇指微微张开,以肘关节为轴,前臂自然上抬伸直。 ② 指示方向时,上身稍向前倾,面带微笑,以指尖方向表示前行方向,自己的眼睛看着目标方向,待客人明白后,再前行
递接物品	① 双手为宜。② 递于手中。③ 主动上前。④ 方便接拿。⑤ 尖、刃向内
招呼别人	① 要使用手掌,而不能仅用手指。 ② 掌心向上,而不宜掌心向下
致意手势	① 面向对方。举手致意时,应全身直立,面向对方,至少上身与头部要朝向对方,在目视对方的同时,应面带笑容。 ② 手臂上伸,致意时应手臂自下而上向侧上方伸出,手臂既可略有弯曲,亦可全部伸直。 ③ 掌心向外,即朝向对方,指尖朝向上方,同时伸开手指
挥手道别	① 身体站直,尽量不要走动、乱跑,更不要摇晃身体。 ② 目视对方,目送对方远去直至离开。 ③ 手臂前伸,道别时,可用右手,也可双手并用,但手臂应尽力向前伸出。 ④ 掌心朝外。 ⑤ 左右挥动,手臂左右轻轻地挥动,尽量不要上下摆动

任务3　根据情景2，设计并演示文静捡拾文件的仪态

1. 操作步骤

（1）准备合适的服饰：男生着西装，女生着职业套装。
（2）根据情景2，设计文静或男性商务人员捡拾文件时的动作姿态。
（3）练习捡拾文件时的仪态。
（4）学生展示捡拾文件时的仪态，教师进行点评。

2. 操作要点

（1）注意手持物品时的仪态。
（2）使用标准蹲姿捡拾物品，标准蹲姿操作要点可参考任务1。

<u>快来记录下我们的工作过程吧！</u>

见工具单3-2-2

我们的成绩

_____分
成绩评价见工具单3-2-3

训练项目3　表情、神态礼仪

情景3

李想低着头从总经理办公室出来，心里很不高兴，边走边想：问题出在了哪里？恰巧在走廊的拐弯处，他遇见了同事小杨。小杨很热情地与李想打招呼，可是李想却面无表情地走了过去。小杨感到很诧异！

我们的任务

1．请演示商务场合中聆听及与人谈话时应有的眼神。
2．练习并演示在商务场合中与人交谈时的微笑礼仪。
3．请演示李想遇到同事时正确的表情、神态礼仪。

我们的目标

1．了解商务人员在工作场合中表情与神态的要求。
2．练习并掌握商务人员在工作场合中的表情和神态。
3．能够在实际工作中管理好自己的表情和神态。

表情是人表现在面部或姿态上的思想感情。神态则是指人所表现出来的神情。商务人员在工作中，要注意自己的表情和神态，因为在他人看来，商务人员的表情和神态代表了其对待他人的态度。

通常，表情和神态不会被人们区分得那么清楚，下面我们详细阐述表情礼仪和微笑礼仪。

3.3.1 表情礼仪

面部表情是一个人内心情绪的外在表现，一般认为，面部表情对人的语言起解释、纠正和强化的作用，在反映人们内心的真实想法方面具有相当的可靠性。

知识点1 眼神的礼仪

眼睛是心灵的窗户。眼神，是指人们在注视时，眼部所进行的一系列活动及所显现的神态。商务人员在工作时，眼神的运用应注意以下几点。

（1）注视的部位。在人际交往中，我们可以注视对方的常规部位有以下几个。第一，对方的双眼。注视对方的双眼，既表示自己对对方全神贯注，也表示自己在认真听对方讲话。第二，对方的面部。与交往对象进行较长时间的交谈时，可以将对方的整个面部作为注视区域。注视他人的面部时，最好注视对方的三角区，而不要将目光聚集于一处，以散点柔视为宜。第三，对方的全身。同交往对象相距较远时，商务人员一般应当以对方的全身为注视点。第四,对方的局部。在工作中,我们往往因为实际需要,对他人身体的某一部分多加注视。例如,在递接物品时,我们应注视对方的手部。

(2)注视的角度。在社交场合中,宜正视、平视、仰视、环视(与多人交往时)他人,而不能扫视、斜视、蔑视、无视他人。仰视表示崇拜和尊敬,正视、平视、环视体现平等、公平、自信,俯视虽有爱护、宽容之意,又有轻蔑、傲慢之嫌,商务人员在使用时应注意场合与分寸。

(3)注视的时间。注视对方的时间长短也很有讲究,看的时间短或不屑一顾,表示对对方的冷落、轻视或反感;长时间盯着对方,特别是对异性的凝视和对初识者的上下打量,也是不礼貌的行为。

学霸笔记

眼神的类型

眼神的传情达意也有许多类型,概括起来有以下几种。
1. 情爱型——含情脉脉、频传秋波。
2. 凝视型——目光凝滞、若有所思。
3. 思考型——目不转睛、凝视一处。
4. 忧虑型——双眉不展、目光下视。
5. 欢快型——眉开眼笑、喜形于色。
6. 愤怒型——双眉紧蹙、怒目而视。
7. 惊恐型——双目圆睁、惊恐万状。
8. 暗示型——目光严肃、寓意深切。
9. 轻蔑型——目光冷淡、虚眼斜视。
10. 风流型——挤眉弄眼、目光轻佻。

知识点2 面容礼仪

在面容表现上,眉毛的表现力较强,其次是嘴巴,下巴又次之。鼻子与耳朵的表现力较弱。但在人际交往中,它们多组合在一起来显示特定的表情。如眼睛睁大、嘴巴张开、眉毛上扬,表示快乐;眼睛睁大、眉毛上扬、嘴角上翘,表示兴奋;嘴角向上,鼻孔正常开合,眉毛上扬,轻轻一瞥,表示感兴趣;嘴角拉平或向下,皱眉皱鼻,稍稍一瞥,表示有敌意;嘴角向两侧拉开,眉毛倒竖,眼睛大睁,表示发怒;微笑,眉毛平展,平视,整体面容不和,表示无所谓;嘴角抿紧,眉毛拉平,注视对方额头,则表示严肃。

学霸笔记

眉毛的礼仪

俗话说"眼睛会说话,眉毛会唱歌"。眉语也很丰富。例如,扬眉表示喜悦或感兴趣;

展眉表示宽慰，飞眉表示兴奋，竖眉表示愤怒，横眉表示轻蔑，皱眉表示为难，锁眉表示忧愁，挤眉表示挑逗，低眉表示顺从。

从眉的动作还可看出人的身份。例如，恋人相见，眉目传情，暗送秋波；情人相见，眉飞色舞；仇人相见，横眉冷对；忠厚长者，慈眉善目；奸诈小人，贼眉鼠眼；等等。

3.3.2 微笑礼仪

在人的面部表情中，除眼神外，最动人、最有魅力的是微笑。在人际交往中，微笑是人际关系的黏合剂，是"参与社交的通行证"。在人际交往中，微笑对他人具有独特的吸引力，能使人愉悦，消除误解和隔阂，有效地缩短彼此之间的心理距离，营造融洽的交往氛围。

学霸笔记

微笑的信息

1. 表现心境良好。面露平和欢愉的微笑，说明此人心情愉快、乐观向上，这样的人才容易吸引他人与之交往。

2. 表现充满自信。面带微笑，表明一个人对自己的能力有十足的信心，以不卑不亢的态度与人交往或帮助别人，使人对自己产生信任感，容易被别人真正地接纳而不是排斥。

3. 表现真诚友善。微笑反映一个人心底坦荡、善良友好、待人真心实意、使人在与其交往的过程中自然放松，不知不觉地缩短了彼此之间的心理距离。

4. 表现爱岗敬业。商务人员在工作中保持微笑，说明其热爱本职工作，恪尽职守。如在服务行业中，微笑更是可以营造一种和谐融洽的氛围，让服务对象备感愉悦和温暖。

知识点 1　微笑的动作要领

练习微笑，首先要掌握微笑的动作要领。

（1）额肌收缩，眉位提高，眼轮匝肌放松。

（2）两侧颊肌和颧肌收缩，肌肉稍隆起。

（3）两侧笑肌收缩，并略向下拉伸，口轮匝肌放松。

（4）嘴角含笑并微微上提，嘴角似闭非闭，以不露齿或仅露不到半颗牙为宜。

（5）面含笑意，但笑容不明显，使嘴角微微向上翘起时，嘴唇略呈弧形。

（6）注意不要牵动鼻子，不要发出笑声。

知识点 2　微笑时应注意的问题

微笑时要特别注意以下问题。

（1）注意整体配合。微笑时除了要注意口形，还需注意面部其他部位的相互配合。微笑其实是面部各部位的一种综合运动。整体配合协调的微笑，应当目光柔和，双眼略微眯大，眉头自然舒展，向上微微扬起，也就是人们通常所说的"眉开眼笑"。

（2）力求表里如一。尽管人们常说"面含微笑"，实际上微笑并非仅挂在脸上，而是需要发自内心，做到表里如一，否则就成了"皮笑肉不笑"。

（3）注意微笑的场合。微笑也应注意与场合相适应，在下列情况不允许微笑：进入氛围庄严的场所时；交往对象满面哀愁时；他人有某种先天的生理缺陷时；交往对象出了洋相而感到极其尴尬时。在以上情况下，如果面露笑意，会使自己陷于被动的境地。

微笑应该是商务人员内心情感的自然流露。在开始工作前，商务人员要调整好自己的情绪，全身心地进入岗位角色，从而把甜美真诚的微笑与友善热忱的目光、训练有素的举止、亲切动听的话语融为一体，以良好的状态出现在交往对象面前。

导师提问：微笑时应注意哪些问题？
我的想法：＿＿＿＿＿＿＿＿＿＿＿＿＿＿＿＿＿＿＿＿＿＿＿＿＿＿

德润礼行

诚于中，形于外

"诚于中，形于外，故君子必慎重其独也"。这句话出自《礼记·大学》，意思是一个人真诚的内心与其外在表现一致。一个人如果内心真诚，他人能从其外在表现中看出来。所以，品德高尚的人哪怕是在一个人独处的时候，也一定要谨慎。

一般来讲，古人所推崇的君子的容貌表情总是端庄安详、清明柔和的。荀子曾经对此进行过细致的描述，他说："俨然、壮然、祺然、蕼（宽舒）然、恢恢然、广广然、昭昭然、荡荡然，是父兄之容也；俭然、恀然、辅然、端然、訾（毁谤）然、洞然、缀缀然、瞀瞀（垂目下视）然，是弟子之容也。"（《荀子·非十二子》）荀子还指出君子所不应有的岇容（丑容）：傲慢、淡漠、惊慌、沮丧、呆滞、凶恶、迷乱和轻薄。荀子关于神态的分析，即使在今天，仍然对我们有借鉴意义。

友善是中华民族的传统美德，中华民族历来提倡厚德载物、和谐共处。古人认为，举止庄重、进退有礼、执事谨敬、文质彬彬不仅能够维护个人的尊严，还有助于个人进德修业。学习表情礼仪，能够培养我们真诚、友善的商务交往风格，促进良好人际关系的建立与发展，让商务活动变得愉快而轻松。

我们的计划

快来和我们一起制订自己的学习计划吧!

见工具单 3-3-1

我们来操作

任务 1　演示在商务场合中聆听及与人谈话时应有的眼神

1. 操作步骤

(1) 在充分讨论的基础上,确定在商务场合中聆听及与人谈话时应有的眼神。
(2) 根据操作要点,在教师的指导下练习聆听及与人谈话时的眼神。
(3) 学生进行成果展示,教师进行点评。

2. 操作要点

有关眼神的要求如表 3-6 所示。

表 3-6　有关眼神的要求

操作项目	操作标准	训练方法及要点
注视的部位训练	① 注视对方的双眼。在问候对方、听取诉说、征求意见、强调要点、表示诚意、道歉或道别时,都应注视对方的双眼,但时间不宜过长,一般以 3～6 秒为宜。 ② 注视对方的面部。最好注视对方的三角区,而不要注视一处,以散点柔视为宜。 ③ 注视对方的全身。与他人相距较远时,一般应当以对方的全身为注视点。 ④ 注视对方的局部。根据实际需要对客人的某一部分多加注视,如在递接物品时,应注视对方手部。	① 当对方沉默不语时,不要盯着对方,以免加剧对方的不安。 ② 如遇人员较多的场合时,通常要巧妙地运用自己的眼神,对每一位在场人员予以兼顾。既要按照先来后到的顺序对先来的人多加注视,又要同时以略带歉意、安慰的眼神去环视一下等候在身旁的其他人,这样既能表现自己的善解人意与一视同仁,又可以让后来的人感到宽慰,不致使其产生被疏忽、冷落的感觉。
注视的角度训练	① 正视对方。在注视他人时与其正面相向,以示尊重对方。 ② 平视对方。在注视他人时,身体与对方处于相似的高度,表现出双方地位平等与本人的不卑不亢。 ③ 仰视对方。在注视他人时,本人所处位置比对方低,则需抬头向上仰望对方,给对方以重视、信任之感。	③ 商务人员在注视他人时,眼神要保持相对稳定,即使需要有所变化,也要注意自然切换,切忌对他人反复地进行扫视,以免使他人感到不安。 ④ 在工作中,要特别注意不能翻白眼,这种眼神给人以目中无人、骄傲自大的感觉;更不能东张西望,给人留下缺乏教养,不懂得尊重别人的印象。

任务 2　练习并演示在商务场合中与人交谈时的微笑礼仪

1. 操作步骤

（1）物品准备：化妆镜。
（2）根据操作要点，在教师的指导下进行微笑训练。
（3）学生进行成果展示，教师进行点评。

2. 操作要点

（1）微笑的要领。嘴角微微向上翘起，嘴唇略呈弧形，在不牵动鼻子、不发出笑声、不露出牙齿的前提下轻轻一笑。

（2）微笑的训练方法。

① 微笑规范练习。每人将一面小镜子放在桌上，面对镜子坐下。对着镜子做如下练习：嘴唇微闭，嘴角略略向上翘起，带动面颊肌肉往上提；同时，眼睛自然睁大，在这个过程中眉头自然展开，眉毛上扬。保持微笑 10 秒，然后恢复自然状态。重复练习，使面部肌肉更加灵活，微笑更加自然。

② 保持微笑的练习。每人站着或坐着，面带微笑，眼睛平视；同时，放一些轻松、愉快的音乐，以愉悦练习者的心情；用联想法不断调整自己的心境，保持自然微笑，而且始终如一；每次练习 10～20 分钟。

任务 3　演示李想遇到同事时正确的表情、神态礼仪

操作步骤

（1）在充分讨论的基础上，确定李想在遇到同事时应有的表情与神态。
（2）根据操作要点在教师的指导下进行表情和神态的训练。
（3）学生进行成果展示，教师进行点评。

快来记录下我们的工作过程吧！

见工具单 3-3-2

我们的成绩

＿＿＿分
成绩评价见工具单 3-3-3

情境 3 训练项目 1 工具单

工具单 3-1-1　训练项目 1 计划单

班级：_____　组别：_____　项目负责人：_____

我们的任务	我的任务及合作伙伴	需要的知识点	完成时间
1. 练习并演示商务场合中的常用的站姿			
2. 练习并演示入座与离座礼仪			
3. 模拟演示在商务场合中引领客人进出电梯的礼仪			
4. 设计并演示李想在情景 1 中应有的仪态			

_____年_____月_____日

工具单 3-1-2　训练项目 1 记录单

日期：_____　　班级：_____　　组别：_____

任务 1　练习并演示商务场合中常用的站姿

　　完成情况：请在相应的完成情况前画"√"。

　　　　　□顺利完成　　　　□基本完成　　　　□部分完成　　　　□不能完成

任务 2　练习并演示入座与离座礼仪

　　完成情况：请在相应的完成情况前画"√"。

　　　　　□顺利完成　　　　□基本完成　　　　□部分完成　　　　□不能完成

任务 3　模拟演示在商务场合中引领客人进出电梯的礼仪

　　完成情况：请在相应的完成情况前画"√"。

　　　　　□顺利完成　　　　□基本完成　　　　□部分完成　　　　□不能完成

任务 4　设计并演示李想在情景 1 中应有的仪态

　　完成情况：请在相应的完成情况前画"√"。

　　　　　□顺利完成　　　　□基本完成　　　　□部分完成　　　　□不能完成

工作小结及自我评价：

工具单 3-1-3　商务人员站、行、坐姿礼仪评价表

评价项目		评价标准	是否做到	存在问题
站姿	侧立式站姿	① 头抬起，面朝正前方，双目平视，下颌微微内收，颈部挺直，双肩放松，呼吸自然，腰部直立	□是　□否	
		② 脚掌分开呈"V"字形，脚跟靠拢，两膝靠紧，双手放在腿部两侧，手指稍曲，呈半握拳状	□是　□否	
	前腹式站姿	① 同"侧立式站姿"操作标准第①条	□是　□否	
		② 脚掌分开呈"V"字形，脚跟靠拢，两膝并严，双手相交放在小腹前	□是　□否	
	后背式站姿	① 同"侧立式站姿"操作标准第①条	□是　□否	
		② 两腿分开呈"V"字形，两脚平行，比肩宽略窄，双手在背后轻握放于腰处	□是　□否	

巧用形体语言——商务人员仪态礼仪

续表

评价项目		评价标准	是否做到	存在问题
站姿	丁字式站姿	① 同"侧立式站姿"操作标准第①条	□是 □否	
		② 一脚在前,将脚跟靠于另一只脚的内侧,两脚尖向外略展开,形成一个斜写的"丁"字,双手在腹前相交,身体重心在两只脚上,此站姿仅限女性使用	□是 □否	
行姿	标准的行姿	① 方向明确,步幅适中,速度均匀	□是 □否	
		② 重心要稳,身体协调,体态优美	□是 □否	
	陪同引导	① 同"标准的行姿"	□是 □否	
		② 引领客人时,位于客人侧前方2～3步的位置,按客人的速度行进,不时用手势指引方向	□是 □否	
	与客人相遇	① 同"标准的行姿"	□是 □否	
		② 接近客人时,应放慢速度,与客人交会时,应暂停行进,在空间小的地方要侧身,让客人通过后再前进	□是 □否	
	与客人同向而行	① 同"标准的行姿"	□是 □否	
		② 如必须超越,要先道歉后超越,再道谢	□是 □否	
坐姿	标准的坐姿	① 入座时,要轻而缓,走到座位前面转身,右脚后退半步,左脚跟上,然后轻轻坐下。女性穿裙装时,应用手将裙子向前拢一下	□是 □否	
		② 坐下后,上身挺直,头正目平,嘴巴微闭,面带微笑,腰背稍靠椅背,两手相交放在腹部或两腿上,两脚平落在地面;男子两膝间的距离以一拳为宜,女子两膝紧靠	□是 □否	
	两手的摆法	① 有扶手时,双手轻搭或一搭一放	□是 □否	
		② 无扶手时,两手相交或轻握或呈八字形置于腿上;右手放在左腿上,左手搭在右手背上	□是 □否	
	两腿的摆法	① 椅子高度适中时,两腿相靠或稍分,但不能超过肩宽	□是 □否	
		② 椅子较低时,两腿并拢,自然倾斜于一方。此坐姿限女性使用	□是 □否	
		③ 椅子较高时,一条腿略搁于另一条腿上,脚尖向下	□是 □否	
	两脚摆放的方法	① 脚跟与脚尖全靠或一靠一分	□是 □否	
		② 也可一前一后或右脚放在左脚外侧	□是 □否	
教师评语				

情境3 训练项目2 工具单

工具单3-2-1 训练项目2计划单

班级:_____ 组别:_____ 项目负责人:_____

我们的任务	我的任务及合作伙伴	需要的知识点	完成时间
1. 练习并演示商务场合中的标准蹲姿			
2. 练习并演示商务人员在工作中常用的手势			
3. 根据情景2,设计并演示文静捡拾文件的仪态			

_____年_____月_____日

工具单 3-2-2　训练项目 2 记录单

日期：_____　　班级：_____　　组别：_____

任务 1　练习并演示商务场合中的标准蹲姿

　　完成情况：请在相应的完成情况前画"√"。

　　　　□顺利完成　　　□基本完成　　　□部分完成　　　□不能完成

任务 2　练习并演示商务人员在工作中常用的手势

　　完成情况：请在相应的完成情况前画"√"。

　　　　□顺利完成　　　□基本完成　　　□部分完成　　　□不能完成

任务 3　根据情景 2，设计并演示文静捡拾文件的仪态

　　完成情况：请在相应的完成情况前画"√"。

　　　　□顺利完成　　　□基本完成　　　□部分完成　　　□不能完成

工作小结及自我评价：

工具单 3-2-3　商务人员蹲姿与手臂姿势礼仪评价表

评价项目		评价标准	是否做到	存在问题
蹲姿	高低式蹲姿	①捡拾身体右侧的东西，下蹲时，左脚在前，右脚在后	□是　□否	
		②左脚完全着地，右脚脚跟提起，右膝低于左膝，右腿左侧可靠于左小腿内侧，形成左膝高右膝低的姿势	□是　□否	
		③臀部向下，上身微向前倾，基本上用左腿支撑身体	□是　□否	
	交叉式蹲姿	①下蹲时，右脚在前，左脚在后，右小腿垂直于地面，右脚全脚着地	□是　□否	
		②右腿在上，左腿在下，交叉重叠	□是　□否	
		③左膝从后下方伸向右侧，左脚跟抬起、脚尖着地	□是　□否	
		④两腿前后靠紧，合力支撑身体	□是　□否	
		⑤上身微向前倾，臀部向下	□是　□否	
	半蹲式蹲姿	①蹲下时，上身稍许下探，但不宜与下肢构成直角或者锐角，臀部务必向下	□是　□否	
		②双膝可微微弯曲，其角度可根据实际需要有所变化，但一般应为钝角	□是　□否	
		③身体的重心应当放在一条腿上，双腿不宜过度分开	□是　□否	
	半跪式蹲姿	①下蹲后，改用一条腿单膝点地，脚尖着地，臀部坐在脚跟上	□是　□否	
		②另外一只脚应当全脚着地，小腿垂直于地面	□是　□否	
		③双膝必须同时向外，双腿则宜尽力靠拢	□是　□否	
手臂姿势	引领手势	①掌心向上，四指并拢，大拇指微微张开，以肘关节为轴，前臂自然上抬伸直	□是　□否	
		②指示方向时，上身稍向前倾，面带微笑，以指尖方向表示前行方向，自己的眼睛看着目标方向，待客人明白后，再前行	□是　□否	
	递接物品	①双手递接物品	□是　□否	
		②主动上前，递到对方手中	□是　□否	
		③方便接拿物品	□是　□否	
		④尖、刃向内	□是　□否	
	招呼别人	①要使用手掌，而不能仅用手指	□是　□否	
		②掌心向上，而不宜掌心向下	□是　□否	
	致意手势	①面向对方，手臂上伸	□是　□否	
		②掌心向外，朝向对方	□是　□否	

巧用形体语言——商务人员仪态礼仪

续表

评价项目		评价标准	是否做到	存在问题
手臂姿势	挥手道别	① 身体站直，目视对方	□是 □否	
		② 手臂前伸，掌心朝外	□是 □否	
		③ 左右挥动	□是 □否	
教师评语				

情境 3 训练项目 3 工具单

工具单 3-3-1　训练项目 3 计划单

班级：_____　组别：_____　项目负责人：_____

我们的任务	我的任务及合作伙伴	需要的知识点	完成时间
1. 演示在商务场合中聆听及与人谈话时应有的眼神			
2. 练习并演示在商务场合中与人交谈时的微笑礼仪			
3. 演示李想遇到同事时正确的表情、神态礼仪			

_____年_____月_____日

工具单 3-3-2　训练项目 3 记录单

日期：_____　班级：_____　组别：_____

任务 1　演示在商务场合中聆听及与人谈话时应有的眼神
　　完成情况：请在相应的完成情况前画 "√"。
　　　　□顺利完成　　　□基本完成　　　□部分完成　　　□不能完成

任务 2　练习并演示在商务场合中与人交谈时的微笑礼仪
　　完成情况：请在相应的完成情况前画 "√"。
　　　　□顺利完成　　　□基本完成　　　□部分完成　　　□不能完成

任务 3　演示李想遇到同事时正确的表情、神态礼仪
　　完成情况：请在相应的完成情况前画 "√"。
　　　　□顺利完成　　　□基本完成　　　□部分完成　　　□不能完成

工作小结及自我评价：

工具单 3-3-3　商务人员表情、神态礼仪评价表

评价项目		评价标准	是否做到	存在问题
眼神		① 注视的部位	□是 □否	
		② 注视的角度	□是 □否	
微笑	动作要领	① 嘴角微微向上翘起，嘴唇略呈弧形	□是 □否	
		② 不牵动鼻子	□是 □否	
		③ 不发出笑声，不露出牙齿	□是 □否	
	注意问题	① 注意整体配合	□是 □否	
		② 力求表里如一	□是 □否	
		③ 注意场合是否合适	□是 □否	
教师评语				

情境 4

重视与客户的第一面——商务日常会面礼仪

情境导入

上午 8:20，根据今天的日程安排，文静陪同部门经理黄菲菲接待来自××公司的市场部经理张乐及业务员王彤。

情境 ❹

重视与客户的第一面——商务日常会面礼仪

训练项目 1　见面之初

情景 1

当××公司市场部经理张乐及业务员王彤到达会议室后,文静站在黄经理身后,想着该如何做才能给客户留下良好的第一印象。她认真地观察黄经理与同事的一言一行。

我们的任务

1. 练习并演示与公司经理、客户、朋友、亲人会面时的称呼。
2. 练习并演示文静向客户进行自我介绍。
3. 练习并演示多人见面时的介绍。
4. 根据情境中设定的文静与客户见面的场景,演示"称呼与介绍"的环节。

我们的目标

1. 了解商务人员日常会面时的称呼及进行介绍时的礼仪规范。
2. 掌握称呼他人及进行介绍的方法与技巧。
3. 在商务场合中熟练运用称呼他人与进行介绍的技巧。

我们来学习

人与人打交道时,相互之间要使用一定的称呼。不使用称呼或者使用称呼不当,都是一种失礼的行为。所谓称呼,通常是指在日常交往中,人们彼此之间使用的称谓语。需要注意的是,选择正确、适当的称呼,不仅反映着自身教养和对被称呼者尊重的程度,而且在一定程度上体现着彼此关系的亲疏。

4.1.1　称呼礼仪

知识点 1　商务场合常用的称呼

(1) 一般性称呼。在商务场合中,按照国际惯例,对于男士普遍使用的称呼是"先生"。

97

对于已婚女性可尊称"夫人（太太）"，不了解婚姻情况时可称"小姐"或"女士"。

（2）外事活动中的称呼。在外事活动中常见的称呼除"先生""小姐""女士"外，特别是在一些政务活动中还有两种称呼方法，一是称其职务，二是称地位较高者为"阁下"。如称"部长阁下""总理阁下""主席阁下""大使阁下"等。

这里需要注意，在美国、德国、墨西哥等国，没有称"阁下"的习惯。

（3）职业性称呼。职业性称呼，即直接以被称呼者的职业作为称呼。例如，称从事文化教育工作的人为"老师"，称教练员为"教练"，称专业辩护人员为"律师"，称警察为"警官"，称会计师为"会计"，称医生为"医生""大夫"，等等。

一般情况下，在此类称呼前，均可加上姓氏或姓名。

（4）职务性称呼。在商务活动中，以彼此的职务相称，以示身份有别、敬意有加，这是一种最常见的称呼方法。具体有三种：一是仅称职务，如"部长""经理""主任"等；二是在职务之前加上姓氏，如"张总经理""李处长"等；三是在职务之前加上姓名，这仅适用于极其正式的场合，如"李明主任"等。

（5）职称性称呼。对于有职称的人，可以直接称其职称或在职称前冠以姓氏，如"李教授""张研究员""吴工程师"等；也可以在职称前加上对方的全名，如"黄涛教授""刘华主任医师"等。

（6）学位称呼。对于享有学位的人，只有"博士"才能作为称谓来用，而且只有在工作场合或是与工作相关的场合中使用。

（7）姓名称呼。一般在同事或朋友之间，关系较为密切的人之间，可以直呼其名，如"张华""李跃"等。但要注意长辈对晚辈可以这么做，但晚辈对长辈却不能这样做。一般来说，称呼越简单，关系越密切。对年长者可称"老王""老赵"等，对年轻人或晚辈则可称"小李""小张"。

对于老前辈或师长，为表示尊敬还可以称"张老""李老"等。对一般的老人称"大爷""大娘""老人家"；对学生可称"小朋友""小同学"等。

学霸笔记

打招呼的差异

美国人在日常交往中除了在正式场合使用正规的问候语，平时通用的问候是"Hello"，但在介绍时不能用它来招呼对方。

日本人见面时最常用的招呼语是"您早""您好""再见""晚安""拜托了""请多关照"等，体现了他们良好的修养。

在阿拉伯国家中，打招呼时多使用"真主保佑"，以示祝福。而在缅甸、泰国等国家里，人们见面常用的招呼语则是"愿菩萨保佑"。

知识点 2 称呼时应注意的问题

（1）称呼老师、长辈要用"您"而不用"你"。不可直呼其名，一般可在其姓氏后面加限制语。

（2）初次见面或相交未深，用"您"而不用"你"，以示谦虚与尊重。

（3）在称呼任何人前都要尽可能了解其民族习惯、地域习惯，做到尊重对方，不做伤害对方感情的事。

（4）称呼他人时，还应注意不要随便使用别人的小名，也不要使用绰号等。

总之，在日常交往和商务活动中，正确使用称呼用语非常重要。这是礼仪的要求，也是尊重他人、尊重自己的表现。礼貌的称呼最能体现一个人的教养。

学霸笔记

姓名称呼有差异

1. 英、美等国

在英国、美国、加拿大、澳大利亚、新西兰等国家中，人们的姓名一般由两部分构成，通常名字在前，姓氏在后。例如，在"布莱德•皮特"这一姓名之中，"布莱德"是名字，"皮特"是姓氏。

在英国、美国，女子结婚前都有自己的姓名。结婚之后，其姓名通常由本名与夫姓组成。例如，一位叫"玛丽•琼斯"的女子，嫁给了"约翰•史密斯"先生，她就成了"史密斯太太"。这时她的姓名有两种称呼方式：没有与之深交的人称其为"约翰•史密斯太太"；比较熟识的亲友，则可其"玛丽"，故而被称为"玛丽•史密斯太太"。

有些英美人士的姓名前会冠以"小"字，如"小罗斯福""小洛克菲勒"。这个"小"字，与其年龄无关，而是表明其沿用了父名或父辈之名。

与英美人士交往，一般应称其姓氏，并加上"先生""小姐""女士"或"夫人"。例如，"鲍威尔先生""肯尼迪夫人"。在十分正式的场合中，则应称呼其姓名全称，并加上"先生""小姐""女士"或"夫人"。例如，"比尔•克林顿先生""伊丽莎白•泰勒小姐"。

关系密切的人之间，往往可直接称呼其名，不称其姓，而且可以不论辈分，如"吉米""约翰尼""莉比"等。在家人与亲友之间，还可用爱称，如"珍妮""莉齐"等。但与人初次交往时，不可这样称呼。

2. 俄罗斯

俄罗斯人的姓名由三个部分构成。首为本名，次为父名，末为姓氏。例如，"亚历山大•巴甫洛维奇•彼得罗夫"这一姓名中，"亚历山大"为本名，"巴甫洛维奇"为父名，"彼得罗夫"为姓氏。

俄罗斯妇女的姓名同样也由三个部分组成，本名与父名通常不变，但其姓氏在结婚前后却有所变化——婚前使用父姓，婚后则使用夫姓。对于姓名为"叶莲娜•尼古拉耶夫娜•伊万诺娃"的女士而言，其姓氏"伊万诺娃"与其婚否关系很大。

在俄罗斯，人们口头称呼时一般只称呼人的姓氏或本名。例如，对"亚历山大•巴甫洛维奇•彼得罗夫"，可以只称"彼得罗夫"或"亚历山大"。在特意表示客气与尊敬时，可同时称呼其本名与父名，如称前者为"亚历山大•巴甫洛维奇"，这是一种尊称。向长者表达敬意时，可仅称其父名，如称前者为"巴甫洛维奇"。

俄罗斯人在与亲友、家人交往时，习惯使用由对方本名变化来的爱称。例如，可称"安娜"为"阿妮娅"。

在俄罗斯,"先生""小姐""女士""夫人"也可与姓名或姓氏连在一起使用。

3. 日本

日本人姓名的排列顺序与中国人姓名的排列顺序一样,即姓氏在前,名字在后。与中国人的姓名不同的是,日本人的姓名往往字数较多,且多为四字组成。

在与日本人交往时,一定要了解在其姓名之中,哪一部分为姓,哪一部分为名。在进行书写时,最好将其姓与名隔开一格。例如,"黑田 俊雄""山本 一郎""和田 英松"等。

日本妇女婚前使用父姓,婚后使用夫姓,本名则一直不变。在日本,人们进行日常交往时,往往只称其姓,只有在正式场合中,才称呼全名。

称呼日本人时,"先生""小姐""女士""夫人"皆可采用,一般可与其姓氏或全名合并使用。例如,"佐藤先生""酒井小姐"等。

4. 阿拉伯国家

在阿拉伯国家中,人们的姓名由四个部分组成。其排列顺序由前至后为:本人名字、父亲名字、祖父名字、家族姓氏。例如,费萨尔•伊本[①]•阿卜杜勒•阿齐兹•伊本•阿卜杜勒•拉赫曼•沙特。其中,费萨尔为本名,阿卜杜勒•阿齐兹为父名,阿卜杜勒•拉赫曼为祖父名,沙特为姓。

在正式场合中应呼其全名,但有时可省略祖父名,有时还可以省略父名,简称时只称其本名。但事实上很多阿拉伯人,特别是有社会地位的上层人士都简称其姓。例如,穆罕默德•阿贝德•阿鲁夫•阿拉法特,简称阿拉法特;加麦尔•阿卜杜勒•纳赛尔,简称纳赛尔。

5. 缅甸

在缅甸,人们只有名字,并无姓氏,所以在称呼对方时,可在其名字前冠以某种尊称。例如,意为"先生"的"吴",意为"主人"的"德钦",意为"兄长"的"哥",意为"弟弟"的"貌",意为"女士"的"杜",意为"姐妹"的"玛",意为"军官"的"波",意为"老师"的"塞耶"等。

5. 越南与泰国

在越南和泰国,在一般场合中称呼一个人时,通常可只称其名,而不道其姓。而在称呼越南人的名字时,一般情况下均可只称其中最末一个字,如可称"阮文才"为"才"。

4.1.2 关于介绍的礼仪

知识点 1 介绍自己

在商务交际场合中,由于人际沟通或业务上的需要,时常要做自我介绍。

(1)不同场合中的自我介绍。

① 应酬中的自我介绍。这种自我介绍较为简洁,往往只包括姓名一项即可,适用于某些公共场合和一般的社交场合。如:"您好,我叫刘英。""您好,我是刘英。"

注:①伊本(ibn)是"某人之子"的意思。

情境 4
重视与客户的第一面——商务日常会面礼仪

②工作中的自我介绍。工作场合中的自我介绍主要包括单位、部门、职务或从事的具体工作及姓名等。如"您好,我叫刘英,是××公司的公关部经理。""我叫刘英,我在××大学管理学院教管理学课程。"

③社交中的自我介绍。社交场合中的自我介绍包括介绍者的姓名、职业、籍贯、学历、兴趣等。例如,"您好,我叫刘英,我在××公司上班。我和您夫人是大学同学。""张教授您好,我叫刘英,咱们是同行,我在××大学管理学院,我教经济学课程。"

④礼节性的自我介绍,适用于讲座、报告、演出、庆典等一些正规而隆重的场合。它包括姓名、所在单位、职务等,同时还应加入一些适当的谦辞、敬辞。例如,"各位来宾,大家好!我叫刘英,我是××公司的公关部经理。我代表本公司对各位的到来表示热烈欢迎!""很高兴见到大家,我是本公司公关部经理刘英,我代表公司的董事长在这里恭候各位,欢迎各位光临。"

(2)自我介绍的顺序。自我介绍的顺序是位低者先行,即地位低的人先做介绍;如果主人和客人在一起时,主人先做介绍;长辈和晚辈在一起时,晚辈先做介绍;男士和女士在一起时,男士先做介绍。

(3)自我介绍的基本程序。自我介绍时应先向对方点头致意,得到回应后再向对方介绍自己的姓名、身份和单位,同时递上事先准备好的名片。在进行自我介绍时表情要自然,注视对方,举止庄重、大方,表现出渴望认识对方的热情。

(4)自我介绍的注意事项。

①详略得当。自我介绍总的原则是简明扼要,一般以半分钟为宜,情况特殊时也不宜超过3分钟。如对方表现出有认识自己的愿望,则可在报出本人姓名、工作单位、职务的基础上,再简略地介绍一下自己的籍贯、学历、兴趣、专长及与某人的关系等。

②态度诚恳。在进行自我介绍时,态度要友善,语气要自然,语速要正常,吐字要清晰;介绍时要实事求是,既不能把自己拔得过高,也不要贬低自己。介绍用语一般要留有余地,不宜用"最""极""特别""第一"等词语。

③借助外力。自我介绍除了用语言之外,还可借助介绍信、工作证或名片等证明自己的身份,以增强对方对自己的了解和信任。

④注意时机。自我介绍,最好选择在对方有兴趣、有空闲、情绪好、干扰少时进行。如果对方兴致不高、工作很忙、正在休息、用餐或正忙于其他交际之时,则不适合进行自我介绍。

导师提问:自我介绍的时机有哪些?
我的想法:_____

知识点 2　介绍他人

介绍他人即为他人做介绍，就是介绍不相识的人或是把一个人引荐给其他人的沟通过程。

（1）介绍人的选择。为他人做介绍，在不同场合中应由不同的人来做。

① 专业人士，如办公室主任、领导的秘书、前台接待、礼仪小姐、公关人员等。他们是专业人士，他们工作职责中的一项就是"迎来送往"。

② 客人所要找的人或是双方都熟悉的人。

③ 本单位地位、身份最高者，此种情况适用于接待贵宾的时候。

（2）介绍顺序。介绍的顺序应该遵循"尊者居后"的原则，即先把身份、地位较低的一方介绍给身份、地位较高的一方，让尊者优先了解对方的基本情况，以表示对尊者的敬重之意。如介绍晚辈和长辈时，一般要先介绍晚辈；介绍上级和下级时，一般要先介绍下级；介绍主人和客人时，一般要先介绍主人。介绍职务低的一方和职务高的一方时，一般要先介绍职务低的一方。介绍个人和团体时，一般先介绍个人。在口头表达上，则是先称呼尊者，再进行介绍。

（3）介绍人的姿态。介绍人为他人做介绍时，应面带微笑，目视对方，态度要热情友好，语言要清晰明快。正确的手势是掌心向上，五指并拢，胳膊向外微伸，斜向被介绍者。注意不能用手拍打被介绍人的肩、胳膊和背等部位，更不能用手指指点被介绍者。

（4）介绍人的用语。介绍人在做介绍时要先向双方打招呼，使双方有思想准备。介绍人的介绍用语宜简明扼要。较为正规的介绍，应该使用敬辞，如"尊敬的刘英女士，请允许我向您介绍一下……"而非正式的介绍，则可以这样说："张先生，我来介绍一下，这位是×××。"在介绍中要避免过分赞扬某人，不可以对一方介绍得面面俱到，而对另一方介绍得简略至极，给人留下厚此薄彼的感觉。

介绍人在完成介绍后，不要随即离开，应给双方的交谈创造话题，可有选择地介绍双方的共同点，如相似的经历、共同的爱好和相关的职业等，待双方开始交流后，再去招呼其他客人。当两位客人正在交谈时，切勿立即向其介绍他人。

知识点 3　介绍集体

介绍集体是指被介绍者中的一方或双方不止一人，而是许多人。在介绍集体时，要特别注意介绍的时机、介绍的顺序和内容。

（1）介绍的时机。在商务活动中如遇大型的公务活动、涉外活动、宴会、会议且访问者或来宾不止一人时，作为主人或东道主应当为访问者或来宾进行介绍。

（2）介绍的顺序。在正式、大型的商务活动中，要特别注意介绍集体的顺序，千万不可马虎。介绍集体的顺序，除按照介绍他人的顺序进行外，还要注意以下几点。

① 地位、身份高者为尊。当被介绍者的地位、身份之间存在明显差异，特别是年龄、性别、婚否及职务有差异时，即使地位、身份高的一方人数较少，甚至仅有一人，也应最后对其加以介绍，而先介绍另一方。

双方人员均较多，在介绍时，需由尊而卑，依次进行。进行此种介绍时，可参考介绍他人时的尊卑顺序，如先长后幼、先女后男等。

②人数多者为尊。当被介绍者双方地位、身份大致相当，或者难以确定时，应当以人数较多的一方为尊，先介绍人数较少的一方或个人，后介绍人数较多的一方。

介绍人数多的一方时，有时为了简便，可采取笼统的方法进行介绍。例如，"这是我的家人""他们都是我的同事"。但最好还是要对其一一进行介绍，笼统的介绍显得很不正规。

③单方介绍。在进行演讲、报告、比赛、会议、会见时，往往只需要介绍主角，而没有必要一一介绍广大参加活动的人员。

④多方的介绍。有时，被介绍者不止两方，有可能是多方。进行多方介绍时，顺序应由尊而卑。如无法确定各方的尊卑时，则需要对被介绍的各方进行座次排列。排列的具体方法如下：一是以各方的负责人身份为准；二是以各方单位的规模为准；三是以各方单位名称的英文字母或汉语拼音的字母顺序为准；四是以各方抵达时间的先后顺序为准；五是以各方的座次顺序为准；六是以各方距介绍者的远近为准。

若时间允许，应在介绍各方时按由尊至卑的顺序，依次介绍各个成员。若时间不允许，则不必介绍具体成员。

（3）介绍人的用语。介绍集体时的用语要求，基本上与介绍他人时的用语要求相同。

介绍集体时在用语方面有两点需要特别注意。一是尽量不要使用被介绍方单位的简称。例如，将"上海吊车厂"简称为"上吊"，将"怀来运输公司"简称为"怀运"等。这样听上去容易使人产生歧义，甚至闹出笑话。至少，要在首次介绍时使用准确的全称，再使用简称。二是在介绍时语言要准确，切勿随意拿被介绍者打趣。

德润礼行

西席

古人席次尚右，右为宾师之位，居西而面东。据清梁章钜《称谓录》卷八载："汉明帝尊桓荣以师礼，上幸太常府，令荣坐，东面，设几。故师曰西席。"后尊称受业之师或幕友为"西席"。西席、西宾因此成为老师的尊称。

尊师重道，是中华民族的传统美德。其本质是尊重知识、尊重教育、尊重人才，是人类生存、发展和社会文明进步的需要。我国古代，老师在社会中的地位相当高。孔子更是被尊称为"至圣先师"，即使是皇帝对他也要顶礼膜拜。古人所列举的应该受到特别尊崇的对象是"天地君亲师"，老师占有一席之位。民间有"俗以天地君亲师五者合祀，比户皆然"一说。

我们的计划

快来和我们一起制订自己的学习计划吧！

见工具单 4-1-1

我们来操作

任务 1　练习并演示与公司经理、客户、朋友、亲人会面时的称呼

1. 操作步骤

（1）知识准备：总结概括商务场合人员的分类。
（2）实践操作：为经理、客户、朋友、亲人选择恰当的称呼，并记录。
（3）反馈评估：将记录交由教师进行修改。
（4）根据教师的指导意见练习使用正确的称呼。

2. 操作要点

（1）一般性称呼。
① 对男士的一般性称呼是"先生"。
② 对女士可称"小姐"或"女士"。
（2）外事活动中的称呼。
① 称其职务。
② 称地位较高者为"阁下"，如"总理阁下""主席阁下"等。
（3）称呼其职业。直接以对方的职业作为称呼。如"老师""律师""医生"等。在一般情况下，此类称呼前，均可加上姓氏或姓名。
（4）职务性称呼。
① 只称职务，如"总经理"等。
② 职务前加上姓氏，如"李总经理""王董事长"等。
③ 职务前加上姓名，如"文静总经理"等。
（5）职称性称呼。
① 仅称职称，如"教授"等。
② 在职称前加上姓氏，如"王教授"等。
③ 在职称前加上姓名，如"文静教授"等。
（6）学位称呼。
① 在工作场合中对于享有博士学位的人，可用"博士"作为其称谓。
② 在"博士"前加上姓氏或姓名，如"文博士"或"文静博士"等。
（7）姓名称呼。
① 一般在同事或朋友之间，关系较为密切的人之间，可以直呼其名，如"文静""李想"等。
② 对年轻人或晚辈则可称"小李""小张"。
③ 对于老前辈或师长，为表示尊敬可以称其为"张老""李老"等。
④ 对一般的老人称"大爷""大娘""老人家"等。
⑤ 对学生可称"小同学"等。

任务 2　练习并演示文静向客户进行自我介绍

1. 操作步骤

（1）知识准备：总结概括自我介绍的方式。
（2）实践操作：选择恰当的自我介绍方式，并记录。
（3）反馈评估：将记录交由教师进行修改。
（4）根据教师的指导意见练习正确的自我介绍。

2. 操作要点

（1）采用"工作中的自我介绍"，其内容主要包括单位、部门、职务或从事的具体工作及姓名等。如"您好，我叫文静，是××公司的秘书。"
（2）介绍的顺序。
① 主人和客人在一起时，主人先做介绍。
② 长辈和晚辈在一起时，晚辈先做介绍。
③ 男士和女士在一起时，男士先做介绍。

任务 3　练习并演示多人见面时的介绍

1. 操作步骤

（1）知识准备：总结概括集体介绍的方式。
（2）实践操作：选择恰当的集体介绍方式，并记录。
（3）反馈评估：将记录交由教师进行修改。
（4）根据教师的指导意见练习正确的集体介绍。

2. 操作要点

（1）介绍顺序。
① 地位、身份高者为尊。
② 人数多者为尊。
③ 单方介绍时只需要将主角介绍给参加活动的人。
④ 介绍多方时应由尊而卑进行。
（2）介绍人的语言要简明扼要，准确、清晰。

任务 4　根据情境中设定的文静与客户见面的场景，演示"称呼与介绍"的环节

1. 操作步骤

（1）穿着合适的服饰。
（2）根据学到的有关称呼与介绍的知识，提出自己的设计方案及演示脚本。
（3）小组学生对方案及脚本进行讨论并提出修改意见，征求教师的意见。

(4)确定方案及演示脚本,并进行演示练习。

2. 操作要点

(1)有关称呼的要求如表4-1所示。

表4-1 有关称呼的要求

操作项目	操作要点	操作禁忌
一般性称呼	① 对男士的一般性称呼是"先生"。 ② 对女士可称"小姐"或"女士"。	① 无称呼,在商务活动中不称呼对方就开始与之交谈是极不礼貌的。 ② 不适当的俗称,如"哥们儿""姐们儿"等。 ③ 不适当的简称。 ④ 地方性称呼
外事活动中的称呼	① 称其职务。 ② 对地位较高者称"阁下"。	
职业性称呼	直接以被称呼者的职业作为称呼	
职务性称呼	① 只称职务。 ② 职务前加上姓氏。 ③ 职务前加上姓名	
职称性称呼	① 仅称职称。 ② 在职称前加上姓氏。 ③ 在职称前加上姓名	
学衔性称呼	① 在工作场合中对于享有博士学位的人,可用"博士"作为称谓。 ② 在"博士"前加上姓氏或姓名	
姓名性称呼	① 一般同事或朋友之间,关系较为密切的人之间,可以直呼其名。 ② 对年轻人或晚辈可称其"小李""小张"。 ③ 对于老前辈或师长,为表示尊敬还可以称"张老""李老"等。 ④ 对一般的老人称"大爷""大娘""老人家"。 ⑤ 对学生可称"小朋友""小同学"	

(2)有关介绍的要求如表4-2所示。

表4-2 有关介绍的要求

操作项目	操作要点	操作要求
自我介绍	① 主人和客人在一起时,主人先做介绍。 ② 长辈和晚辈在一起时,晚辈先做介绍。 ③ 男士和女士在一起时,男士先做介绍	先向对方点头致意,得到回应后再向对方介绍自己的姓名、身份和单位,同时递上事先准备好的名片
介绍他人	① 介绍上级与下级认识时,先介绍下级,后介绍上级。 ② 介绍长辈与晚辈认识时,应先介绍晚辈,后介绍长辈。 ③ 介绍年长者与年幼者认识时,应先介绍年幼者,后介绍年长者。 ④ 介绍女士与男士认识时,应先介绍男士,后介绍女士。 ⑤ 介绍已婚者与未婚者认识时,应先介绍未婚者,后介绍已婚者。 ⑥ 介绍同事、朋友与家人认识时,应先介绍家人,后介绍同事、朋友。 ⑦ 介绍来宾与主人认识时,应先介绍主人,后介绍来宾。 ⑧ 介绍与会先到者与后来者认识时,应先介绍后来者,后介绍先到者	作为介绍人在为他人做介绍时,应面带微笑,目视对方,态度要热情友好,语言要清晰明快;正确的手势是掌心向上,五指并拢,胳膊向外微伸,斜向被介绍者

重视与客户的第一面——商务日常会面礼仪

续表

操作项目	操作要点	操作要求
介绍集体	① 地位、身份高者为尊。 ② 人数多者为尊。 ③ 单方介绍时只需要将主角介绍给广大参加活动的人。 ④ 多方介绍时应由尊而卑	介绍集体时的用语要求，基本上与介绍他人时的用语要求相同

快来记录下我们的工作过程吧！ 见工具单 4-1-2

我们的成绩

_____分
商务人员称呼、介绍礼仪评价表
见工具单 4-1-3

训练项目 2　巧用名片

情景 2

正当文静细心观察黄经理与客户会面的过程时，××公司的业务员王彤女士走到文静面前，递送给她一张名片，文静该怎样做才符合礼仪规范？

我们的任务

1. 演示在商务场合中初次会面时递名片的礼仪。
2. 演示在商务场合中初次会面时名片的接受礼仪。
3. 根据情境中设定的文静与客户见面的场景，完成名片递接环节的演示。

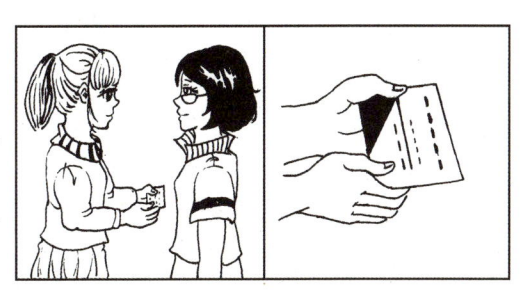

107

我们的目标

1. 了解商务人员日常会面中名片使用的相关要求。
2. 掌握商务场合中名片使用的技巧。
3. 熟练运用名片礼仪，为商务交往提供帮助。

我们来学习

朋友相见、相识，互换名片早已成为人们相互介绍并建立联系的一个重要做法。在商务活动中，名片的使用更频繁、更普遍。使用名片有两大好处：一是方便自我介绍。二是便于保持联系，且容易给人留下深刻的印象。交换名片有助于双方感情的沟通，表达了双方愿意交往下去的意愿。

4.2.1 名片的递送礼仪

知识点 1　递送名片前的准备

递送名片是商务场合中横向联系和交际、社交场合中的礼节性拜访及表达情感或祝贺时经常采用的。作为商务人员常备的名片应有两种：一种是背面印有业务种类的广告型名片，与客户初次业务往来时使用；另一种是背面空白的名片，用于商务交往场合，必要时可以在背面写上祝福和问候的话，使用这种名片，可以使人感到亲切，有助于接近彼此的距离。

在出席商务活动时，应将名片放置在容易拿取的地方，以便需要时迅速拿取。一般男士可以将名片放在西装内的口袋或公文包里，女士可将名片置于手提包内。

递送名片的时机一般选择在初次见面时，应在自我介绍之后递送名片。在没有弄清对方身份时不要急于递送名片，更不要把名片当作传单随便散发。比较熟识的朋友，可在道别的时候递送名片。

学霸笔记

名片的种类

1. 社交名片

社交名片如图 4-1 所示。

情境 4
重视与客户的第一面——商务日常会面礼仪

图 4-1

2. 商务名片

商务名片如图 4-2 所示。

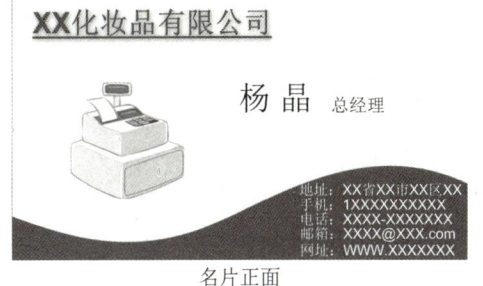

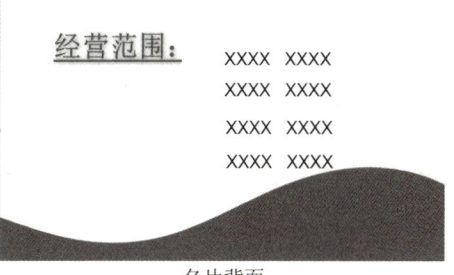

图 4-2

3. 广告式名片

广告式名片如图 4-3 所示。

图 4-3

知识点 2　递送名片时的仪态

递送名片给他人时，应郑重其事。最好是起身站立，走上前去。为表达对对方的尊敬，应双手递送名片，上身稍向前倾，特别是下级递给上级、晚辈递给长辈时，更应如此。

递送名片时应使用双手或右手，切勿用左手递送名片。将名片正面面向对方，即名片上印有姓名的一面朝向对方，以方便对方查看。若对方是少数民族人士或外宾，则最好将名片上印有对方认识的文字的一面朝向对方。不要将名片背面朝向对方或是颠倒着递给对方，不要将名片举得高于胸部，更不要用手指夹着名片递给他人，这样会显得傲慢无礼。

递送名片时眼睛应注视对方，面带微笑，同时还要说些友好礼貌的话语，如"这是我的名片，请多关照""今后保持联系""我们认识一下吧"。

知识点3　递送名片时的次序

递送名片时的次序，一般是地位低者、晚辈或客人先向地位高者、长辈或主人递上名片，然后后者交换名片。若上级或长辈先递上名片，下级或晚辈也不必谦让，礼貌地用双手接过，道声"谢谢"，再交换名片。

与多人交换名片时，应讲究先后次序，或由近而远，或由尊而卑，一定要依次进行。双方交换名片时，常规的做法是位卑者应当首先把名片递给位尊者。不过，一般情况下，也不必过分拘泥于这一规定。

学霸笔记

入国要问讳

印度、缅甸、泰国、马来西亚、阿拉伯各国及印尼的许多地区，人们在交往中忌讳左手的动作，禁用左手相握，忌讳左手拿食品、左手接触别人或用左手传递东西等。

4.2.2　名片的接受礼仪

知识点1　接受名片时的仪态

接受他人名片时，应立即停止手中所做的一切事情，起身，面带微笑，目视对方。接受名片宜双手捧接，或以右手接过，切勿只用左手接过。接受名片时应轻声说："谢谢！能得到您的名片十分荣幸！"等寒暄语。如对方地位较高或有一定知名度，则可道一句"久仰大名"。当对方说"请多多指教"时，可礼貌地答："不敢当……"。

知识点2　接受名片后的礼仪

接过对方递来的名片后，首先应从上到下、从正到反认真观看，加深印象以示尊重。如遇到不认识的字应主动向对方请教，以免搞错。随后可将名片放在手边，避免在交谈过程中忘记对方的名字。如果将名片暂放在桌上，切忌在名片上放置其他物品，也不可漫不经心地将名片放置一旁。如果接过他人名片后一眼不看，或漫不经心地随手往口袋或手袋里一塞，是对他人失敬的表现。如确定暂时不需要用到名片，则可将名片收好，放置在上衣口袋或是公文包内。

在接受对方的名片后应交换一张自己的名片，要在收好对方名片后递给对方自己的名片。

情境 4

重视与客户的第一面——商务日常会面礼仪

> 导师提问：接受名片后应如何分类保存？
> 我的想法：＿＿＿＿＿＿＿＿＿＿＿＿＿＿＿＿＿＿＿＿
> ＿＿＿＿＿＿＿＿＿＿＿＿＿＿＿＿＿＿＿＿＿＿＿＿＿＿
> ＿＿＿＿＿＿＿＿＿＿＿＿＿＿＿＿＿＿＿＿＿＿＿＿＿＿
> ＿＿＿＿＿＿＿＿＿＿＿＿＿＿＿＿＿＿＿＿＿＿＿＿＿＿

知识点 3　索要名片时的礼仪

如果没有必要最好不要强行索取他人的名片，若需索取他人的名片，可以委婉地表达，向对方提议交换名片，可主动递上本人的名片："你好，这是我的名片，请多关照。以后怎么联系您呢？"

反过来，当他人向自己索取名片，自己未带名片或不想给对方时，应向对方表示歉意。例如，"对不起，我今天出来得匆忙没有带名片，下次见面一定补上。"或是"对不起，我的名片刚好发完了，如果您需要，我把联系方式写给您。"

德润礼行

名刺

"汉初未有纸，书名于刺，削木竹为之。后代稍用名纸。"——出自宋朝高承撰《事物纪原·卷二》

名片的使用历史悠久，往上可溯自汉朝。在汉初纸未发明前，古人用刀笔将姓名、乡里、官爵书写在竹片、木片上，用于自我介绍，即具通名的功能。名刺，又称"名帖"，拜访时通姓名用的名片，是古代官员交际往来中不可缺少的工具。名片，在当今社会交往中被广泛使用着。它起到了联系感情，架设友谊桥梁的作用。有位诗人赞誉它是："透明的使者，春天的信笺。"名片在中国，经历了谒、刺、帖、片几个历史阶段。

名片的使用，体现了商务人员的诚信，互换名片体现了商务人员的平等、友善意识，是社会主任核心价值观社会层面的价值取向和公民个人层面的价值准则的集中体现。

我们的计划

快来和我们一起制订自己的学习计划吧！

见工具单 4-2-1

111

我们来操作

任务 1　演示在商务场合中初次会面时递名片的礼仪

1．操作步骤

（1）准备工作：准备合适的服饰、名片。
（2）将名片放在合适位置，保持好递接名片时的仪态。
（3）与小组其他成员合作练习，演示名片递送礼仪。
（4）教师进行点评。

2．操作要点

（1）递名片时应起身，主动上前，使用双手或右手，将名片的正面朝向对方递送过去。
（2）如果对方是外宾，应注意将名片上印有外文的那一面朝向对方。
（3）递送名片的同时，应说："请多关照""常联系"等话语，或是先做自我介绍。

任务 2　演示在商务场合中初次会面时名片的接受礼仪

1．操作步骤

（1）分小组练习，小组其他成员准备好名片。
（2）保持良好的站姿或坐姿，准备接受名片。
（3）练习接受小组其他成员的名片。
（4）教师进行点评。

2．操作要点

（1）接受对方递来的名片时，应起身，面带微笑，目视对方。
（2）接受他人名片时，应以双手捧接，或用右手接过。
（3）接过对方名片后，要将名片中的内容认真默读一遍，以示尊重。
（4）接受他人名片时，应使用"请您多关照"等谦语。

任务 3　根据情境中设定的文静与客户见面的场景，完成名片递接环节的演示

1．操作步骤

（1）服饰准备：男士穿着西装，女士穿着职业套装。
（2）根据学到的递接名片的礼仪，提出自己的设计方案。
（3）小组学生对方案进行讨论并提出修改意见，征求教师的意见。
（4）确定方案，按小组进行练习。

2. 操作要点

名片使用礼仪操作要点如表 4-3 所示。

表 4-3　名片使用礼仪操作要点

操作项目	操作标准	操作禁忌
名片的递送	① 递名片时应起身，主动上前，用双手或是右手，将名片的正面朝向对方递送过去。 ② 如果对方是外宾，应注意将名片上印有外文的那一面朝向对方。 ③ 递送名片的同时，应说"请多关照""常联系"等话语，或是先做自我介绍	① 不要将名片背面朝向对方或将名片颠倒着递给对方。 ② 不要将名片举过胸部。 ③ 不要用手指夹着名片递给他人
名片的接受	① 接受对方递来的名片时，应起身，面带微笑，目视对方。 ② 接受他人名片时，应以双手捧接，或用右手接过。 ③ 接过对方名片后，要将名片上的内容认真默读一遍，以示尊重。 ④ 接受他人名片时，应使用"谢谢"等感谢语	接受名片时不要仅使用左手
名片交换的顺序	由近而远，或由尊而卑	

快来记录下我们的工作过程吧！　　　　　见工具单 4-2-2

我们的成绩

___分
商务人员名片礼仪评价
见工具单 4-2-3

训练项目 3　见面时的礼节

情景 3

双方进入洽谈室前，文静看见黄经理按照职务高低的顺序与对方人员一一握手。文静心想：难道黄经理这么做是有什么礼仪要求吗？

我们的任务

1．练习并演示在商务场合中与客户初次见面时握手的方法。
2．练习并演示拱手礼、鞠躬礼、拥抱礼及合十礼。
3．根据情境中设定的文静与客户见面的场景，演示见面介绍后的握手环节。

我们的目标

1．了解商务人员日常见面时主要礼节的相关要求。
2．掌握商务人员日常见面时的主要礼节。
3．熟练使用不同商务场合中的见面礼节。

我们来学习

握手最早发生在人类"刀耕火种"的时代。那时，在狩猎和战争时，人们手上经常拿着石块或棍棒等武器。遇见陌生人时，如果大家都无恶意，就要放下手中的东西，并伸出手，让对方抚摸掌心，表示手中没有藏武器。这种习惯逐渐演变成今天的握手礼。另外一种说法是在中世纪战争期间，骑士们身穿盔甲，除两只眼睛外，全身都包裹在铁甲里，随时准备冲向敌人。如果表示友好，互相走近时就脱去右手的甲胄，伸出右手，表示没有武器，互相握手言好。后来，这种表示友好的方式就成了握手礼。

4.3.1 握手的礼仪

知识点1 握手的方法

正确的握手方式是在相互做介绍之后、互致问候的同时，双方各自伸出右手，彼此之间保持1米左右的距离，手掌略向前下方伸直，拇指与手掌分开，其余四指自然并拢，两人手掌平行相握，同时注意上身稍向前倾，头略低，面带微笑地注视对方的眼睛，以示尊重和恭敬。伸手的动作要稳重、大方，态度要亲切、自然，如图4-4所示。

情境 4 重视与客户的第一面——商务日常会面礼仪

应当注意,如果掌心向下握住对方的手,表明一个人拥有强烈的支配欲,我们应尽量避免这种傲慢无礼的握手方式。相反,掌心向里握手则显示出一个人的谦卑。

学霸笔记

握手的来源

握手最早发生在人类"刀耕火种"的时代。那时,在狩猎和战争时,人们手上经常拿着石块或棍棒等武器。遇见陌生人时,如果大家都无恶意,就要放下手中的东西,并伸出手,让对方抚摸掌心,表示手中没有藏武器。这种习惯逐渐演变成今天的握手礼。另外一种说法是在中世纪战争期间,骑士们身穿盔甲,除两只眼睛外,全身都包裹在铁甲里,随时准备冲向敌人。如果表示友好,互相走近时就脱去右手的甲胄,伸出右手,表示没有武器,互相握手言好。后来,这种表示友好的方式就成了握手礼。

图 4-4

知识点 2　握手时应注意的问题

(1) 握手时一定要用右手与人相握,左手应自然下垂,以示对他人的尊重。

(2) 与人握手时身体应为站立姿态,除老、弱、残疾者外,不能坐着握手。

(3) 握手时间的长短要适宜,一般要将时间控制在 3 秒以内。时间太长使人不安,时间太短则显得不够真诚。初次见面时握手时间以 1～3 秒为宜。在多人相聚的场合中,不宜只与某一人长时间握手,以免引起他人的误会。不要在握手时长篇大论,点头哈腰,显得过分客套。过分的客套不会令对方受宠若惊,而只会让对方感觉不自在、不舒服。

(4) 握手力度要适中,过重得握手显得粗鲁无礼;过轻得握手又显得敷衍了事。

(5) 为了表示尊敬,握手的同时还应开口致意,如"您好""见到您很高兴""欢迎您""恭喜您""辛苦了"。

(6) 握手时可以上下微摇以示热情,但不宜左右晃动或不动。与尊敬的长者握手时可采用双握式,即右手紧握对方右手时,再用左手握住对方的手背和前臂,如图 4-5 所示。

(7) 当自己的手不洁净时,应亮出手掌向对方示意,并致歉。

图 4-5

知识点 3　伸手的次序

见面时握手是向对方表示友好,但在有些情况下,先向对方伸手虽说明你热情友好,却也表示你在礼仪方面有欠缺之处。在商务交往中,握手时伸手的先后顺序讲究颇多,要视身份、地位而定,不可贸然伸手。

(1) 握手的一般顺序。在一般性商务场合中,握手时的伸手顺序,应该是地位高的人先伸手,如长辈与晚辈之间,长辈先伸手;师生之间,老师先伸手;上下级之间,上级先伸手;男士与女士之间,女士先伸手。但需注意的是,当男

115

士为长者或上级时，应由男士先伸手。

（2）握手时的特殊情况。

① 在接待来访者时应注意，当客人抵达时，主人应首先伸出手来与客人相握，表示欢迎。而在客人告辞时，客人应首先伸出手来与主人相握，表示"请留步"或"再见"之意。如果顺序颠倒，很容易让人产生误解。

② 如果需要和多人握手，握手时要讲究先后次序。通常的顺序是由尊而卑，从地位高的人开始，即先年长者后年幼者，先长辈后晚辈，先老师后学生，先女士后男士，先已婚者后未婚者，先上级后下级……如果无法分清地位的尊卑，则可以采用由近而远的握手次序。

③ 握手的先后次序不必处处苛求于人。如果自己是尊者或长者、上级，而位卑者、年轻者或下级抢先伸手时，最得体的做法就是立即伸出自己的手，进行配合。而不要置之不理，使对方当众出丑。

知识点4　握手的禁忌

（1）在一般情况下不要拒绝与他人握手。

（2）握手时切忌东张西望，漫不经心，表情呆板。

（3）不要用左手与他人握手，尤其是在与阿拉伯人、印度人打交道时要牢记这一点，因为在他们看来左手是不洁的。

（4）不要戴着手套与他人握手。按国际惯例，只有女士在社交场合中穿着无袖礼服时，可戴着薄纱手套与他人握手。在其他情况下均应先摘掉手套再与人握手。

（5）多人相见时，不要交叉握手。所谓交叉握手，即当两人正在握手时，第三者把胳膊从上面架过去急着和另外的人握手。在国际交往中，尤其是西方国家，此举被认为是不吉利的，所以握手时要避免交叉握手。

（6）不要戴着墨镜与他人握手。患有眼疾或眼部有缺陷者例外。

（7）不要一只手插在衣袋里，另一只手与他人握手，或是握手时另外一只手依旧拿着东西不肯放下。

导师提问：在商务交往中与女士握手时应该注意什么？

我的想法：_____

_____

_____

4.3.2　其他常用的见面礼节

知识点1　拱手礼

拱手礼又叫作揖，是我国特有的传统见面礼。现在多用于过年的团拜，向长辈祝寿，向友人恭贺结婚、生子、晋升、乔迁或向亲朋好友表示感谢等场合。

情境 4
重视与客户的第一面——商务日常会面礼仪

行拱手礼时要求上身挺直,两臂前伸,双手在胸前高举抱拳,自上而下,或自内而外,有节奏地晃动两三下。

知识点 2　鞠躬礼

鞠躬,意思是弯身行礼,是表示对他人敬重的一种礼节。鞠躬礼目前在国内主要适用于下级向上级、学生向老师、晚辈向长辈、服务人员向宾客表达由衷的敬意,同时也适用于领奖或讲演之后,演员谢幕、参加庄严肃穆的仪式等。

行鞠躬礼时,应脱帽立正,面向受礼者,上身弯腰前倾,如图 4-6 所示。视线由对方脸上落至自己的脚前 1.5 米处(15°礼)或脚前 1 米处(30°礼)。男士双手应贴放于身体两侧裤线处,女士的双手则应下垂搭放在腹前。腰部下弯的幅度越大,越能表达自己的敬意。一般的问候、打招呼行 15°鞠躬礼,迎客、送客表示诚恳之意时行 30°鞠躬礼,对最尊敬的师长要行 90°鞠躬礼。

鞠躬时,弯腰速度适中,之后抬头直腰,动作要慢,这样令人感觉舒服。鞠躬时应脱帽,因为戴帽子鞠躬既不礼貌,也容易使帽子滑落,使自己处于尴尬境地。鞠躬时眼睛应向下看,表示一种谦恭的态度,不要一面鞠躬,一面试图翻起眼睛看对方。

目前在日本、韩国、朝鲜等国,鞠躬礼的运用十分广泛。

知识点 3　拥抱礼

拥抱礼是流行于欧美的一种见面礼与道别礼。在人们表示慰问、祝贺、欣喜时,拥抱礼也十分常用,如图 4-7 所示。

行礼时,通常两人相对而立,各自举起右臂,将右手搭在对方左肩后面;左臂下垂,左手扶住对方右腰后侧。首先各向对方左侧拥抱,然后各向对方右侧拥抱,最后再一次各向对方左侧拥抱,一共拥抱 3 次。

欧洲人非常注重见面礼,他们不习惯与陌生人或初次交往的人行拥抱礼、亲吻礼、贴面礼等,所以初次见面时,还是以握手礼为宜。

图 4-6

知识点 4　亲吻礼

亲吻礼也是一种西方国家常用的见面礼节。有时,它会与拥抱礼同时采用,即双方会面时既拥抱,又亲吻。

行亲吻礼时,往往与一定程度的拥抱礼相结合。在行礼时,双方关系不同,亲吻的部位也有所不同。长辈吻晚辈,应当吻额头;晚辈吻长辈,应当吻下颌或面颊;同辈之间,同性应当贴面颊,异性应当吻面颊。一般而言,夫妻、恋人之间,互相亲吻嘴唇,即接吻,但仅限于夫妻与恋人之间,不宜滥用,更不宜当众进行。

图 4-7

亲吻礼,在欧美许多国家盛行。美国人尤其受行此礼,法国人不仅在男女间,而且在男子间也多行此礼。法国男子亲吻时,常常进行两次,即左右脸颊各吻一次。比利时人的亲吻比较热烈,往往反复多次。

知识点 5　吻手礼

吻手礼是流行于欧美上层社会的一种礼节。英法两国的人喜欢"吻手礼",不过在英国

117

和法国，行这种礼的也仅限于上层人士。吻手礼的受礼者，只能是女士，而且应是已婚女士。手腕及其以上部位，是行礼时的禁区。

通常，行吻手礼时，男士行至已婚妇女面前，首先垂首立正致意，然后以右手或双手捧起女士的右手，俯首以自己微闭的嘴唇，象征性地轻吻一下其手背或手指。行吻手礼的地点，以室内为佳。

学霸笔记

吻手礼俗有差异

各国行吻手礼的时机和禁忌略有不同。例如，英国的上层人士，在表示对女士们的敬意和感谢时，往往行吻手礼。在法国一定的社会阶层中吻手礼也颇为流行。不过行吻手礼时，嘴不应接触到女士的手，也不能吻戴手套的手，不能在公共场合吻手，更不得吻少女的手。在德国的正式场合中，仍有男子对女子行吻手礼，但多是做个吻手的样子，不必非要吻到手背上。在波兰的社会交往中，吻手礼十分常用。

知识点6　合十礼

合十礼，也叫合掌礼，即双手十指相合为礼，是流行于泰国、缅甸、老挝、柬埔寨、尼泊尔等佛教国家的见面礼，如图4-8所示。此礼源自印度，最初仅为佛教徒之间的见面礼，后发展成全民性的见面礼。其具体做法是，双掌十指在胸前相合，五指并拢向上，掌尖与鼻尖基本持平，手掌向外侧倾斜，双腿立直，上身前倾低头。一般而言，行合十礼时，合十的双手举得越高，表示对对方越尊重，但原则上不可高于额头。

行合十礼时，可以口颂祝词或问候对方，亦可面含微笑，但不可手舞足蹈，反复点头。

图4-8

知识点7　点头礼与举手礼

点头礼与举手礼所适用的情况主要有：相识的双方远距离见面，如路遇熟人；在会场、剧院、歌厅、舞厅等不宜与人交谈之处；在同一场合碰上已多次见过面的人；遇上多人而又无法一一问候时。点头礼与举手礼经常一并使用。

行点头礼时，一般不应戴帽子。具体做法是头部向下轻轻一点，同时面带笑容，不宜反复点头不止，点头的幅度也不必过大。它最适合向距离较远的熟人打招呼。

行举手礼的正确做法是右臂向前方伸直，右手掌心向着对方，其他四指并齐、拇指叉开，轻轻向左右摆动一两下。不要将手上下摆动，也不要在手部摆动时用手背朝向对方。

知识点8　注目礼

注目礼一般适用于升国旗、游行检阅、剪彩揭幕、开业挂牌等场合。

行注目礼的具体做法是起身立正，抬头挺胸，双手自然下垂或贴放于身体两侧，面容庄重严肃，双目正视于被行礼对象，或随之缓缓移动。

行注目礼时，应脱帽立正，不可东斜西靠、嬉皮笑脸、大声喧哗或打打闹闹。

情境 4

重视与客户的第一面——商务日常会面礼仪

德润礼行

揖 礼

"土揖庶姓,时揖异姓,天揖同姓。"——出自《周礼·秋官·司仪》

揖礼,是现代尚常见的中国传统礼节,它的恭敬程度次于跪拜,但强于拱手、抱拳、鞠躬等。正式的揖礼主要有长揖、天揖、时揖、土揖等几种类型,最常见揖礼是"长揖"。

长揖。先拱手举过头顶,然后大幅度向前弯身,同时手随身下,几近至地,这是站立行礼中最恭敬的礼节。

天揖。先拱手在胸前,然后微向斜上方推出,双手略高于心脏的位置,接着微微向前弯身。这是君王对本家同姓诸侯的礼节,其恭敬程度比长揖表现的恭敬程度差。

时揖。先拱手在胸前,然后水平推出,双手平于心,接着微微向前弯身。这是君对臣的礼节,其恭敬程度比天揖表现的恭敬程序稍差。

土揖。先拱手在胸前,然后向前微下推出,双手略低于心,接着微微向前弯身。这是君对臣的礼节,其恭敬程度比时揖表现的恭敬程度稍差。

"礼"是指礼仪、礼貌和礼节这样的规矩,即"礼仪之规"。谦敬礼让是中华传统美德的重要体现,如孟子所说:"恭敬之心,礼之端也"。中国把"礼"放在道德规范之首,表明"礼"已经由原来的一种习俗和仪式逐步规范成为一种道德教化和道德理念,甚至升华为古人治国的四大要素之首。由此可见,"礼"在中华传统美德中有着重要的地位。

我们的计划

快来和我们一起制订自己的学习计划吧! 　　见工具单 4-3-1

我们来操作

任务1 练习并演示在商务场合中与客户初次见面时握手的方法

1. 操作步骤

(1) 准备工作:选择合适的服饰。
(2) 保持适当距离。
(3) 分组练习握手动作。
(4) 教师进行点评。

2. 操作要点

(1) 伸出右手。

(2)彼此之间保持 1 米左右的距离。

(3)手掌略向前下方伸直,拇指与手掌分开,其余四指自然并拢,与对方手掌平行相握。

(4)注意上身稍向前倾,头略低。

(5)面带微笑地注视对方的眼睛。

任务 2　练习并演示拱手礼、鞠躬礼、拥抱礼及合十礼

1.操作步骤

(1)准备工作:选择合适的服饰,进行人员分组。

(2)保持适当距离。

(3)分组练习拱手礼、鞠躬礼、拥抱礼和合十礼。

(4)教师进行点评。

2.操作要点

(1)拱手礼。

①上身挺直。

②两臂前伸。

③双手在胸前高举抱拳。

④自上而下,或自内而外,有节奏地晃动两三下。

(2)鞠躬礼。

①脱帽立正,面向受礼者,上身弯腰前倾。

②视线由对方脸上落至自己的脚前 1.5 米处(15°鞠躬礼)或脚前 1 米处(30°鞠躬礼)。

③男士双手贴放于身体两侧裤线处,女士的双手下垂搭放在腹前。

④鞠躬时,弯腰速度适中,之后抬头直腰,动作要慢。

(3)拥抱礼。

①两人相对而立。

②各自举起右臂,将右手搭在对方左肩后面。

③左臂下垂,左手扶住对方右腰后侧。

④首先各向对方左侧拥抱,然后各向对方右侧拥抱,最后再一次各向对方左侧拥抱,一共拥抱 3 次。

(4)合十礼。

①双掌十指在胸前相对合,五指并拢向上。

②掌尖与鼻尖基本持平,手掌向外侧倾斜。

③双腿立直站立,上身微欠低头。

④口颂祝词或问候对方,面带微笑。

任务 3　根据情景中设定的文静与客户见面的场景,演示见面介绍后的握手环节

1.操作步骤

(1)服饰准备:男士穿着西装,女士穿着职业套装。

（2）根据学到的与握手相关的礼仪知识，针对情景演示提出自己的设计方案。

（3）小组学生对方案进行讨论并提出修改意见，征求教师的意见。

（4）确定方案，进行练习。

2. 操作要点

握手的相关要求如表4-4所示。

表4-4 握手的相关要求

操作项目	操作标准	操作禁忌
握手的动作	① 伸出右手。 ② 彼此之间保持1米左右的距离。 ③ 手掌略向前下方伸直，拇指与手掌分开，其余四指自然并拢，与对方手掌平行相握。 ④ 注意上身稍向前倾，头略低。 ⑤ 面带微笑地注视对方的眼睛	① 一般情况下，不要拒绝与他人握手。 ② 握手时切忌东张西望，漫不经心，表情呆板。 ③ 不要用左手与他人握手。 ④ 不要戴着手套与他人握手。 ⑤ 多人相见时，不要交叉握手。 ⑥ 一般情况下，不要戴着墨镜与他人握手。 ⑦ 不要一只手插在衣袋里，另一只手与他人握手，或是在握手时另外一只手依旧拿着东西
握手的次序	① 职位、身份高者与职位、身份低者握手时，职位、身份高的人先伸手。 ② 女士与男士握手，女士先伸手。 ③ 已婚者与未婚者握手，已婚者先伸手。 ④ 年长者与年幼者握手，年长者先伸手。 ⑤ 长辈与晚辈握手，长辈先伸手。 ⑥ 在社交场合中，先到的人与后来者握手，先到的人先伸手。 ⑦ 接待来客时，主人应先伸手，与到访的客人相握。 ⑧ 客人告辞时，应先伸手与主人相握	
握手时的用语	握手的同时还应开口致意，如"您好""见到您很高兴""欢迎您""恭喜您""辛苦了"等	

快来记录下我们的工作过程吧！

见工具单4-3-2

我们的成绩

___分

商务人员握手礼仪评价

见工具单4-3-3

情境 4 训练项目 1 工具单

工具单 4-1-1　训练项目 1 计划单

班级：_____　　组别：_____　　项目负责人：_____

我们的任务	我的任务及合作伙伴	需要的知识点	完成时间
1. 练习并演示与公司经理、客户、朋友、亲人会面时的称呼			
2. 练习并演示文静向客户进行自我介绍			
3. 练习并演示多人见面时的介绍			
4. 根据情境中设定的文静与客户见面的场景，演示"称呼与介绍"的环节			

_____年_____月_____日

工具单 4-1-2　训练项目 1 记录单

日期：_____　　班级：_____　　组别：_____

任务 1　练习并演示与公司经理、客户、朋友、亲人会面时的称呼
　　完成情况：请在相应的完成情况前画"√"。
　　　　□顺利完成　　　□基本完成　　　□部分完成　　　□不能完成

任务 2　练习并演示文静向客户进行自我介绍
　　完成情况：请在相应的完成情况前画"√"。
　　　　□顺利完成　　　□基本完成　　　□部分完成　　　□不能完成

任务 3　练习并演示多人见面时的介绍
　　完成情况：请在相应的完成情况前画"√"。
　　　　□顺利完成　　　□基本完成　　　□部分完成　　　□不能完成

任务 4　根据情境中设定的文静与客户见面的场景，演示"称呼与介绍"的环节
　　完成情况：请在相应的完成情况前画"√"。
　　　　□顺利完成　　　□基本完成　　　□部分完成　　　□不能完成

工作小结与自我评价：

工具单 4-1-3　商务人员称呼、介绍礼仪评价表

评价项目		评价标准	是否做到	存在问题
称呼	一般性称呼	对男士的一般性称呼是"先生"；对女士可称"小姐"或"女士"	□是　□否	
	外事活动中的称呼	称其职务；对地位较高者称"阁下"	□是　□否	
	职业性称呼	直接以对方的职业作为称呼	□是　□否	
	职务性称呼	只称职务，如"总经理"等；职务前加上姓氏，如"李总经理""王董事长"等；职务前加上姓名，如"文静总经理"等	□是　□否	

重视与客户的第一面——商务日常会面礼仪

续表

评价项目		评价标准	是否做到	存在问题
称呼	职称性称呼	仅称职称，如"教授"等；在职称前加上姓氏，如"王教授""李律师"等；在职称前加上姓名，如"文静教授"等	□是 □否	
	学衔性称呼	在工作场合中对于享有博士学位的人，可用"博士"作为称谓；在"博士"前加上姓氏或姓名，如"文博士"或"文静博士"等	□是 □否	
	姓名性称呼	一般同事或朋友之间，关系较为密切的人之间，可以直呼其名，如"文静"；对年长者，称"老王""老赵"等，对年轻人或晚辈则可称"小李"；对于老前辈或师长，为表示尊敬还可以称"张老"；可称一般的老人为"大爷""大娘""老人家"；对学生可称"小朋友""小同学"	□是 □否	
介绍	自我介绍	① 向对方点头致意，得到回应后再向对方介绍自己的姓名、身份和单位	□是 □否	
		② 递上事先准备好的名片	□是 □否	
		③ 主人和客人在一起时，主人先做介绍；长辈和晚辈在一起时，晚辈先做介绍；男士和女士在一起时，男士先做介绍	□是 □否	
	介绍他人	① 面带微笑，目视对方，态度要热情友好，语言要清晰明快	□是 □否	
		② 手掌心向上，五指并拢，胳膊向外微伸，斜向被介绍者	□是 □否	
		③ 先介绍下级，后介绍上级；先介绍晚辈，后介绍长辈；先介绍年幼者，后介绍年长者；先介绍男士，后介绍女士；先介绍未婚者，后介绍已婚者；先介绍家人，后介绍同事、朋友；先介绍主人，后介绍来宾；先介绍后来者，后介绍先到者	□是 □否	
	介绍集体	① 准确、清晰	□是 □否	
		② 地位、身份高者为尊；人数多者为尊	□是 □否	
		③ 单方介绍时只需要将主角介绍给参加活动的人；多方介绍时应由尊而卑	□是 □否	
教师评语				

情境4 训练项目2 工具单

工具单 4-2-1　训练项目2 计划单

班级：_____　　　组别：_____　　　项目负责人：_____

我们的任务	我的任务及合作伙伴	需要的知识点	完成时间
1. 演示在商务场合中初次会面时名片的递送礼仪			
2. 演示在商务场合中初次会面时名片的接受礼仪			
3. 根据情境中设定的文静与客户见面的场景，完成名片递接环节的演示			

_____年_____月_____日

工具单 4-2-2 训练项目 2 记录单

日期：_____　　班级：_____　　组别：_____

任务 1　演示在商务场合中初次会面时名片的递送礼仪

　　完成情况：请在相应的完成情况前画"√"。

　　　　　　□顺利完成　　　□基本完成　　　□部分完成　　　□不能完成

任务 2　演示在商务场合中初次会面时名片的接受礼仪

　　完成情况：请在相应的完成情况前画"√"。

　　　　　　□顺利完成　　　□基本完成　　　□部分完成　　　□不能完成

任务 3　根据情境中设定的文静与客户见面的场景，完成名片递接环节的演示

　　完成情况：请在相应的完成情况前画"√"。

　　　　　　□顺利完成　　　□基本完成　　　□部分完成　　　□不能完成

工作小结及自我评价：

工具单 4-2-3　商务人员名片礼仪演示评分表

评价项目		评价标准	是否做到	评　语
1.名片的递交	动作	①起身而立	□是　□否	
		②主动上前	□是　□否	
		③上身微微前倾	□是　□否	
		④使用双手或右手	□是　□否	
		⑤名片正面朝上	□是　□否	
	用语	应说"请多关照""常联系""请多指教"	□是　□否	
	表情	面带微笑，目视对方	□是　□否	
2.名片的接受	动作	①起身而立	□是　□否	
		②双手或右手捧接	□是　□否	
		③将名片中的内容认真默读一遍，以示尊重	□是　□否	
	用语	使用感谢语"谢谢""多谢"	□是　□否	
	表情	面带微笑，目视对方	□是　□否	
3.名片的交换顺序		①由近而远	□是　□否	
		②由尊而卑	□是　□否	

情境 4 训练项目 3 工具单

工具单 4-3-1　训练项目 3 计划单

班级：_____　　组别：_____　　项目负责人：_____

我们的任务	我的任务及合作伙伴	需要的知识点	完成时间
1.练习并演示在商务场合中与客户初次见面时握手的方法			
2.练习并演示拱手礼、鞠躬礼、拥抱礼及合十礼			

重视与客户的第一面——商务日常会面礼仪

续表

我们的任务	我的任务及合作伙伴	需要的知识点	完成时间
3．根据情境中设定的文静与客户见面的场景，演示见面介绍后的握手环节			

_____年_____月_____日

工具单4-3-2 训练项目3记录单

日期：_____   班级：_____   组别：_____

任务1　练习并演示在商务场合中与客户初次见面时握手的方法
　　完成情况：请在相应的完成情况前画"√"。
　　　　□顺利完成　　　□基本完成　　　□部分完成　　　□不能完成

任务2　练习并演示拱手礼、鞠躬礼、拥抱礼及合十礼
　　完成情况：请在相应的完成情况前画"√"。
　　　　□顺利完成　　　□基本完成　　　□部分完成　　　□不能完成

任务3　根据情境中设定的文静与客户见面的场景，演示见面介绍后的握手环节
　　完成情况：请在相应的完成情况前画"√"。
　　　　□顺利完成　　　□基本完成　　　□部分完成　　　□不能完成

工作小结及自我评价：

工具单4-3-3　商务人员握手礼仪评价表

评价项目	评价内容	是否做到	教师评语
握手的动作	①伸出右手	□是　□否	
	②彼此之间保持1米左右的距离	□是　□否	
	③手掌略向前下方伸直，拇指与手掌分开，其余四指自然并拢，与对方手掌平行相握	□是　□否	
	④注意上身稍向前倾，头略低	□是　□否	
	⑤面带微笑地往视对方的眼睛	□是　□否	
握手的次序	①职位、身份高者先伸手	□是　□否	
	②女士先伸手	□是　□否	
	③已婚者先伸手	□是　□否	
	④年长者先伸手	□是　□否	
	⑤长辈先伸手	□是　□否	
	⑥先到的人先伸手	□是　□否	
	⑦主人待客时应先伸手	□是　□否	
	⑧客人告辞时应先伸手	□是　□否	
握手时的用语	握手时应开口致意，如"您好""见到您很高兴""欢迎您""恭喜您""辛苦了"等	□是　□否	

情境 5 商务交往的隐形翅膀——商务通信礼仪

情境导入

上午8:20，根据今天的日程安排，文静陪同部门经理黄菲菲接待来自××公司的客户。上午8:30，在办公室里，同事们都忙于工作，李想也投入到了繁忙的工作中。

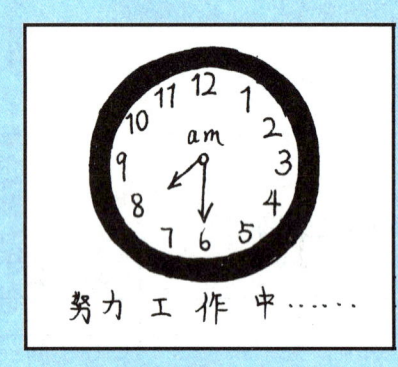

情境 5
商务交往的隐形翅膀——商务通信礼仪

训练项目 1　固定电话使用礼仪

情景 1

李想调整好情绪后，坐到了办公桌前，想起要给上海分公司的同事打一个电话，确定后天新卖场开业及剪彩仪式的相关事宜。于是他拿起了办公桌上的固定电话……李想刚放下电话，桌上的另一部办公电话又响了起来，李想在铃响两声时接听了电话。原来是客户李女士要找经理，想预约今天晚上的宴请。恰好经理此时正在开会，李想认真地记录了电话内容。经理开会回来，李想立刻将电话记录呈给经理。经理对李想所做的工作表示满意，李想很高兴。

我们的任务

1．自设情境拟一份拨打商务电话的提纲。
2．自设情境演示代接电话礼仪。
3．根据情景 1 中为李想设定的工作场景，完成固定电话的拨打和接听环节的练习。

我们的目标

1．了解接打固定电话的规范和要求。
2．掌握接打固定电话的方法与技巧。
3．熟练应用接打电话时的礼仪。

我们来学习

在所有电子通信手段中，电话出现得最早。迄今为止，它也是使用范围最广的电子通信手段。对于商务人士来说，电话不仅仅是一种传递信息、获取信息、保持联络的通信工具，也是其所在单位或个人的形象载体。人们在通电话过程中的语言、声调等能够真实地反映个人的素质、待人接物的态度及通话者所在单位的整体礼仪水平。因此，固定电话的使用礼仪是商务人士所要掌握的重点内容。

5.1.1 拨打电话的礼仪

知识点1 拨打电话前的准备

1. 商务电话拨打时间的选择

按照惯例，商务电话每次通话的时长不应超过三分钟。商务电话的通话时间有两种选择：一是双方约定时间，双方约定的通话时间，轻易不要改动；二是对方方便的时间，在商务场合中对方方便的时间，可以理解为对方在工作期间比较方便接电话的时间。通常拨打电话应选择周一至周五，对方刚上班半小时后或下班半小时前；午休或临近午餐时间最好不要拨打商务电话。拨打海外电话时，还应考虑到两地的时差。

2. 通话内容的准备

有时电话被称为"无形造访的不速之客"。在很多情况下，它都有可能"出其不意"地打扰别人的正常工作或生活。因此，通话之前一定要准备好通话提纲。

为了获得最佳的通话效果，每次拨打电话之前应准备通话提纲，主要包括通话人的姓名、电话号码、通话要点、通话时间、语言类别、可能出现的问题、应急处理方式等。

学霸笔记

与客户通话的时间选择技巧

如何给客户拨打电话，是商务交往中的重要一环，除掌握好各种话术外，选择给客户打电话的时间也很重要。给客户拨打电话的最佳时间应该如何选择呢？

1. 以一周为标准

星期一，这是双休日结束后上班的第一天，客户肯定有很多事情要处理，一般公司都在星期一开商务会议或布置本周的工作，所以大多会很忙碌。因此，如果要联系业务，应尽量避开这一天。如果我们找客户确有急事，应该避开早上的时间，选择下午比较好。

星期二到星期四，这三天是正常的工作时间，也是比较适合拨打商务电话的时间，我们应该充分利用好这三天。这也是业绩好坏的关键所在。

星期五，一周的结尾，如果这时打电话过去，多半得到的答复是，"等下个星期我们再联系吧！"这一天可以进行一些调查或预约工作。

2. 以一天为标准

上午8：30~10：00，这段时间大多数客户正在紧张地工作，这时接到业务电话也无暇顾及，所以这个时间段我们不妨先为自己做一些准备工作。

情境 5
商务交往的隐形翅膀——商务通信礼仪

上午 10：00～11：00，这时客户大多不是很忙碌，一些事情已经处理完毕，这段时间是拨打商务电话的最佳时段。

上午 11：30～下午 2：00，这段时间是午餐及休息时间，除非有急事，否则不要轻易拨打电话。

下午 2：00～3：00，这段时间人会感觉到烦躁，尤其是夏天，所以在这个时间段拨打商务电话是不合适的。

下午 3：00～6：00，努力地打电话吧！这段时间是我们争取业绩最好的时间。

3. 根据业务领域划分

会计师：切勿在月初和月末打电话，最好是月中联系。

医生：打电话的最佳时段为 11：00～14：00。

销售员：最佳时段为 10：00～16：00。

牧师：避免周末拨打电话。

行政人员：打电话的最佳时段为 10：30～15：00。

股票行业：避免股市开市时段，最好在收市后。

银行相关人员：打电话的最佳时段为 10：00～16：00。

公务员：工作时间内，切勿在午饭前或下班前拨打电话。

艺术家：打电话的最佳时段为早上至中午前。

药房工作者：拨打电话的最佳时段为 13：00～15：00。

餐饮业从业人员：避免在"饭点"打电话，拨打电话的最佳时段为 15：00～16：00。

建筑业从业人员：清早或收工的时候。

律师：拨打电话的最佳时段为上午 10：00 前或 16：00 后。

教师：拨打电话的最佳时段为 16：00 后，即放学以后。

零售商：避免周末或周一打电话，一天中拨打电话的最佳时段为 14：00～15：00。

工薪阶层：拨打电话的最佳时段为 20：00～21：00。

家庭主妇：拨打电话的最佳时段为 10：00～11：00。

报社编辑 / 记者：拨打电话的最佳时段为 15：00 以后。

商人：拨打电话的最佳时段为 13：00～15：00。

知识点 2　拨打电话的用语礼仪

（1）语言。拨打电话时，每个人开口所讲的第一句话，就是留给对方的"第一印象"，所以应当慎之又慎。

拨打电话时所用的规范"前言"有两种。

第一种适用于正式的商务交往，要求讲出双方的单位全称、工作部门、职务及姓名。例如，"您好！我是亚太公司销售部经理李想，我要找进出口分公司经理王杰先生，或者是副经理于亚先生。"

第二种适用于一般的人际交往，在进行问候之后，应同时准确地报出双方完整的姓名。例如，"您好！我是银风集团文静，我找李想。"

拨打电话时所使用的语言要礼貌而谦恭。打电话时声音柔和，吐字清晰，句子简短，语速适中，语气亲切、自然。拨打电话时嘴要正对着话筒，咬字要清楚，一个字一个字地说。特别是说到数目、时间、日期、地点等内容的时候，最好要和对方确认好。应尽量简练地把要说的事情讲完，不要啰唆，浪费别人的时间。除非事关重大的时间、数据，一般没有必要再三重复已经说过的话。

（2）声调。通电话本身是没有感情色彩的，所以有些人错误地认为电话只是传达声音，只要发出声音，并把话传给对方就行了，因为对方不可能从电话中看见我们在做什么。但实际上电话形象很重要，为了达到使对方"闻其声如见其人"的效果，必须注重说话的语气、语调的运用。

讲话时，嘴与话筒之间应保持三厘米左右的距离。这样做就不会使对方接听电话时，因声音过高或过低而感到"难受"了。

（3）通话时的态度。首先要严禁厉声呵斥、态度粗暴的无理表现，但也不应低三下四、阿谀奉承。

如果电话是由总机接转或由对方秘书代接的，在对方礼节性问候之后，应当"礼尚往来"，使用"您好""劳驾""请"之类的礼貌用语与对方交流。当得知要找的人不在时，可请代接电话者帮助找一下，也可以稍后再打。通话时，若电话中途掉线，按礼节应由拨打电话者再拨一次。拨通以后，须稍做解释。一旦拨错了电话，要向对方道歉。放下话筒前可询问一下对方的号码，以免再次拨错。

当通话结束时，应向对方道一声"再见"。按照惯例，电话应由拨打电话者挂断。挂断电话时，应双手将听筒轻轻放下。

学霸笔记

不同情景下的电话礼貌用语如表 5-1 所示。

表 5-1　不同情景下的电话礼貌用语

情　　景	不 当 用 语	礼 貌 用 语
向人问候	喂	您好
自报家门	我是××公司的	这里是××公司
询问对方身份	你是谁	请问您是……
询问对方姓名	你叫什么名字	能告诉我您的姓名吗
询问对方姓氏	你姓什么	请问您贵姓
询问对方电话号码	你电话是多少	能留下您的联系方式吗
要找某人	给我找一下××	请您帮我找一下××，好吗？谢谢
询问对方要找谁	你找谁啊	请问您找哪位
询问对方有何事	你有什么事儿	请问您有什么事儿吗
要求对方等待	你等着	请您稍等一会儿
对方要找的人不在	他不在	不好意思，他在另一处办公，您可以直接给他打电话，电话号码是…… 对不起，他现在不在这里，如果您有急事，我能代为转告
要求对方过后再来电	你待会儿再打吧	请您过一会儿再来电话好吗

续表

情　　景	不 当 用 语	礼 貌 用 语
结束谈话	你说完了吗	您还有其他的事儿吗 您还有其他吩咐吗
对方要求的事情办不到	那可不行	不好意思，我们可能办不到
没听清楚	什么？再说一遍	对不起，这边太吵，请您再说一遍，好吗

知识点 3　拨打电话的举止礼仪

在拨打电话的过程中，个人举止对电话形象的影响也是不容忽视的。拨打电话时的举止礼仪主要有以下几个方面。

（1）打电话时，最好双手持握话筒，要站好或坐端正，举止得体，听筒要轻拿轻放。

（2）不要在通话的时候把话筒夹在脖子下或拿着电话随意走动。

（3）拨号时不要以笔代手。

（4）通话时要用心倾听，最好边听边做笔记。不可边打电话边和身边的人交谈，也不要心不在焉地东张西望或摆弄桌上的东西。这种习惯不仅影响通话效果，同时也是不尊重对方的表现。

（5）不得不暂时中断通话时，应向对方说："对不起，请稍等一会儿。"

5.1.2　接听电话的礼仪

在接听电话时，有许多具体的礼仪要求，能否遵守这些要求，往往体现了接听电话者的个人修养与对待拨打电话者的态度。在商务活动中，接听电话的一方通常称为受话方。商界人士在接听电话时，须专心致志，彬彬有礼。

知识点 1　接听电话的用语礼仪

（1）语言。在接听电话时，尤其要注意自己的语言和语气，切忌漫不经心、随随便便、过分放任自己。在正式的商务交往中，对接听电话时所讲的第一句话，也有一定的要求。

第一种是问候语加上单位、部门的名称及个人的姓名。例如，"您好！星海集团公司人事部文静，请讲。"

第二种是问候语加上单位、部门的名称，或是问候语加上部门名称。它适用于一般场合。例如，"您好！星海公司广告部，请讲。"或者"您好！人事部，请讲。"后一种形式，主要适用于由总机接转的电话。

第三种是问候语直接加上本人姓名。它仅适用于普通的人际交往。例如，"您好！文静，请讲。"

在商务交往中，接电话时切忌以"喂，喂"或者"你找谁呀"作为"开场白"。特别是不允许一张嘴就毫不客气地查询对方的"户口"，不断地问人家"你找谁""你是谁"或者"有什么事儿呀？"

接打商务电话需要注意的是，电话接通后即使熟悉对方的声音，也应该确认一下，以免弄错。若对方已经开始进入话题，就可以省略礼貌性寒暄。对于业务咨询电话，公司内部人员的回答应力求一致。在被对方问及"需要多长时间"等问题时，回答的时间长度应该比预计完成的时间稍长。

（2）态度。在接电话时，首先要注意自己的态度与表情。虽说通电话是一种"未曾谋面"的交谈，表面上看，商务人员接电话时的态度与表情对方是看不到的，但是实际上对方完全可以在通话过程中感受到。

一般情况下应保证在电话铃响三声之内接听电话，但要避免电话铃刚刚响起就接听电话。电话铃响第二声以后接听电话是最合适的时间。如果因为其他原因在电话铃响三声之后才接听电话，在接听电话后首先要说"对不起，让您久等了。"

如果遇到对方拨错的电话或电话串线，应注意做到以下三点。

第一，要保持风度，切勿发脾气。

第二，在确认对方拨错电话时，也应先自报家门，然后告诉对方电话拨错了。对方如果道了歉，不要忘了说"没关系"，不要教训对方。

第三，如有可能，不妨问一问对方，是否需要帮助其查询一下正确的电话号码。这样做可以有利于塑造本单位以礼待人的良好形象。

通话时，接听电话的一方不宜率先提出中止通话的要求。一般情况下，是由电话的拨打者首先提出挂断电话，这不仅是一种礼遇，更能有效地避免对方因为没说完而电话被挂断。若是正在开会、会客，不宜长谈，或另有其他电话拨打进来，需要中止通话时，应向对方说明原因。

如果对方的身份、地位较高，可让尊者先挂电话。若遇上不识相的人来电且谈话不止，应委婉、含蓄地让对方中止谈话，不要让对方难堪。例如，"好吧，我不再占用您的宝贵时间了"，"真不希望就此道别，以后有机会再与您联络"。

挂电话的方式，是先按扣机键，再轻轻放下听筒。

导师提问：与人通话时，如果信号较弱，应该怎么办？
我的想法：_____
_____
_____

知识点 2　接听电话的举止礼仪

（1）接听电话时，举止应当稳重、谦恭。在办公室里接听电话，最好是走近电话，双手捧起话筒，以站立的姿势，面含微笑地与对方友好通话。

（2）接听对方来电时，如果需要花费时间查询资料，最好告诉对方先挂断电话，等找到资料后再主动打过去。

（3）办公桌上或电话机旁应事先准备公司位置信息，包括乘坐公共交通及自驾等交通方式的路线图，以便随时告知对方公司的具体位置。

（4）接听电话拿起听筒的时候，应该是已经停止和同事聊天、说话的时候。

（5）结束通话时，应认真地与对方道别。在电话没有挂断之前，不要和别人谈笑。

学霸笔记

通话中如果有人无意闯入，应该怎么办？

1．可示意来者坐下等候或退出等候。

2．与通话方说"对不起"后，用手握住听筒，简短和来人沟通后继续通话。

3．如此时有另外的电话打进来，可以暂时不接，如果是你一直在等的电话，应及时向通话方说明情况。

知识点3　代接电话的礼仪

代接电话时，讲话要有板有眼。被找的人如果就在身旁，应先告知拨打者"请稍候"，然后立即转交电话。被找的人如果尚在别处，应迅速帮其寻找。倘若被找的人不在，应在接听电话时告知对方，并可以适当地表达自己可以"代为转告"。例如，"需要我为您效劳的话，请吩咐"。只有在比较熟的人之间，才可以直接询问："您要留言吗？""要不要我告诉××，一回来就打电话给您？"

代接电话时，对方如有留言，应当记录下来。之后，还应再次复述一遍，以免有误。

记录他人电话内容时应注意：要认真记下包括来电者单位、姓名、通话时间、通话要点、是否要求回电话、回电的时间等。若对方要求回电，还应与对方确认联系方式，以便相关人员回电。

商务往来比较多的人，可请秘书代接电话，也可在本人不方便时使用录音电话。

知识点4　录音电话使用礼仪

使用录音电话时，通常需要注意以下几点。

留言的常规内容有：问候语、电话机主的单位或姓名、致歉语、留言原因，以及对来电者的要求及道别语等。例如，某单位预留的录音为"您好，这里是××公司××部。很抱歉工作人员不在公司。本部门工作人员因公外出，请您在'嘟'一声之后留言，或者留下您的姓名与电话号码，我们将尽快与您联络。谢谢，再见。"

在处理录音电话里他人的来电时，要注意以下问题。

第一，尽量少用录音电话。

第二，对于接入的电话录音，应当立即进行必要的处理或予以回电。不要一拖再拖。

德润礼行

烽火传书

烽火传书的故事出自司马迁《史记·周本纪》："褒姒不好笑，幽王欲其笑万方，故不笑。幽王为烽燧大鼓，有寇至则举烽火。诸侯悉至，至而无寇，褒姒乃大笑。"

"烽火"是我国古代用以传递边疆军事情报的一种通信方法，始于商周，延至明清，相习几千年之久，其中尤以汉代的烽火组织规模为大。在边防军事要塞或交通要冲的高处，每隔一定距离筑一处高台，俗称烽火台，亦称烽燧、墩堠、烟墩等。高台上有驻军，发现敌人入侵，白天燃烧柴草以"燔烟"报警，夜间燃烧薪柴以"举烽"（火光）报警。一台燃起烽烟，邻台见之也相继举火，逐台传递，须臾千里，以达到报告敌情、调兵遣将、寻求援兵的目的。司马迁记载的就是我国历史上著名的"烽火戏诸侯"的故事。

我国自古以"礼仪之邦"著称于世，讲诚实、守信用是中华民族的传统美德。早在两千多年前，孔子就主张"言必信，行必果。"在几千年的历史长河中，许多诚信人物及故事广为传诵。诚信是社会主义核心价值观之一，同时"弘扬诚信文化，健全诚信建设长效机制"也是我党二十大报告精神的重要体现。诚实信用是商业道德规范的具体体现，表现为不欺骗顾客、合法经营、实事求是、恪守信用。

我们的计划

快来和我们一起制订自己的学习计划吧！ 见工具单 5-1-1

我们来操作

任务 1　自设情境拟一份拨打商务电话的提纲

1. 操作步骤

（1）准备撰写电话提纲的笔和纸。
（2）撰写电话提纲。
（3）教师进行点评。

2. 操作要点

（1）记录通话人的姓名。
（2）电话号码。
（3）通话要点。
（4）时间。
（5）语言类别。
（6）可能出现的问题。
（7）应急处理方式。

任务 2　自设情境演示代接电话礼仪

1. 操作步骤

（1）做好通话前的准备工作。

（2）和小组成员合作，演示代接电话。
（3）结束通话。
（4）教师进行点评。

2. 操作要点

（1）代接电话时，讲话要遵守成规。
（2）被找的人如果就在身旁，应首先告知来电者"请稍候"，然后立即转交电话。
（3）被找的人如果尚在别处，应迅速帮其寻找。倘若被找的人不在，应在接听电话时告知对方，并可以适当地表达自己可以"代为转告"。
（4）对方如有留言，应当用笔下来，之后，还应再次复述一遍，以免有误。
（5）记下包括来电者单位、姓名、通话时间、通话要点、是否要求回电、回电的时间等。
（6）对方若要求回电，代接电话者应与对方确认联系方式，以便相关人员回电。

任务 3　根据情景 1 中为李想设定的工作场景，演示商务电话的拨打和接听

1. 操作步骤

（1）穿着合适的服饰。
（2）根据学到的有关拨打与接听商务电话礼仪知识，提出自己的设计方案。
（3）小组成员对方案进行讨论后提出修改意见，并征求教师意见。
（4）确定方案，进行演示。

2. 操作要点

使用固定电话的操作要点如表 5-2 所示。

表 5-2　使用固定电话的操作要点

操作项目		操作要点	操作禁忌
拨打电话	通话前的准备	① 选择适宜的时间。 ② 核对对方的姓名及电话号码。 ③ 列出通话要点	① 打电话时，不要把话筒夹在脖子下。 ② 不要以笔代手拨号。 ③ 通话时嗓门不要过高，免得令对方觉得"难受"。 ④ 话筒与嘴的距离保持在 3 厘米左右。 ⑤ 挂电话时应轻放听筒。 ⑥ 不要骂骂咧咧，不要采用粗暴的举动拿电话撒气
	通话时的礼仪	① 致以问候。 ② 自报单位全称、部门、职务及姓名。 ③ 感谢代接、代转之人。 ④ 通话内容简明扼要	
	通话结束礼仪	须沟通的内容已经说完，就应果断地终止通话。商务电话，一般应由打电话的人提出终止通话，也可由双方中位高者终止通话	
接听电话	接听及时	① 电话铃声响起后，最好在铃响两次后拿起听筒。 ② 如果在电话铃响了许久后才接听电话，要在通话之初向对方表示歉意	① 一般情况下，不要在自己在场时让别人代接电话，尤其不要让小孩子代接电话。 ② 不要铃声才响过一次，就接电话，这样令对方觉得突然，而且容易掉线

135

续表

操作项目		操作要点	操作禁忌
接听电话	礼貌应答	① 接通电话后，应自报家门，并先向对方问好。 ② 通话时要专心，语气应谦恭友好。 ③ 通话结束时，要向对方道"再见"。 ④ 接到打错了的电话，要耐心地告诉对方拨错了电话。 ⑤ 通话掉线或因故暂时中断后，要耐心等候对方再打过来	① 通话时不要拿腔拿调，戏弄嘲讽对方。 ② 接到打错了的电话，不能冷冷地说"打错了"，甚至出口伤人
	注意细节	① 在会见重要客人或举行会议期间有人打来电话，可向其说明原因，表示歉意，并承诺稍后再联系。 ② 重点细节要重复。 ③ 代接电话时要注意以礼相待、尊重隐私、记录准确、传达及时	① 接听电话时不要与其他人交谈，也不能边听电话边看文件，甚至吃东西。 ② 不论多忙多累，都不能拔电话线。 ③ 代接电话时，首先要告诉来电者，其要找的人不在，然后才可以问其是何人，所为何事，绝不允许颠倒顺序

快来记录下我们的工作过程吧！

见工具单 5-1-2

我们的成绩

___分
商务人员电话礼仪评价
见工具单 5-1-3

训练项目 2 手机的使用礼仪

情景 2

李想刚刚回到办公桌前，他的手机突然响了。李想赶紧接通电话，是办公室的李主任想确认一下上午9点，是否有客户王先生与总经理预约的拜访活动。当李想挂断电话后，却发

情境 5

商务交往的隐形翅膀——商务通信礼仪

现这时办公室的同事都在望着他，李想感到很奇怪。

我们的任务

1. 演示在公共场合中接听电话的礼仪。
2. 演示李想发送公务短信。
3. 根据情景2中为李想设定的工作场景，演示正确的接听电话的礼仪。

我们的目标

1. 了解商务人员手机使用的相关要求。
2. 掌握手机使用礼仪。
3. 熟练运用在商务场合中手机使用的方法与技巧。

我们来学习

手机是现代商务人士对外联络的重要工具。使用手机是否符合礼仪规范，将会对商务人士的形象及其商务交往活动带来重大影响。

学霸笔记

商务场合中携带手机的礼仪

按照惯例，外出时随身携带手机的最佳位置：一是公文包；二是上衣口袋。

商务人士在穿着套装、套裙时，切勿将手机挂在腰带上。在不使用手机的时候不要将其拿在手里或挂在上衣口袋外面，将手机挂在脖子上也是不妥的。开会的时候可以把手机交给秘书、会务人员代管。也可以放在不起眼的地方，如身后、手袋里，但不要将手机放在桌面上。

5.2.1 商务场合中的手机通话礼仪

知识点1　手机使用行为礼仪

在使用手机时是否注重细节，将影响到其他人对机主个人修养的看法。因此手机的使用必须考虑相关的礼仪规范。

第一，在公共场所活动时，商务人员尽量不要使用手机。当手机处于待机状态时，应使其处于静音或震动模式。需要与他人通话时，应寻找无人之处，切勿当众接打电话。在公共场合中使用手机，应该把自己的声音尽可能地压低。在宴会、舞会、音乐会、法院、图书馆等场合中使用手机时，更要切记这一点，以表现自己对别人的尊重。如需在公共场合观看视频或是收听音频，应戴上耳机，以免打扰他人。

第二，要保证手机通畅。使用手机的主要目的是保证自己与外界的联络畅通无阻，商务人员对此不仅必须重视，而且还需为此采取一切行之有效的措施。告知他人自己的手机号码时，务必力求准确无误。如系口头相告，应重复1～2次，以便对方进行验证。若自己的手机号码发生变动，应及时将新手机号通报给重要的交往对象，以免双方的联系中断。有必要时不妨同时告知对方其他几种联系方式，这样可以有备无患。

第三，不管是接听还是拨打电话，讲话的音量要适中，既不要声音过大，妨碍和影响他人，引起他人的反感，也不要低声细语，使对方听不清楚你说的话。如果遇到信号较弱的情况，可以先挂机，过一会儿再联络。

导师提问：如何保持与交往对象联络通畅？
我的想法：＿＿＿＿＿＿＿＿＿＿＿＿＿＿＿＿＿＿＿＿＿＿＿＿＿

知识点2　手机的使用安全

使用手机不得有碍自己或他人的安全。使用手机时应注意的安全问题主要有以下几个。

（1）在驾驶车辆时，不宜使用手机接打电话，这样做极有可能导致交通事故。

（2）乘坐客机时，必须自觉地关闭手机或将手机调成飞行模式。因为手机所发出的信号会干扰飞机的导航系统。

（3）在加油站停留期间，不应接打手机。否则，有可能引起火灾。

（4）到医院就诊或看望病人时，特别是在精密的仪器设备附近，不能使用手机。因为手机所发出的信号可能影响医疗仪器设备的正常使用。

（5）在雷雨天气不宜使用手机。由于雷电的干扰，手机的无线频率跳跃性增强，容易诱发雷击和烧机等事故。

（6）在一切标有禁用手机的文字或图示的地方，均须遵守相关规定。

学霸笔记

如何防范手机病毒

随着生活水平的提高，信息时代的来临，手机已成为人们手中必不可少的通信工具，但是手机已不仅是可以接打电话、发送短信的通信工具了，现在的手机已经越来越像一台小型计算机了。智能手机，是指它可以像计算机一样，安装各种软件。有计算机就有电脑病毒，手机也不例外。手机病毒现在已经对人们日常使用手机构成威胁了，如果一不小心染上病毒，轻则损毁手机里面的资料，重则使手机瘫痪。下面我们介绍几种防范手机病毒的简单方法。

1．不要轻易接受陌生的连接请求。现在的手机病毒有自动搜索蓝牙系统的功能，如果你的手机打开蓝牙，被搜索到，而你又接受了其连接请求，这时如果传送成功，那么手机病毒很快就入侵你的手机。所以，如非必要，不要打开蓝牙，不要接受陌生人的连接请求。

2．不要用手机随意在网上下载东西。现在的网站五花八门，一些病毒就隐藏其中，如果我们随意在网上下载东西，手机病毒入侵手机的概率就会增加。

3．删除可疑短信。手机如果接收到一些不正常的信息，如乱码短信息等，千万不要打开，应该马上把它删除。

4．如果手机中有了病毒，应下载杀毒软件进行杀毒。例如，金山毒霸手机版、卡斯巴基杀毒软件。

知识点3　手机铃声设置礼仪

随着科技的发展，彩铃越来越丰富，很多人尤其是年轻人将自己的手机铃声设置得越来越个性化。但在商务场合中，商务人员要注意个人形象，因此最好不要使用过于怪异、格调较低的手机铃声，以免影响个人和公司形象。

（1）个性化的手机铃声的使用应注意场合。手机铃声的个性化为生活增添了色彩，但是对于过于个性化的铃声应注意其使用场合。如在办公室和一些严肃的场合中，将手机铃声设置为"爸爸，来电话了！""妈妈，来电话了！"或者狗叫声，这种铃声不断响起，对周围人是一种干扰。如果确实喜欢用，就应当适时将手机调成振动模式。

（2）手机铃声的内容要文明。

（3）手机铃声不能给公众传导错误信息。在公共场合中要特别注意手机铃声的设置不要引起他人误解。如"抓贼呀……"这样的铃声响起，极有可能引起公众秩序混乱。

（4）铃声要和身份相匹配。相对来说，个性化的铃声与年轻人的身份比较匹配，一些长者或者有一定身份的人如果选择与自己身份不匹配的铃声，有损自身形象。如一位高级别的部长选择"月亮代表我的心"这样的歌曲作为手机铃声。当他出席正式场合时，若手机铃声响起，一定会颇为尴尬。

（5）手机铃声音量不宜过大。手机铃声的音量不宜调得过大，有些人的铃声像是"凶铃"，在大家埋头干活时突然刺耳地响起，让人心跳加快。还有，在医院、幼儿园等场所中，音量过大的铃声会引起他人的反感。

（6）开会时应关闭手机或者把铃声设置为振动。有数据表明，开会时经常不关闭手机铃声的人，通常缺乏组织纪律观念，不把会议放在心上，而铃声响起不及时挂断，说明这类人不把其他会议参与者放在眼里，是以自我为中心的人。在会场中、洽谈中或者商务聚餐时手机铃声不断响起，并不能反映一个人业务忙，而是显示其缺少教养，所以在重要会议或者商务洽谈中，商务人员应将手机调成振动模式或把手机交给秘书或者会务人员代管。

商务人员最好选用常规的手机铃声，这样无论在什么样的场合手机铃声响起，都不会让人感觉尴尬。商务人员要选择成熟低调的手机铃声，过于搞怪的铃声会损害其商务形象，让客户失去对其的信任。手机铃声也能表现商务人员的素质，哗众取宠的手机铃声，在工作场合中不但不能彰显个性，反而会让领导、同事、客户认为你是一个不重视工作的人。

5.2.2 商务场合中短信的使用礼仪

知识点1 手机短信的种类

（1）拜年短信。对长辈和尊者不宜用短信拜年，而应该亲自登门或打电话问候。亲密朋友之间用短信拜年时应该自己编辑短信的内容。

（2）工作短信。同事间一些简单的工作交流可用短信进行，但除非是上司主动要求或事先征得其同意，下级不能以短信的方式和上级谈工作。

（3）提醒短信。对于一些重要约会，可用短信的方式婉转地提醒对方，这种方式比多次电话确认要礼貌。但是需要注意的是，在发短信之前一定要进行电话邀请或当面邀请或确认。

（4）转发短信。转发短信一定要特别注意短信内容，调侃、不健康、恶作剧类的短信一定要慎重转发。

知识点2 手机短信要文明

短信是运用手机进行联络的另一种通信方式。对于短信内容的选择和编辑，应该和通话一样讲究礼仪规范，因为它同样能反映一个人的品位和水准。不要给别人发送低俗、不健康的短信。

短信内容要简洁明了，让对方能够很容易地看明白短信的内容，同时要注意措辞。

在公共场合中即使只是收发短信，也要将手机调到静音状态，并且不要在别人注意你的时候查看短信。一边和别人说话，一边查看短信，说明你对别人不尊重、对谈话的内容不在意。

德润礼行

鸿雁传书

"数月，昭帝即位。数年，匈奴与汉和亲。汉求武等，匈奴诡言武死。后汉使复至匈奴，常惠请其守者与俱，得夜见汉使，具自陈道。教使者谓单于，言天子射上林中，得雁，足有系帛书，言武等在某泽中。"出自《汉书》卷五十四〈李广苏建传·苏建·(子)苏武〉。

汉武帝时，使臣苏武被匈奴拘留，并关押在北海苦寒之地多年。后来，汉朝派使者要求匈奴释放苏武，匈奴单于谎称苏武已死。这时有人暗地告诉汉使事情的真相，并给他出主意让他对匈奴说：汉皇在上林苑射下一只大雁，这只雁足上系着苏武的帛书，证明他确实未死，只是受困。这样，匈奴单于再也无法谎称苏武已死，只得把他放回汉朝。从此，"鸿雁传书"的故事便广为流传。而鸿雁，也就成了信差的美称。

我们要以社会主义核心价值观为引领，学习苏武面对威逼利诱忠心耿耿、不畏强权、忠贞不屈、不向挫折屈服低头的精神。

我们的计划

快来和我们一起制订自己的学习计划吧！

见工具单 5-2-1

我们来操作

任务1　演示在公共场合中接听电话的礼仪

1. 操作步骤

（1）设置通话的场合与情境，做好通话前的准备工作，将手机放在正确的位置。
（2）与小组成员合作，拨打与接听电话。
（3）结束通话。
（4）教师进行点评。

2. 操作要点

（1）手机的放置。
① 可以放在随身携带的公文包内。
② 可以放在上衣口袋内，尤其是上衣内袋里，但注意不要影响衣服的整体外观。
③ 在参加会议时，可将手机暂交秘书、会务人员代管。
④ 与人坐在一起交谈时，可将手机放在手边、身旁或身后等不起眼处。
（2）手机的使用。
① 遵守公共秩序。
② 在要求"保持安静"的公共场所中，如音乐厅、美术馆、影剧院等，应关机或让手机处于静音状态。
③ 注意安全，在飞机飞行期间应关闭手机或将手机调成飞行模式，以免给航班带来危险。

④ 在病房内应将手机关机，以免其信号干扰医疗仪器的正常运行，或者影响病人休息。

任务2　演示李想发送公务短信

1. 操作步骤

（1）设置公务情境，做好发送短信的准备工作。
（2）与小组成员合作，撰写并发送短信。
（3）接收回复。
（4）教师进行点评。

2. 操作要点

（1）手机短信要文明。
① 对于短信内容的选择和编辑，应和通话一样讲究礼仪规范；短信内容要简洁明了。
② 在公共场合中即使只是收发短信，也要将手机调至静音状态，不要在别人注意你的时候查看短信。
（2）发送手机短信的礼仪。
① 给亲密朋友短信拜年时应该自己编辑短信的内容。
② 同事间一些简单的工作交流可用短信进行。
③ 重要约会可用短信的方式婉转地提醒对方。
④ 转发短信时一定要特别注意短信内容是否合适。

任务3　根据情景2中为李想设定的工作场景，演示正确地接听电话

1. 操作步骤

（1）服饰准备：男士着西装，女士着职业套装。
（2）根据学到的有关电话及手机使用礼仪，提出自己的设计方案。
（3）小组成员对方案进行讨论并提出修改意见，征求教师的意见。
（4）确定方案，进行演示。

2. 操作要点

手机使用礼仪操作要点如表5-3所示。

表5-3　手机使用礼仪操作要点

操作项目	操作标准	操作禁忌
手机的放置	① 可以放在随身携带的公文包内。 ② 可以放在上衣口袋内，尤其是上衣内袋里，但注意不要影响衣服的整体外观。 ③ 在参加会议时，可将手机暂交秘书或会务人员代管。 ④ 与他人坐在一起交谈时，可将手机暂放手边、身旁或身后等不起眼之处	① 不要在不使用手机时将手机握在手里，或是将其挂于上衣口袋外。 ② 不要把手机挂在脖子、腰部或握在手上

商务交往的隐形翅膀——商务通信礼仪

续表

操作项目	操作标准	操作禁忌
手机的使用	① 遵守公共秩序。 ② 在要求"保持安静"的公共场所中,如音乐厅、美术馆、影剧院等,应将手机关机,或让手机处于静音状态。 ③ 注意安全,在飞机飞行期间应关闭手机或调成飞行模式,以免给航班带来危险。 ④ 在病房内应将手机关机,以免手机信号干扰医疗仪器的正常运行,或者影响病人休息	① 不应在公共场合中,尤其是楼梯、电梯、路口、人行道等人来人往之处,旁若无人地使用手机。 ② 不允许在上班期间,尤其是办公室、车间里,因私使用手机。 ③ 在开会、会见等场合中,不能当众使用手机,以免给别人留下用心不专、不懂礼节的印象。 ④ 在驾驶汽车时,不要使用手机通话,或是查看短信,以免发生交通事故。 ⑤ 不要在加油站、面粉厂、油库等处使用移手机,以免它们所发出的信号引发火灾、爆炸

<u>快来记录下我们的工作过程吧!</u>

见工具单 5-2-2

我们的成绩

_____ 分
商务人员手机使用礼仪见工具单 5-2-3

训练项目3 互联网通信礼仪

情景3

刚刚处理完一封电子邮件,李想的手机响起了请求视频通话的声音,李想马上接了,原来是朋友约他晚上吃饭。李想和对方聊了几分钟,然后挂断。同事们看他的眼神更加不满意了。李想正在诧异,电脑屏幕上QQ图标在不停地闪烁,显示有客户要与他通过QQ进行联络。

143

我们的任务

1. 练习发送一封商务电子邮件。
2. 根据情景 3 中为李想设定的工作场景，完成李想与朋友微信联络环节。
3. 根据情景 3，演示李想与客户使用 QQ 完成文件传输与联络。

我们的目标

1. 熟练掌握电子邮件使用礼仪。
2. 熟练掌握微信的使用礼仪。
3. 熟练掌握 QQ 的使用礼仪。

我们来学习

5.3.1 电子邮件使用礼仪

电子邮件是商务沟通的重要方式之一，据统计，如今每天通过互联网传送的电子邮件已达数百亿封。根据调查结果显示，约有 88% 的互联网用户使用电子邮件，而在商务领域中约有 90% 的员工通过电子邮件进行业务往来。随着电子邮件在商务领域中的广泛使用，电子邮件的使用礼仪也越来越受到人们的重视。

学霸笔记

电子邮件的发展历程

对于世界上第一封电子邮件的诞生，有两种说法。

第一种说法据《互联网周刊》报道，世界上的第一封电子邮件是由计算机科学家 Leonard K. 教授发给他的同事的一条简短消息（时间是 1969 年 10 月），这条消息只有两个字母——LO。Leonard K. 教授因此被称为电子邮件之父。Leonard K. 教授解释，"当年我试图通过一台位于加利福尼亚大学的计算机和另一台位于旧金山附近斯坦福研究中心的计算机联系。我们所做的事情就是从一台计算机登录到另一台计算机。当时登录的办法就是键入 L-O-G。于是我方键入 L，然后问对方：'收到 L 了吗？'对方回答：'收到了。'然后依次键入 O 和 G。还未等对方收到 G 的确认回答，系统就瘫痪了。所以第一条网上信息就是'LO'，意思是'你好'"。

第二种说法。1971 年，美国国防部资助的阿帕网正在如火如荼地组建中，一个非常尖锐的问题出现了：参加此项目的科学家们在不同的地方做着不同的工作，但是却不能很好地分享各自的研究成果。原因很简单，因为大家使用的是不同的计算机，每个人的工作对别人来说都是没有用的。他们迫切需要一种能够基于网络在不同的计算机之间传送数据的方法。为阿帕网工作的麻省理工学院博士 Ray Tomlinson 把一个可以在不同的电脑之间进行复制的软件和一个仅用于单机的通信软件进行了功能合并，命名为 SNDMSG。为了进行测试，Ray Tomlinson 使用这个软件在阿帕网上发送了第一封电子邮件，收件人是另外一台电脑上的自己。尽管这封邮件的内容连 Ray Tomlinson 本人也记不起来了，但那一刻仍然具有历史意义：电子邮件诞生了！ Ray Tomlinson 选择"@"符号作为用户名与地址的间隔，因为这个符号比较生僻，不会出现在任何一个人的名字当中，而且这个符号的读音也有"在"的含义。阿帕网的科学家们以极大的热情迎接了这个石破天惊的创新。他们的想法及研究成果，可以以最快的速度与同事共享。现在他们中的许多人回想起来，都觉得在阿帕网所获得的巨大成功中，电子邮件功不可没。

中国的第一封电子邮件。1987 年 9 月 20 日，中国第一封电子邮件由"德国互联网之父"维纳·措恩与王运丰在北京的计算机应用技术研究所发往德国卡尔斯鲁厄大学。其内容为英文"Across the Great Wall we can reach every corner in the world."中文意思是"跨越长城，走向世界。"这是中国通过北京计算机应用技术研究所与德国卡尔斯鲁厄大学之间的网络连接，向全球科学网发出的第一封电子邮件。

虽然电子邮件是在 20 世纪 70 年代发明的，却在 20 世纪 80 年代才得以兴起。20 世纪 70 年代的沉寂主要是由于当时使用 ARPANET 网络的人太少，网络的速度也仅为目前标准速度的 1/20。受网络速度的限制，那时的用户只能发送简短的信息，根本不能像现在这样大量发送照片。到 20 世纪 80 年代中期，个人计算机兴起，电子邮件开始在电脑迷及大学生群体中兴起；到 20 世纪 90 年代中期，浏览器诞生，全球网民人数激增，电子邮件逐渐普及。

知识点 1　标题设置礼仪

标题是整个邮件的灵魂所在，提纲挈领，在主题栏里用几个字概括整个邮件的内容，便于收件人权衡邮件的轻重缓急，分类处理。在拟写标题的时候要特别注意以下几点。

（1）标题不能是空白的。在发送邮件之前要特别审核是否写了标题，如果在未写标题的情况下发送了邮件，要立刻追加一封邮件对此疏忽表示歉意，并将加了标题的邮件重新发送。

（2）标题要简明扼要，不宜冗长。当对方打开收件箱时，邮件标题要能够全部显示，不宜出现由于字数过多在标题尾部出现省略号的情况（如图 5-1），这种情况就使得收件人必须打开邮件才能显示全部标题,收件人可能因一时疏忽错过有价值的邮件。

图 5-1

（3）写明邮件出处。写给公司以外人员的邮件,要写明公司名称,如"来自唐山美容化妆品有限公司文静",以便收件人一目了然且便于留存;公司内部邮件,要标明部门和姓名,如"营销部文静"。

（4）标题要能够反映邮件的内容和重要性,杜绝含糊不清,如"文女士收"。更不可以用无实际意义的标题,如"接收"或是"重要消息"。

（5）一封邮件一个主题 当有多件事情需要向同一收件人传达时,可以发送多封邮件,以便收件人对邮件进行分类归档。

（6）当邮件特别重要时,可以在发送之前勾选"！"标志,以引起收件人注意（如图 5-2、图 5-3、图 5-4）。

图 5-2　　　　　　　　图 5-3　　　　　　　　图 5-4

（7）回复邮件时,应该根据回复邮件的内容适当的更换合适的标题,如"关于营销方案的回复"等,切忌多个 Re 相连的标题出现（如图 5-5）。

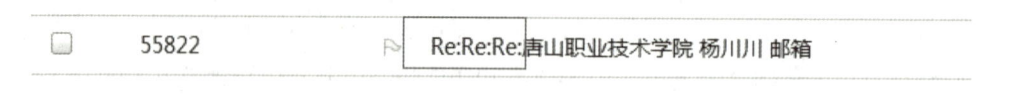

图 5-5

（8）写完标题后要检查,杜绝错别字和语句不通等问题,并在发送邮件之前再次检查标题是否存在不当之处。

知识点 2　电子邮件中的称呼与问候礼仪

（1）收件人的称呼要恰当。邮件正文的第一行顶格写称呼,这既表现出写邮件的人的礼貌,又可以提醒收件人这封邮件是写给他的,需要其做出回应。根据商务会面称呼礼仪的相关要求,如果对方有职务,应按职务尊称对方,如"李经理";如果不清楚其职务,则应称其为"××先生"或"××女士"。此外,如果邮件是群发给多个收件人的,称呼可以为"各位同事""各位领导"等。

（2）邮件的开头和结尾要有问候语。邮件的开头可以用"你好"或"您好"这种最简单的问候方式,问候语应放在称呼的下一行,段首空两格。

邮件的结尾可以用"祝您工作顺利"之类的问候语,正式商务邮件要采用信件的标准格式,结尾写上"此致敬礼","此致"为紧接上一行结尾或另起一行段首空两格,而"敬礼"为再下一行顶格写（如图 5-6）。

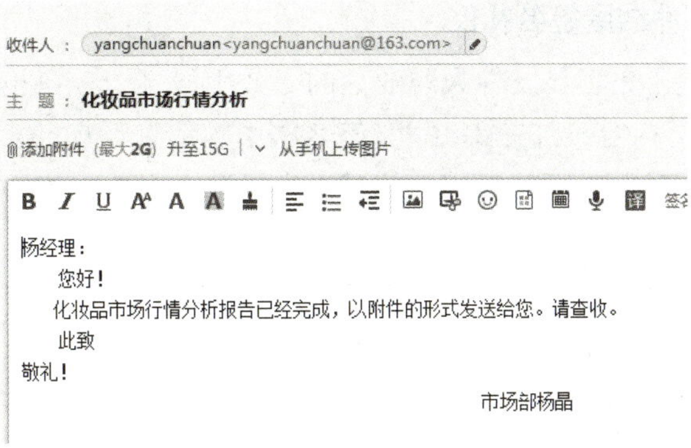

情境 5
商务交往的隐形翅膀——商务通信礼仪

图 5-6

知识点 3　电子邮件正文礼仪

（1）邮件正文要简明扼要，行文通顺。电子邮件正文的主题要明确，语言流畅，内容简洁。若不认识对方，首先要介绍自己的身份，包括公司全称和自己的姓名，以示尊重，以便收件人能够较快地理解邮件来意。联系方式等与正文无关的信息可写在签名档中。

邮件正文应简明扼要地阐述事情，准确清晰地表达内容，文字不可过多，不要让对方拉滚动条才能看完邮件。如果具体内容确实很多，正文应只做摘要介绍，具体内容用单独文件作为邮件的附件发送，并在正文中标明查收附件及附件的内容和用途。

（2）正文撰写的语气要恰当。根据收件人与自己的熟悉程度、相互之间的关系，选择恰当的语气进行撰写，以免引起对方的不适。要想表达对对方的尊重，就应适时的多用请、谢谢之类的敬语。要特别注意的是，不可在邮件中发泄不满情绪。

（3）邮件的正文要有清楚的逻辑关系。邮件若较复杂，可用 1、2、3、4 等进行段落编号，以分清事件的层次。每个段落不可冗长，这样的正文可以提高收件人的阅读效率。

（4）邮件的内容要完整。在邮件中把需要阐述的事件写全面、写清楚、写准确，尽量避免在发送一封邮件后再发送补充或是更正邮件，这样不利于收件人对整体事件的把握，同时增加了收件人的工作量。

（5）选择合适的语言和字体。

相关研究表明，最适合在线阅读的中文字号和字体是宋体或新宋体，英文用 Verdana 或 Arial 字体，字号用默认字号即可。特别是商务邮件，切忌用稀奇古怪的字体，不要用背景信纸。

（6）合理利用图片、表格等进行辅助阐述。对于单纯以文字形式很难描述清楚的带有技术介绍或讨论性质的邮件，要配以图表加以阐述。

（7）商务邮件中不要采用":)"之类的表情符号，这样显得不严肃。

（8）适时添加附件。如果邮件带有附件，应在正文里面提示收件人查收附件。附件的名称要能概括附件的内容，方便收件人下载后存档。同时正文中应对附件内容进行简要说明，特别是有多个附件的情况下。附件数量不宜超过 4 个，附件数量较多时要压缩文件。如果附件是特殊格式的文件，应在邮件正文中说明打开方式，以免影响收件人的效率。如果附件过大（超过 2MB），应将其分割成几个小文件分别发送。

147

知识点 4　电子邮件结尾签名礼仪

电子邮件的结尾签名是彰显发件人职业性的有效手段之一。在正文的最后,结束语是必不可少的,可以把这部分内容设计在签名里。签名档中的信息不宜过多,可包括收件人的姓名、职务、公司、电话、传真地址等信息,但信息不宜行数过多,一般不超过 4 行,字号一般比正文字号小一些。

对于不同人员应采用不同的电子邮件签名,企业内部、私人事件或是熟悉客户的邮件往来,签名档应进行适当的简化。对于正式的、不熟悉的商务客户,签名档要详细。可以在邮件设置中建立多个签名档,灵活调用。

知识点 5　电子邮件的发送和转发礼仪

在使用电子邮件时,要正确使用并区分发送、抄送和密送。"发送"的对象是要受理这封邮件所涉及的主要问题的,理应对邮件予以回复。而"抄送"的对象则只需要知道有这件事情,抄送的对象没有义务对邮件予以回复,如果邮件的抄送对象有建议,也可以回复邮件。"发送"对象和"抄送"对象的排列应遵循一定的规则。例如,按部门排列,按职位等级从高到低或从低到高排列都可以。适当的规则有助于提升写信人的专业形象。对于密送的邮件,只有发信人知道密送给了谁,邮件接收者和抄送者都不知道发送者将邮件密送给了谁,但是接收密送邮件的人知道是谁给他发的这封邮件,以及这份邮件发给谁了,抄送给谁了。

收到邮件后要通知发件方邮件已经收到,可以手动发送回复,也可以设置自动回复,设置方法如图 5-7 所示。在邮件"设置"→"常规设置"里查看"自动回复/转发",选择自动回复的启用时间,并在下面的文本框里填写自动回复的内容,如"您发给我的邮件已经收到"。

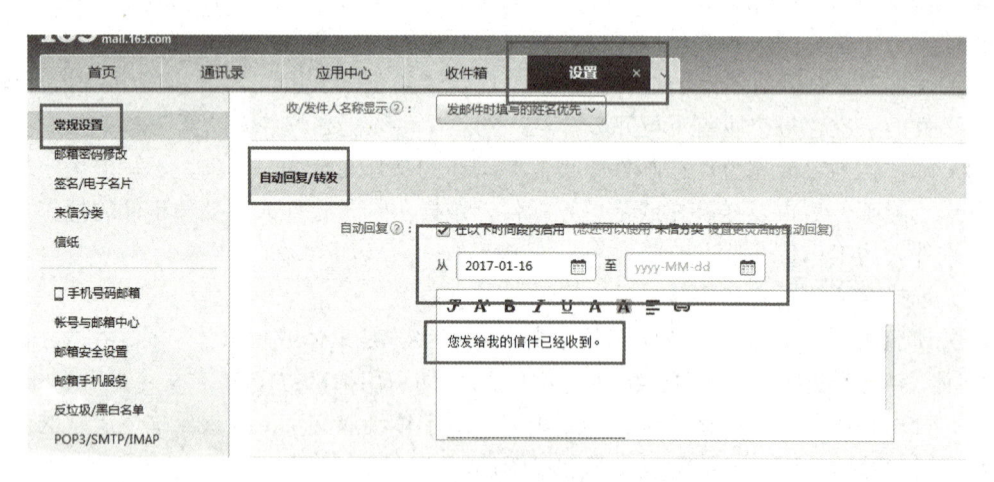

图 5-7

收到邮件后要妥善保存邮件,尤其是重要的邮件要确保不易丢失并能够随时找到。

转发的邮件要突出重要信息,在转发消息前,首先确保所有收件人需要此消息。除此之外,转发敏感或者机密信息时要小心谨慎,不要把内部消息转发给外部人员或者未经授权的接收人。如果有需要还应对转发邮件的内容进行修改和整理,以突出重要信息。不要将已经回复了多次的邮件发给他人,让人摸不着头脑。同时也要注意,不要发送垃圾邮件或特殊链接。

学霸笔记

电子邮件安全使用小知识

电子邮件的安全问题包含两个方面：一是邮件可能给系统带来的不安全因素，另一个是邮件内容的隐私性。

1. 浏览器的安全设置

以 IE 浏览器为例，首先建议将 IE 浏览器升级到最新版本，然后单击"工具"→"Internet 属性"，进入"安全"选项卡，在这里可以对四种不同区域（包括"Internet""本地 Intranet""受信任的站点"及"受限制的站点"）分别进行安全设置。对于"Internet"区域，通过"自定义级别"可以按照自己的安全考虑加以设置。虽然大多数 Cookie 对于系统来说是安全的，但在"隐私"选项卡中对它加以设置可以适当保护自己的隐私。如果担心邮件内容被泄露，可以在"内容"选项卡中进行证书的设置。

2. 关闭电子邮件地址自动处理功能

由于软件中自动处理功能的日益增加，由于意外地选择了错误收件人而引发的安全事件越来越多。微软 Outlook 中"可怕的自动填写功能"就是一个很明显的例子，在使用下拉式清单的时候很容易就选择了临近实际收件人的收件人。在讨论涉及商业机密等敏感信息的时候，这样的操作很容易导致各种安全事件的出现。

3. 群发邮件时采用密送（BCC）设置

从安全角度来说，将电子邮件地址与没有必要知道的人分享，是一个危险的做法。在未经允许的情况下，将电子邮件地址与陌生人分享也是不礼貌的。在发送电子邮件给多个人的时候，可以选择收件人（TO）或者抄送（CC）的方式，在这种情况下，所有收件人可以分享全部电子邮件地址。如果没有明确确认电子邮件地址应该被所有收件人分享，则应该使用密送（BCC）设置。这样，收件人就不会知道还有其他接收者及其电子邮件地址。

4. 做好阅后的工作

如果在公共场所中收发邮件，邮件内容的隐私性就变得至关重要了。可以通过"Internet 选项"中的"常规"选项卡删除文件（包括所有脱机内容）、清除历史记录及删除 Cookie。另外，还可以到"内容"选项卡的"个人信息"栏进行自动完成设置，清除表单及密码。

5.3.2 微信使用礼仪

目前，微信已经深入到人们生活的各个方面，它不仅支持发送语音信息、视频、图片和文字，还提供充值、缴费、理财等多种服务，流量耗费少，目前已经有超过八亿人在使用微信。在商务场合中，微信也逐渐演变成一种重要的联系方式。

知识点 1　微信注册礼仪

用于商务场合的微信，注册时可与本人商务用途的 QQ 号码进行捆绑。用于注册的个人信息要真实，头像图片的选取可以选择本人证件照片或者公司标志，也可以选择其他与商务相关的图片，避免使用低俗不雅的图片作为头像。设置微信昵称时应写清公司名称、职务和本人姓名，公司名称可采用缩写。微信密码的设置要安全，并设置密码保护。如果发现自己的微信账号被盗，一定要及时发布被盗声明。如果目前正在使用的微信账号停用或是注销，也需通知相关人员并发布注销声明。

知识点 2　微信文字信息发送礼仪

因商务往来使用微信发送文字信息时，应注意联系的时间。无论发送语音、文字还是图片，都要注意发送信息的时间，避开对方不方便的时候，特别是休息时间。除非双方有约定，否则不应在早晨七点前、晚上十点后进行联系。如果是公务往来，晚上七八点后就应避免联系。

首次与对方联系要和打电话一样，先进行自我介绍，再阐述事情。

文字信息的内容要慎重处理。完成文字信息的输入后应检查一遍再发出。发送信息前最好再确认一下联系人，特别是同时与多人聊天时，容易将信息发错对象。涉及国家机密、工作机密、他人隐私等内容的信息是不可以通过微信发送的。

知识点 3　微信语音信息发送礼仪

在使用微信进行商务沟通时应尽量避免发送语音信息，文字信息是最有效率的表达方式。在公共场所中，当对方发送语音信息时，不可以直接用外放方式收听，最好开启"听筒模式"或是用耳机接收，以免泄露商业机密或打扰别人。设置"听筒模式"时，可打开"微信"→"我"→"设置"→"通用"，开启"听筒模式"就可以了。

若只能回复语音信息，则应注意每条语音信息不要超过 30 秒，不要过多地使用语气词，或是一再重复同一观点，应保证环境安静，以免影响接收者的语音识别。

知识点 4　微信视频信息使用礼仪

和微信的语音通话功能一样，微信视频通话功能也是不适合在商务场合中使用的，但召开视频会议除外。在使用微信视频通话时，不仅要注意说话时的用词、语气和语调，同时还要注意自己的衣着和视频环境。进行视频通话时，商务人员的穿着要符合商务礼仪的规范；不可以在脏乱的环境中或是私密的空间里进行视频通话，应该在宽敞明亮，不涉及隐私的环境中进行微信视频通话。

知识点 5　微信朋友圈使用礼仪

使用微信朋友圈时应注意以下问题。

（1）转发微友朋友圈中的内容前，应先点赞或在评论中表示有转发的意图，再进行转发。

（2）若转发微友的原创作品，应在转发时注明作品的作者或声明转发自何人的朋友圈。不要让其他人误认为是自己的杰作，转发时务必要把版权归属交代清楚。

（3）不在微信朋友圈中发表负能量的个人情绪、莫名其妙的感叹或是无厘头的咒怨等让微友们心情不悦的言辞。如果需要关注或是需要安慰不妨在朋友圈中直说，避免给他人带来不快或误解。

（4）不在朋友圈中发布或转发带有"如果不转发就……"等强制性或诅咒性字眼的内容，要记住朋友之间只有尊重没有要挟。

（5）转发捐款、捐助、收养等求助信息的微信时，应对信息内容的真实性进行核实，在确保内容真实、准确后再行转发。对虚假不实甚至涉嫌诈骗的信息应做到"到我为止"，无法确认内容真实性的求助信息不能盲目转发。每个使用微信的人都有责任和义务使微友免受伤害。

（6）晚上12点以后尽量不在微信朋友圈发布信息。

（7）不要因为想博人眼球就发一些低俗的信息或涉及国家、单位机密的信息甚至别人的隐私等，这样做不仅有损自己的微信形象，还有可能触犯法律。

（8）如需在朋友圈里发布广告或转载他人文章，每天不要超过三次，否则会给微友造成刷屏的感觉，影响他人微信朋友圈的正常使用。最好的办法是将你的微信朋友进行分组，有针对性地发布微信朋友圈信息。

学霸笔记

互联网营销师的工作礼仪

互联网营销师，是指在数字化信息平台上，运用网络的交互性与传播公信力，对企业产品进行营销推广的人员。主要技能要求之一是售后能使用职能交互系统回复用户信息。这种交互系统的使用要符合通信工具使用的礼仪规范，主要包括：1.回复用语礼貌规范。2.回复信息及时、耐心、准确。3.注意沟通礼仪，有效解决售后问题，维护品牌形象。

知识点6　微信群聊的使用礼仪

（1）介绍新人入群时，要事先与群中好友进行沟通，得到大家同意后再将新人拉入群中。切忌事先不进行沟通就把新人拉进群里，这样会让人感觉不被尊重。更不能为了发节日的祝福微信而这样做，这种事不能图自己方便，否则效果适得其反。

（2）使用微信群聊时，不能只与群里的某个人单独聊天，以免干扰其他微友，可以单独进行私聊或把相关人员拉一起另外建群聊天。

（3）使用微信发送节日祝福时，可在群中发送一条针对所有微友的祝福。但需注意：凡是群里的师长、好友应再次单独一对一地提名发送祝福微信，虽然麻烦些，但这样做才有礼貌。收到群发的祝福微信时，要单独与对方进行微信沟通，一对一提名回复并祝福，不回复群发微信也是无礼的。

导师提问：当微信群里某人违反了微信群礼仪时应该如何处理？

我的想法：_____

_____

_____

5.3.3　QQ 的使用礼仪

QQ 与微信均是腾讯公司开发的即时通信软件，两者在使用功能上大致相同，所以在使用礼仪方面也大体一致。QQ 的注册、信息、语音、视频、群聊的礼仪可以参照微信礼仪。下面讲述 QQ 区别于微信的使用礼仪。

知识点 1　QQ 文件传输礼仪

QQ 可以通过好友对话框直接传输文件。在传输文件之前，要先与对方进行沟通，不能未经沟通就直接发送离线文件。发送文件时要先说明文件的内容及用途，再将文件传给对方，并要与对方及时沟通以确认文件是否收到。使用 QQ 接收文件时，应及时将其保存在指定文件夹内，收到文件后要及时打开，确认内容是否正确完整，并将接收结果及时告知对方。

知识点 2　QQ 空间使用礼仪

（1）QQ 空间相册使用礼仪。作为商务用途的 QQ 号的空间相册中不可以上传低俗不雅的照片。如果上传个人相片，可以选择不公开或设置密码，以免无关人员查看。

（2）QQ 空间装饰礼仪。QQ 空间可以根据个人喜好进行装饰，装饰品可以在 QQ 商城中购买。在进行空间装饰时要注意装饰品的风格应统一，以商务简约风为佳。这样装饰空间，能够显示个人品位，提升个人形象。

（3）QQ 空间日志使用礼仪。日志是个人记录日常生活工作及感想的地方，当所写的内容是个人隐私或工作事项时，要注意保密。

德润礼行

竹简传书

大业中，突厥围炀帝雁门，炀帝从围中以木系诏书，投汾水而下，募兵赴援。——出自《新唐书·本纪第二》

隋文帝开皇十一年（590 年）十一月，南方各地纷纷发生叛乱，为了平定叛乱，稳定江山，隋文帝紧急下诏，任命杨素为行军总管，率军前去讨伐。史万岁率部猛进，转战于山林

情境 ⑤

商务交往的隐形翅膀——商务通信礼仪

溪流之间,前后打了许多胜仗,收复了大片失地。当他想把胜利的战况向上级汇报时,却因交通的阻绝和信息不畅而无法与大部队取得联系。史万岁派人截了一节竹子,把写好的战事报告装了进去,封好后放入水中,任其漂流而下。几天后,有一个挑水的乡人看到了这个竹筒,立即把史万岁部队接连取得胜利的消息向朝廷进行了汇报。隋文帝听到喜报,龙颜大悦,立即提拔史万岁为左领军将军。

创新是一个民族进步的灵魂,是一个国家兴旺发达的不竭动力,也是中华民族最深沉的民族禀赋。在激烈的国际竞争中,惟创新者进,惟创新者强,惟创新者胜。当今国际社会是一个飞速发展的时代,创新精神显得尤为重要。只有拥有创新精神的国家,才能让自己立于世界强国之林。市场是无情的,竞争是残酷的,只有坚持不断创新,个人才能体现价值,企业才能获得优势,国家才能繁荣富强。

我们的计划

快来和我们一起制订自己的学习计划吧!

见工具单 5-3-1

我们来操作

任务1 请练习发送一封商务电子邮件

1. 操作步骤

(1)自设背景,做好发送邮件前的准备工作。
(2)与小组成员合作,练习撰写与发送邮件。
(3)练习转发邮件。
(4)教师进行点评。

2. 操作要点

(1)撰写标题。
① 标题栏不能为空白。
② 标题要简明扼要,不宜冗长。
③ 写明邮件出处。
④ 标题要能够反映邮件的主要内容和重要性。
⑤ 一封邮件一个主题。
⑥ 当邮件特别重要时,可以在发送之前勾选"!",以引起收件人注意。
⑦ 回复邮件时,应该根据回复邮件的内容更换合适的标题。
⑧ 写完标题后要检查,杜绝出现错别字和语句不通的情况。

（2）称呼与问候。

① 根据商务会面礼仪中的规定，恰当称呼收件人。

② 邮件的开头和结尾要有问候语。

（3）正文。

① 邮件正文要简明扼要，行文通顺。

② 邮件正文要有清楚的逻辑关系。

③ 邮件内容要完整。

④ 选择合适的语言和字体。

⑤ 合理利用图片，表格等进行辅助阐述。

⑥ 在商务邮件中不要使用表情符号。

⑦ 适时添加附件。

（4）结尾签名。

① 签名档中的信息不宜过多，可包括发件人的姓名、职务、公司全称、电话、传真地址等。

② 针对不同的人员采用不同的签名档。

（5）发送和转发。分清发送、抄送、密送的人员。收到邮件后要妥善保存并告知对方邮件已收到。转发的邮件要突出重要信息。

任务2　根据情景3中为李想设定的工作场景，完成李想与朋友微信联络环节

1．操作步骤

（1）根据情境内容，做好使用微信的准备工作。

（2）与小组成员合作拟定信息内容，练习发送微信。

（3）练习接收微信。

（4）教师进行点评。

2．操作要点

（1）注册。

① 注册商务用途的微信时时可与本人商务用途的QQ号码捆绑。

② 用于注册的个人信息要真实，头像图片的选取可以是本人证件照片或公司标志，也可以选择其他与商务相关的图片，避免使用低俗不雅的图片。

③ 设置微信昵称时应写清公司名称、职务和姓名，公司名称可采用缩写。

④ 微信密码的设置要安全，并应设置密码保护。如发现自己的微信账号被盗，一定要及时发布被盗声明。

⑤ 如果目前正在使用的微信账号停用或被注销，需通知相关人员并发布注销声明。

（2）发送文字信息。

① 注意联系的时间。

② 首次和对方联系要和打电话一样，先进行自我介绍，再阐述事情。

③ 文字信息的内容要慎重处理。

④ 发送文字信息，在输入完成后应检查一遍。

⑤ 同时与多人聊天时，注意不要将信息发错对象，以免造成误会。
⑥ 涉及国家机密、工作秘密、他人隐私的内容是不可以发送的。
（3）发送语音。
① 在使用微信进行商务活动时应尽量避免使用语音功能。
② 在公共场合中，当对方发送语音时，应开启"听筒模式"或是连接耳机进行信息接收。
③ 若只能用语音信息回复，则应注意每条语音信息最好不要超过 30 秒。
（4）视频通话。
① 除召开视频会议外，在商务场合中不适宜使用视频通话。
② 在进行视频通话时，不仅要注意说话时的用词、语气和语调，还要重视衣着和视频环境。
（5）朋友圈的礼仪。
① 转发朋友圈中的内容前先点赞或在评论中表达要转发的意图。
② 转发微友的原创内容要注明发表者或声明转发自何人的朋友圈。
③ 不在微信朋友圈中发表负能量的个人情绪、莫名其妙的感叹或是无厘头的咒怨等。
④ 不发布或转发带有"如果不转发就……"等强制性或诅咒性字眼的信息。
⑤ 转发捐款、捐助、收养等求助信息时，要核实其真实性后再转发。
⑥ 晚上 12 点以后尽量不在朋友圈发信息。
⑦ 不发低俗信息或涉及国家、工作单位的机密信息。
⑧ 发布广告或是转载其他人的文章，每天不要超过三次。
（6）群聊的礼仪。
① 介绍新人入群要事先与群内其他人沟通。
② 不在微信群里单独与某个人聊天，如有需要可进行私聊。
③ 节庆时可以群发一条针对群内所有微友的祝福微信。
④ 收到群发的祝福微信，要一对一提名回复并祝福。

任务 3　根据情景 3，演示李想与客户使用 QQ 完成文件传输与联络

1. 操作步骤

（1）根据情景 3，做好使用 QQ 的准备工作。
（2）与小组成员合作拟定 QQ 使用方案，发送 QQ 信息并传输文件。
（3）回复 QQ 信息并接收文件。
（4）教师进行点评。

2. 操作要点

（1）通过好友对话框直接传输文件。
（2）传输文件前先与对方进行沟通，说明文件的内容及用途，再将文件传给对方，不能在不沟通的情况下直接发送离线文件。
（3）文件发送后及时确认对方是否收到。

（4）将接收到的文件保存到指定文件夹内。文件收到后要及时打开，确认文件内容的准确性和完整性，并将接收结果告知对方。

<u>快来记录下我们的工作过程吧！</u>

见工具单 5-3-2

我们的成绩

___分
商务人员使用即时通信工具礼仪
见工具单 5-3-3

情境 5 训练项目 1 工具单

工具单 5-1-1　训练项目 1 计划单

班级：_____　　组别：_____　　项目负责人：_____

我们的任务	我的任务及合作伙伴	需要的知识点	完 成 时 间
1．自设情境拟一份拨打商务电话的提纲			
2．自设情境演示代接电话礼仪			
3．根据情景 1 中为李想设定的工作场景，完成商务电话的拨打和接听			

_____年_____月_____日

工具单 5-1-2 训练项目 1 记录单

日期：_____　　班级：_____　　组别：_____

任务 1　自设情境拟一份拨打商务电话的提纲

　　完成情况：请在相应的完成情况前画"√"。

　　　　□顺利完成　　□基本完成　　□部分完成　　□不能完成

任务 2　自设情境演示代接电话礼仪

　　完成情况：请在相应的完成情况前画"√"。

　　　　□顺利完成　　□基本完成　　□部分完成　　□不能完成

任务 3　根据情景 1 中为李想设定的工作场景，完成商务电话的拨打和接听

　　完成情况：请在相应的完成情况前画"√"。

　　　　□顺利完成　　□基本完成　　□部分完成　　□不能完成

工作小结及自我评价：

商务交往的隐形翅膀——商务通信礼仪

工具单 5-1-3　商务人员电话礼仪评分表

	评价项目	评价标准	是否做到	评　语
拨打电话的礼仪	通话前的准备	① 选择适宜的时间	□是　□否	
		② 核对对方的姓名及电话号码	□是　□否	
		③ 列出通话要点	□是　□否	
	通话时的礼仪	① 致以问候	□是　□否	
		② 自报单位、部门、职务、姓名	□是　□否	
		③ 感谢代接、代转之人	□是　□否	
		④ 通话内容简明扼要，重点内容及时核对	□是　□否	
	通话结束礼仪	① 要沟通的内容已沟通完毕，应主动终止通话	□是　□否	
		② 通话结束时说"再见"	□是　□否	
	拨打电话举止	① 姿态端正，举止大方	□是　□否	
		② 无不良举止	□是　□否	
		③ 话筒与嘴的距离保持 3 厘米左右，音量适中	□是　□否	
		④ 挂电话时应轻放话筒	□是　□否	
接听电话的礼仪	接听及时	① 电话铃响两次后拿起话筒	□是　□否	
		② 如电话铃响了许久才接听电话，要在通话之初向对方表示歉意	□是　□否	
	礼貌应答	① 拿起话筒后，先向对方问好	□是　□否	
		② 自报家门	□是　□否	
		③ 通话时要专心，语气应谦恭友好	□是　□否	
		④ 通话终止时，要向对方说"再见"	□是　□否	
	接听拨错电话的处理	① 确认对方拨错电话时，应礼貌地告知对方	□是　□否	
		② 对方如果道了歉，要说"没关系"	□是　□否	
		③ 可以询问对方，是否需要帮助其查找正确的电话号码等，以树立良好的企业形象	□是　□否	
教师评语				

情境 5 训练项目 2 工具单

工具单 5-2-1　训练项目 2 计划单

班级：_____　　　组别：_____　　　项目负责人：_____

我们的任务	我的任务及合作伙伴	需要的知识点	完成时间
1. 演示在公共场合中接听电话的礼仪			
2. 演示李想发送公务短信			
3. 根据情景 2 中为李想设定的工作场景，演示正确地接听电话			

_____年_____月_____日

工具单 5-2-2　训练项目 2 记录单

日期：_____　　班级：_____　　组别：_____

任务 1　演示在公共场合中接听电话的礼仪
　　完成情况：请在相应的完成情况前画"√"。
　　　　□顺利完成　　　□基本完成　　　□部分完成　　　□不能完成

任务 2　演示李想发送公务短信
　　完成情况：请在相应的完成情况前画"√"。
　　　　□顺利完成　　　□基本完成　　　□部分完成　　　□不能完成

任务 3　根据情景 2 中为李想设定的工作场景，演示正确地接听电话
　　完成情况：请在相应的完成情况前画"√"。
　　　　□顺利完成　　　□基本完成　　　□部分完成　　　□不能完成

工作小结及自我评价：

工具单 5-2-3　商务人员手机使用礼仪评价表

评价项目	评价标准	是否做到	教师评语
手机的放置	① 可以将手机放置在随身携带的公文包内	□是　□否	
	② 可以将手机放在上衣口袋内，尤其是上衣内袋里，但注意不要影响衣服的整体外观	□是　□否	
	③ 在与人坐在一起交谈时，可将手机暂放手边、身旁或身后等不起眼之处	□是　□否	
手机的使用	① 手机使用场合符合要求	□是　□否	
	② 拨打、接听用语符合要求	□是　□否	
	③ 手机铃声设置符合要求	□是　□否	
	④ 举止得体，态度谦和	□是　□否	
教师评语			

情境 5 训练项目 3 工具单

工具单 5-3-1　训练项目 3 计划单

班级：_____　　组别：_____　　项目负责人：_____

我们的任务	我的任务及合作伙伴	需要的知识点	完成时间
1. 练习发送一封商务电子邮件			
2. 根据情景 3 中为李想设定的工作场景，完成李想与朋友微信联络的环节			
3. 根据情景 3，演示李想与客户使用 QQ 完成文件传输与联络			

_____年_____月_____日

工具单 5-3-2　训练项目 3 记录单

日期：_____　　班级：_____　　组别：_____

任务 1　练习发送一封商务电子邮件
　　完成情况：请在相应的完成情况前画"√"。
　　　　□顺利完成　　　　□基本完成　　　　□部分完成　　　　□不能完成

任务 2　根据情景 3 中为李想设定的工作场景，完成李想与朋友用微信联络的环节
　　完成情况：请在相应的完成情况前画"√"。
　　　　□顺利完成　　　　□基本完成　　　　□部分完成　　　　□不能完成

任务 3　根据情景 3，演示李想与客户使用 QQ 完成文件传输与联络
　　完成情况：请在相应的完成情况前画"√"。
　　　　□顺利完成　　　　□基本完成　　　　□部分完成　　　　□不能完成

工作小结及自我评价：

工具单 5-3-3　商务人员使用即时通信工具礼仪评分表

评价项目	评价标准	是否做到	评语
电子邮件礼仪	① 标题撰写符合规范	□是　□否	
	② 称呼与问候语恰当	□是　□否	
	③ 邮件正文简明扼要、行文通顺、逻辑关系清楚；内容完整、语气恰当、语言和字体合适；图片、表格等运用合理；适时添加附件	□是　□否	
	④ 结尾签名符合要求	□是　□否	
	⑤ 遵守发送、抄送及密送规则；妥善保管收到的邮件	□是　□否	
微信礼仪	① 注册信息真实规范	□是　□否	
	② 文字信息准确规范	□是　□否	
	③ 语音通话内容适当，符合要求	□是　□否	
	④ 视频通话时注重形象	□是　□否	
	⑤ 朋友圈内容选择恰当，使用规范，符合要求	□是　□否	
	⑥ 群聊功能使用恰当，尊重微友	□是　□否	
QQ 礼仪	① 文件传输前及时与对方进行沟通，确认文件的内容、用途	□是　□否	
	② 文件传送后及时确认对方是否收到	□是　□否	
	③ 收到对方传来的文件应及时妥善保管	□是　□否	
	④ 注意 QQ 空间的维护，不在空间相册中上传不雅照片	□是　□否	
	⑤ 选择商务风格的 QQ 空间的装饰	□是　□否	
	⑥ 日志内容恰当，适于公开	□是　□否	
教师评语			

情境 6 礼尚往来——商务拜访与接待礼仪

情境导入

上午 9 时整，李想和文静越发忙碌了，新的工作不断增加。

情境 6
礼尚往来——商务拜访与接待礼仪

训练项目1　办公室拜访与接待礼仪

情景 1

上午9时整,客户王先生准时到达公司。李想把王先生迎进了经理办公室,沏茶倒水一通忙碌。看着忙碌的李想,经理面露喜色。当李想转身把经理办公室的门关上后,心理暗自得意,"经理今天肯定对我很满意"。请分析李想都做了哪些工作,让经理对他的表现很满意?

我们的任务

1．自设情景,演示商务场合中的敬茶礼仪。
2．根据商务接待中有关环境准备的要求,演示对办公室环境的布置。
3．根据情景1中设定的李想与客户见面的场景,演示办公室拜访与接待礼仪。

我们的目标

1．掌握商务活动中的迎客、待客和送客的礼仪。
2．掌握商务活动中办公室拜访的礼仪。
3．掌握商务活动中办公室接待的礼仪。
4．了解办公室布置、办公室礼仪及办公室禁忌的相关知识。

商务接待是指建立在业务谈判或者合作基础上的迎来送往等具有服务性质的工作。商务拜访是指到对方的办公室去洽谈公务。商务接待或拜访是很多商务人员的一项基本工作。外单位人员到访本单位，无论是办事、求助，还是参观、调研，对其的接待一般都是在办公室内进行的。办公室里的拜访与接待工作，不仅关系到自己的形象，还关系到企业形象。因此，办公室拜访与接待的礼仪历来都受到商务人员的重视。

6.1.1 办公室拜访礼仪

知识点 1　拜访前的准备

有计划、自然地接近客户，拉近与客户之间的距离，从而顺利地进行商务洽谈，需要商务人员在拜访客户前要做好充分的准备，注重细节和技巧从而提高拜访客户的效率。

（1）明确拜访目的。商务拜访必须目的明确，出发前，商务人员应对此次拜访要解决的问题做到心中有数。拜访客户是为了与客户达成有效的协议，而达成协议的决定权一般掌握在决策人手中。这些决策人对企业单位而言主要是指公司的负责人，对于机关事业单位而言主要是党委书记、厅长、局长、处长、主任等。

因此，拜访前应确定相关项目的负责人，并且想好你需要对方解决什么问题，你要向对方提出什么要求，最终你可能得到什么样的结果等，这些都要心中有数，才能提高拜访效率。

（2）提前预约，确定时间。在进行商务拜访前要主动与对方进行联系，和对方约好时间，不可突然造访。在约见客户的时候，一般有两种约定时间的方式，一种是自己决定拜访时间，另一种是由客户决定的拜访时间。

自定的拜访时间，是根据自己的工作计划安排的，大都是确定的。但在商务拜访中一般多由客户确定的拜访时间，无法依照自己的工作安排确定拜访时间。在很多情况下，虽然自己事先拟定了一个拜访时间表，但事实上仍需将确定拜访时间的主动权留给客户。所以，拜访的时间的确定应遵循"客户优先"的原则。

拜访的具体时间大都要在拜访前一周确定。即使是在一周前定好的拜访，也应在拜访前一天再次打电话加以确认。有时对方可能因工作太忙，或另外定了其他的约会，而忘了与你的会面。因此在拜访的前一天加以确认，就显得十分重要了。而且，对方还可能因你的细心周到而感动。

定好时间后不能失约，要按时到达指定地点，不宜过早或过晚，如果能提前 5 分钟到达指定地点，就再好不过了。确实因特殊原因不能准时到达指定地点，要及时向对方说明情况，另约时间。

（3）注意修饰仪表。拜访客户前应整理头发，刮净胡须，服装要整洁，鞋子要干净，以显示自己对对方的尊重和对会面的重视。仪容不整、满身脏污地去拜访客户是极不礼貌的。进行商务拜访时，女士应着深色套裙、中跟浅口深色皮鞋配肉色丝袜；男士最好选择深色西装配素雅的领带，外加黑色皮鞋、深色袜子。

知识点 2　拜访中的礼仪

（1）守时守约。在商务场合中，只能是拜访者等待被拜访者。有时，被拜访者的前一个约会还没有结束，作为拜访者要耐心等待。在有些国家里，如美国，拜访者若迟到 10 分钟，

情境 6
礼尚往来——商务拜访与接待礼仪

被拜访者就有可能谢绝此次拜访。有时也可与对方约定一个时段,如半小时内,拜访者若遇急事不能前来,要及时与对方取得联系,并致歉。还要注意,若事先没有进行沟通,双方不可无故"换将",应按事先约定的人员和人数进行拜访活动。

守时不是准时就可以了。最理想的是提前15分钟到达,准时拜访当然没错,但是如果客户的手表稍微快了一些,那就有麻烦了,因为客户都是以自己的手表为准来计算时间的,尽管你是准时到达的,但是对客户来说,你已经迟到了。有些古板的客户,会认为约会迟到是不可原谅的事情。此外,刚好在约定的时间到达,也会由于没有调整的时间就马上进入拜访活动而显得过于仓促。提早到达,尤其是在夏季,刚好可以擦拭汗水,平复心情,然后游刃有余地与客户进行交谈;在寒冷的冬季,可以缓解一下僵硬的身体,心情放松地与客户会面。

到达时间过早也不好,比约定时间早20分钟以上即为过早。过早到达,客户可能还未做好接待准备,令对方感到措手不及。有时也许客户在同你会面之前先与别人洽谈,那么你的贸然前来,会影响他们谈话的氛围,使客户感到不悦。

(2)先行通报。到达约会地点后,如未直接与拜访对象见面,要主动向接待人员自报家门。一般而言,前往大型的企事业单位,应首先前往接待处,向接待人员或秘书通报,由其安排下面的事宜。前往办公室进行拜访,应先轻叩房门,得到被拜访者允许后,再推门进入,即使房门是虚掩或敞开的,也应敲门,得到允许后再进入。

(3)精力集中。与客户交谈时应集中精神,不做与会谈无关的事情。此时如果有人打入电话,即便得到对方允许,也会使对方感到不快。所以,在初次拜访或进行重要拜访时,不应接听电话。如打电话的是重要人物,也要在接通后简单说明情况,然后迅速挂断,等会谈结束后再打过去。

(4)认真记录。商务人员应随身携带记事本,在拜访中随手记下时间、地点和客户的姓名、职务等内容,同时还应记下客户需求、答应客户要办的事情及下次拜访的时间,对商务人员来说这是一个良好的工作习惯。此外,当你一边做笔记一边听客户说话时,除了能鼓励客户说出更多的需求,一种受到尊重的感觉也会在客户心中油然而生,接下来的工作就会进行得更加顺利。

(5)举止得体。见面后,打招呼是必不可少的。如果是初次见面,拜访者应主动向对方致意,进行简单的自我介绍,然后热情大方地与被拜访者行握手礼。如不是初次见面,主动问好致意也是必需的,这样可显示自己的诚意。需要注意的是,与长者、职务高者或女性行握手礼时,自己绝对不能先伸手,这样做有抬高自己之嫌,也是对他人的不敬。

行过见面礼后,在主人的引导下进入指定房间,待主人落座后,自己再坐在指定的座位上。

(6)适可而止。上门拜访应有时间观念。谈话切忌啰唆,简单的寒暄是必要的,但时间不宜过长。一般情况下商务人员都很忙,所以你要尽快地将谈话转入正题,清楚、直接地表达你要说的事情,不要讲无关紧要的事情。

当对方发表自己的观点时,打断对方讲话是不礼貌的行为。在对方讲话时,商务人员应该仔细倾听,将不清楚的问题记录下来,待对方讲完后再请求对方就自己不清楚的问题加以解释。如果双方存在意见分歧,一定不能急躁,要时刻保持沉着冷静,待对方讲完之后再委婉地发表自己的意见,避免破坏谈话氛围,影响拜访效果。

知识点3　交谈的距离

交谈的距离，就是指交谈者之间传递信息需要的空间距离。在人际交往中，人与人之间的交谈距离是有要求的。心理学家把人际交往的空间进行了划分。

（1）亲密距离。0～45cm是人际交往中最小的距离。此交往距离的运用有着极其严格的对象及场合的限定。亲密距离只适用于亲人、恋人、夫妻之间的交谈，亲密距离不适合在社交场合、公众场合与一般的同性或异性之间出现。

（2）个人距离。0.45～1m正好能相互亲切握手，友好交谈。个人距离通常适用于熟悉的朋友、同事在公开社交场合中使用。

（3）社交距离。1～3m，这种距离通常用于关系不是很熟悉的人之间。可在多种场合中使用，如接待宾客，上下级谈话等，与人初次交往时。在社交距离范围内，双方没有直接的身体接触，说话时，要适当提高声音。这时，相互间的目光接触是交谈中不可缺少的感情交流形式。如国家领导人之间的会晤，工作招聘时的面谈，论文答辩等，往往都要隔一张桌子或保持一定距离。

（4）公共距离。3米以外是人们在较大的公共场合中所保持的距离，如讲演、集会等场合。

在交谈中，距离太远或太近都不好。人与人之间只有维持一种不远不近、恰到好处的"黄金距离"，保持一定的心理安全距离，交谈才会轻松自如。

学霸笔记

公文包放置有讲究

到其他公司洽谈公事时，记得不要将公文包或皮包放在桌上。一般较大的公文包应放在自己脚边。在拿取资料时，也应注意不要将公文包放在桌子上，而应放在自己的膝盖上。此外，当所携带的物品较多时，应只将工作所需的物品放在脚边，而将剩下的物品放在房间的角落等不显眼的地方。

知识点4　告辞时的礼仪

办公室拜访的时间不宜过长。当双方已经谈完该谈的事情时，来访者就要及时起身告辞。

（1）在办公室拜访中，道别一般由来访者先提出。当来访者提出告辞时，被拜访者应当在对方起身之后再站起来。双方握手道别时，来访者先伸手，被拜访者随后伸手。

来访者提出告辞的时候，被拜访者往往会说上几句"再坐坐"之类的客套话，在我国那往往只是纯粹的、礼节性的客套话。所以，如果没有非说不可的话，来访者就要毫不犹豫地起身告辞了。

（2）告辞前，来访者应该对被拜访者友好、热情的接待给予适当的肯定，并说"打扰了""添麻烦了""谢谢"等客套话。如有必要，还可以说些诸如"这两个小时过得真快""和您说话真是一种享受""请您以后多指教""希望我们以后能多多合作"等客套话。

（3）如果被拜访者热情相送，待被拜访者送上几步后，来访者应说"请留步"，这时就可以被拜访者和主人握手，以示告辞。

(4)准备告辞的时候，最好不要选择在被拜访者或其他人刚刚说完一段话之后，因为这会使人误以为是对他讲的那段话听得不耐烦。所以最适合的告辞时间，是在自己说完一段话之后。此外，告辞前千万不能打呵欠、伸懒腰。

通常，在商务拜访中出现以下情况时，就表明来访者应该提出告辞了。

(1)双方话不投机，或当你说话的时候，被拜访者反应冷淡，甚至不愿回答。
(2)被拜访者站起身来，或是把你们的谈话总结了一下，并说以后可以再继续交流。
(3)被拜访者虽然听得很"认真"，但反复看手表或时钟。
(4)被拜访者把双肘抬起，双手支在椅子扶手上。
(5)临近休息或就餐时间。

导师提问：我们进行商务拜访时，应该注意哪些问题呢？
我的想法：_____
_____
_____
_____

6.1.2 办公室接待礼仪

知识点1 接待前的准备

(1)环境准备。办公室平时应保持优雅、整洁的环境。客人来访，一般是提前约定好的。得知客人来访的消息后，应告知有关部门早做准备。如果来访者较多，或是来访者规格较高，来访的目的又比较严肃，也可以在专门的会议室（会客室）进行接待。

办公室或会议室（会客室）应布置得整洁、美观。接待来访者的地方应准备好座位、茶水，还应有一部电话，有条件的情况下还应准备复印机、计算机等设备。最好能在接待室的墙上挂一面镜子，它可以提醒接待人员随时修饰自己的仪容。为使接待室内显得生机盎然，可在窗台、屋角等处摆放盆景或花卉。为了方便来访者进屋后有放衣物的地方，应准备衣帽架。为使来访者排解等待的时间，可准备一些书报杂志、单位介绍材料等。

总之，办公室是领导的办公场所，是单位的门面，办公室的环境能体现单位形象，必须认真布置。

(2)礼仪准备。接待礼仪的基本要素是"诚心"。待人接物应热情开朗、温存有礼、和蔼可亲、举止大方。

优秀的接待人员还应有应对各种来访者的心理准备，来访客人大致可以分为三类：第一，有直接工作关系的访客，如客户、股东、单位内部高级人员等；第二，有间接工作关系的访客，如税务、媒体记者等；第三，与工作无关的访客，如上司的朋友、宗教团体、员工家属等。

（3）材料准备。客人来访前，除了要精心布置接待场所（办公室、会议室、会客室），还有一项重要任务就是准备材料。

① 了解有关客人来访的目的。客人来访，是参观本单位某部门，了解、考察某项工作，商洽某方面的问题，还是研究相互合作事宜？务必做到心中有数，以便安排好餐饮、住宿、车辆，确定参观或座谈的地点等各项工作。

② 准备文字资料。

学霸笔记

易货师接待客户的礼仪规范

易货师是金融行业的新职位，从业者需要具备市场营销相关专业学习经验，具备良好的人际关系处理能力和营销推广能力，遇到突发问题能够妥善处理。其工作内容包括：接待客户，客户管理等。易货师接待客户时的礼仪规范主要有以下三个方面：

一是礼貌尊敬。首先须对客户很礼貌，无论是什么样的客户，都要一视同仁的对待，不戴有色眼镜区别对待不同身份、不同地位的客户，把所有的客户都当成值得尊敬的人，礼貌地接待。

二是面带微笑。易货师必须学会利用笑容去敲开客户的心扉，遇到客户，一脸微笑，可以让客户感觉到工作人员的诚意，愿意敞开心扉，那么双方就可以畅所欲言的交流。

三是认真聆听。要想成功接待客户，必须要学会聆听，应给客户说话的机会，让客户充分表达自己的内心，通过聆听，了解客户的需求，精准解决客户提出的问题。

知识点2　接待中的礼仪

（1）亲切迎客。接待来访者，必须遵循礼貌、负责、方便、有效的原则。当看见客人进来时，接待人员应马上放下手中的工作，抬起头来面向来人微笑，或从椅子上站起来，礼貌地招呼一声"你好，欢迎光临"。一般情况下，在不明确来访者身份时不用主动和来访者握手，但是如果来访者主动伸手，也不要使对方的手悬空，要顺其自然。对预约访客和未预约的访客都要热情对待。

下面主要介绍三种状态下的迎客方式。

第一，如果客人进门时，办公人员正在接打电话或正在与其他客人交谈，应用眼神、点头、手势等表示请进的肢体语言表示自己已看到对方，并请对方稍候，而不应不闻不问或面无表情。

第二，如果接待人员手头正在处理紧急的事情，可以先告诉对方："对不起，我手头有点紧急的事情必须马上处理，请您稍候。"以免对方觉得受到冷遇。

第三，遇有重要客人来访，接待人员需到单位大门口或车站、机场、码头迎接，且应提前到达迎接地点。当客人到来时，接待人员应主动迎上前去，有礼貌地询问和确认对方的身份，如"请问先生（女士），您是从××公司来的吗？"在得到对方肯定的回答后，接待人员应做自我介绍，如"您好，我是××公司的秘书，我叫××"或"您好，我叫

礼尚往来——商务拜访与接待礼仪

××，在××单位工作，请问您怎样称呼？"相互介绍时，还可以互换名片。如果客人有较重的行李，接待人员要帮助其拿行李。要给客人指明座位，请其落座，迎接过程以客人落座而告终。

（2）热忱待客。重要客人到访时，相关单位要专门抽调若干工作人员进行接待。负责接待的工作人员，主要分为两类，一类是负责服务客人的接待人员，如引导、倒水、宴请招待的工作人员。另一类是有工作需要的接待人员，如参加会谈、介绍情况、参与商讨等的工作人员。无论是负责哪方面工作的工作人员，都应衣着整洁、走动轻盈、仪态大方、彬彬有礼。

在引领客人时，要配合对方的步幅，在客人左侧前一米处引导。引领时，上体稍向右转，左肩稍前，右肩稍后，侧身向着来客，保持两三步距离，可边走边向来宾介绍公司的环境。转弯或上楼梯时，要先提醒客人。到达会客室前要指明"就是这里"。注意要先敲门，再开门。如果门是向外开的，可用手拉住门，请客人先进入；如果门是向内开的，则自己先进入，拉住门后再请客人进入。一般以右手开门，再转到左手扶门，面对客人，请客人进入后再关上门，这就是"外开门客先入，内开门己先入"的原则。

引客入座礼节通常是请宾客坐在上首位，即指离入口处较远的位子。西方国家通常认为以右为上，因此入座时常请客人坐在主人的右侧。在座位中，长沙发一般是留给客人的上座，而以单沙发为下座。

接待客人时，要主动取过客人的帽子、外套等，并将其放在衣帽架上，并说"我帮您挂在这儿了"。

递送饮料，通常遵循先宾后主的原则，应在客人落座后，未开始谈正事前送茶水。在与客人会谈过程中，无关人员应自动退避。退出时，要静静退出，通常要面对客人倒退几步，在离开客人的视线后再转身背对客人退出。服务人员，应定时敲门进入，倒茶续水，换毛巾，等。服务不应影响主客双方会谈，要保持现场安静，服务完毕应悄悄退出。

学霸笔记

不速之客的接待

遇到未预约来访的客人时，不要直接回答其要找的人在或不在。而要告诉对方："稍候，我看看他是否在。"同时婉转地询问对方来意："请问您找他有什么事？"如果对方没有通报姓名则必须问明，尽量从客人的回答中，判断能否让他与同事见面。如果来访者要找的人是公司的领导，就更应该谨慎处理。

知识点3　迎客的主要礼仪

（1）握手。目前我国在迎客时使用的礼节一般是握手礼。宾主之间，主人应先伸手。

（2）问候。如果是第一次来访的客人，接待人员可以说："您好！见到您很高兴。我是××，请问您有什么事情需要我帮忙吗？"对于熟识的客人，相别甚久，见面则应说："您好吗？很久未见了。"

（3）称呼。接待客人时的称呼，应视具体环境、场合而定。目前，在国内，政府机关的相关人员多称"同志"；在企业界和社交场合多称男性为"先生"，称女性为"女士"；当我们知晓其职务时，在一定场合中也可称其职务，如"李处长""王经理""张厂长"等。恰如其分地称呼客人，是一个人礼仪修养的体现，也是与客人交谈的良好开端。

（4）递接名片。接受名片时，也要注意礼节。客人递过来名片时，应用双手接住。接过名片后，要认真仔细地看一遍，并小声重复一遍名片上的名字及职务，以示确认。同时，还要向对方表示感谢。然后，郑重地把名片放入名片夹内，或将其放进上衣口袋。

知识点4 敬茶礼仪

我国自古就有客来敬茶的传统礼仪，中国人在办公室或是家里接待客人时，茶水是必备的。奉茶给客人时主要应注意以下几点。

（1）敬茶顺序。敬茶的先后顺序是如下。

① 先为客人上茶，后为主人上茶。
② 先为主宾上茶，后为次宾上茶。
③ 先为女士上茶，后为男士上茶。
④ 先为长辈上茶，后为晚辈上茶。

如果来宾较多，且彼此之间差别不大时，可按以下顺序上茶。

① 以上茶者为起点，由近而远依次上茶。
② 按顺时针方向依次上茶。
③ 在上茶时，以客人的先来后到为上茶的先后顺序。
④ 上茶时不讲顺序，或是由饮用者自取。

（2）敬茶的方法。

① 事先将茶沏好，装入茶杯，然后放在茶盘中端入会客的地方。如果来宾较多，要多备上几杯，以免"供不应求"。

② 上茶步骤如下。接待人员双手端着茶盘进入客厅，先将茶盘放在临近客人的茶几上或备用桌上，然后右手拿着茶杯的杯托，左手附在杯托附近，立于客人身后，从客人的左后侧双手将茶杯放到桌子上。茶杯放置到位后，杯耳应朝向外侧。若使用无杯托的茶杯上茶时，服务人员也应双手捧上茶杯。

从客人左后侧为其上茶，意在不妨碍其工作或交谈的思绪。如果条件不允许，至少也要从其右侧上茶，而尽量不要从其正前方上茶。

③ 为了提醒客人注意，可在上茶的同时，轻声告之"请您用茶"。如果对方向自己道谢，不要忘记回答"不客气"。如果上茶打扰了客人，应当道一声"对不起"。

④ 敬茶时，要注意尽量不用一只手上茶，尤其是不要只用左手上茶。双手奉茶时，切勿将手指搭在茶杯杯口上，或是将手指浸入茶水。

⑤ 放置茶杯时，要将茶杯放在客人右手附近。不要把茶杯放在客人的文件上，或是其行动时容易打翻的地方。

（3）续水的礼仪。

① 为客人端上第一杯茶时，应当将水斟到杯深的2/3处，不宜斟得过满，更不允许溢出杯外。

② 为客人续水斟茶时，不可妨碍对方，不要在其面前进行操作。如果条件不允许，则应一手拿起茶杯，使之远离客人身体、座位、桌子，另一只手将水续入。

③ 续水时，不要续得过满，也不要使自己的手指、茶壶或水瓶弄脏茶杯。续水时可在茶壶或水瓶的口部附上一块洁净的毛巾，以免茶水流出。

④ 把握好续水的时机，以不妨碍宾客交谈为佳，不能等到茶水见底后再续水。

知识点 5　送客的礼仪

（1）"出迎三步，身送七步"是迎送宾客最基本的礼仪。当客人起身告辞时，主人应马上站起来相送。一般的客人送到楼梯口或电梯口即可，对于重要的客人，主人应将其送到办公楼外或单位门口。

（2）客人若自备车辆，工作人员可早些通知司机（或由客人一方的工作人员自行通知）。若需本单位派车将客人送回，需要早做车辆安排，勿使客人久等。

（3）送别时应说些客气话，如"欢迎再来""欢迎常联系""招待不周，请多包涵"等。

德润礼行

将适舍，求毋固。将上堂，声必扬

"将适舍，求毋固。将上堂，声必扬。"语出《礼记·曲礼上》，意思是将要拜访别人，不应随便。将要入门之前应先问："有人在吗？"，得到对方的允许之后再推门，表示对别人的尊重。

在商务拜访中，"堂"是指办公室或大厅；"扬"是把声音拉高放大些。当我们要进去办公室时，应敲门或询问"您好，我可以进吗？"让办公室的人知道有人来了，使办公室的人自动约束自己的言行，彼此见面互不失礼，也不尴尬。"将适舍，求毋固。将上堂，声必扬"是拜访的基本礼仪，也是自身教养的体现。拜访保持应有的礼仪和礼节，是我们应该继承和发扬传统美德。

我们的计划

快来和我们一起制订自己的学习计划吧！　　　见工具单 6-1-1

我们来操作

任务 1　自设情景演示商务场合中的敬茶礼仪

1. 操作步骤

（1）敬茶前的准备工作：茶具的清洁、对茶叶进行选取。

（2）使用专业器皿按照规范用量取茶叶、倒茶水。

（3）按照相关要求演示端茶的方法、敬茶的顺序及续水的礼仪。

2. 操作要点

（1）端茶的方法。

① 上茶时应用右手端茶，面对客人，从客人的右方奉上，并面带微笑，眼睛注视对方。茶杯应放在客人右手的前方。请客人喝茶，要将茶杯放在托盘上，并用双手奉上，手指不能触及杯沿。

② 上茶的同时要轻声说一句："请您用茶。"如果自己在上茶的时候客人正在聊天或者有所打扰的情况下，应先道一句"对不起"，再道一句"请您用茶"。当客人有所回应时，根据客人的反应，要么将茶送到客人手中，要么将茶放到客人右手边的茶桌上。

（2）敬茶的顺序。

第一，敬茶的基本顺序。

① 先为客人上茶，后为主人上茶。
② 先为主宾上茶，后为次宾上茶。
③ 先为女士上茶，后为男士上茶。
④ 先为长辈上茶，后为晚辈上茶。

第二，如果来宾较多，且彼此之间差别不大时，可按以下顺序上茶。

① 以上茶者为起点，由近而远依次上茶。
② 按顺时针方向依次上茶。
③ 在上茶时，以客人的先来后到为上茶先后顺序。
④ 上茶时不讲顺序，或是由饮用者自己取用。

任务 2　根据商务接待中有关环境准备的要求，演示对办公室环境的布置

1. 操作步骤

（1）将选好的办公室或会客室打扫干净。
（2）准备好座位、茶水、电话、复印机、计算机等。
（3）在窗台或屋角摆放盆景或花卉。
（4）准备一些书报杂志、单位介绍材料等方便来访者打发时间。
（5）在接待室的墙上挂一面镜子，提醒接待人员随时修饰自己的仪容。
（6）准备衣帽架，方便来访者进屋后放置衣物。

2. 操作要点

办公室或会客室应布置得整洁、美观。

任务 3　根据情景 1 中设定的李想与客户见面的场景，演示办公室拜访与接待礼仪

1. 操作步骤

（1）准备设置办公室场景所需的物品。
（2）参与演示人员的服饰：男士着西装，女士着职业套装。

情境 6

礼尚往来——商务拜访与接待礼仪

（3）根据任务要求撰写演示脚本，并征求教师意见。
（4）学生进行模拟演练，教师进行现场指导。
（5）学生展示成果，教师进行评价。

2. 操作要点

办公室拜访礼仪操作要点如表 6-1 所示。

表 6-1 办公室拜访礼仪操作要点

操作项目		操 作 规 范
办公室拜访礼仪	拜访前的准备	① 拜访前要了解拜访的对象、目的、时间及具体地点等。 ② 拜访前应整理头发、刮净胡须，服装要整洁，鞋子要干净
	拜访中的礼仪	① 守时守约，有时也可与对方约定一个时段，如半小时内，若拜访者有急事不能前来，要与对方取得联系，并致歉。 ② 先行通报，到达指定地点后，如未直接与拜访对象见面，要主动向接待人员自报家门。 ③ 前往办公室进行拜访，应先轻叩房门，得到被拜访者允许后，再推门进入，即使房门是虚掩或敞开的，也应敲门，得到允许后再进入。 ④ 见面后，要主动问候致意。如果是初次见面，要主动进行自我介绍。 ⑤ 上门拜访应有时间观念。话讲完后，让对方发表意见，并认真倾听，不要随意打断对方讲话
	告辞时的礼仪	① 在办公室拜访中，一般道别要由来访者提出。 ② 告辞前，应该对主人友好、热情的接待予以适当的肯定。 ③ 如果主人热情相送，待主人送上几步后，客人应说"请留步"，这时可以主动向主人伸手相握，以示告辞
办公室接待礼仪	接待前的准备	① 早做准备，保持办公室环境整洁。 ② 要沟通情况，准备好相关材料
	接待中的礼仪	① 在接待中应亲切迎客。 ② 在接待中应热情待客。 ③ 迎客的主要礼节：握手、问候、称呼、接递名片及敬茶
	送客的礼仪	① 客人起身告辞时，主人应马上起身相送。 ② 送别时应说些客气话，如"欢迎再来""欢迎常联系""招待不周，请多包涵"等

快来记录下我们的工作过程吧！ 见工具单 6-1-2

我们的成绩

___分
办公室拜访与接待礼仪评价表
见工具单 1-2-3

171

训练项目2 居室拜访与接待礼仪

情景2

王先生走后,经理告诉李想,明天要带他去一位客户家里拜访,让他给客户打电话进行确认,并做好相关的准备工作。李想立刻打开电脑,上网查询了"居室拜访礼仪"。

我们的任务

1. 自设情景,演示在商务交往中登门拜访时赠送礼品有哪些要求。
2. 根据居室接待礼仪的要求,演示商务交往中主人应如何接受礼品。
3. 设计一个居室场景,拍摄一组演示居室拜访与接待礼仪的视频。

我们的目标

1. 了解居室拜访与接待的礼仪规范。
2. 掌握礼品的选择技巧与馈赠礼仪。
3. 熟练运用居室拜访与接待礼仪的相关知识。

6.2.1 居室拜访的礼仪

居室拜访和接待也是常见的商务活动之一。通过拜访和接待活动可以交流感情、沟通信息、统一意见、展示个人风度与单位形象,给人留下深刻而又友好的印象,促进其他各项事业的发展。

情境 6
礼尚往来——商务拜访与接待礼仪

知识点 1　拜访前的准备

（1）时间的选择。以商务交往为目的的登门拜访，最好与主人事先约好拜访的时间，以便主人及其家人做好安排。事先不联系就直接上门拜访是很失礼的，也会为对方带来麻烦。

拜访的时间最好选在主人方便的时候。从四季来看，春夏秋冬都可以找到探亲访友的好时机。不过，夏天天气炎热，在穿戴举止便，应尽量避免在夏天安排太多的私宅拜访活动。

在拜访时间的选择方面，最好选择对方比较空闲的时间，如选择在节假日前夕。从我国目前的实际情况看，一般在上午10时或下午4时左右是私宅拜访较好的时机。应尽量避开主人用餐、休息的时间和早晨忙乱的时间。一般来说，做客时间以半小时左右为宜，见到主人略显疲倦或是还有其他客人时，应适时告辞。不要因主人的客气挽留，就忘乎所以。

如果事先已与主人约定了时间，就要信守约定，准时到达，以免主人久等。如因出现了特殊情况而不能前往，或者需要改变日期和时间，应提前通知对方，并表示歉意。因为随便失约是很不礼貌的。

（2）着装的准备。出门拜访前，商务人员应根据访问的对象和目的，对自己的仪容及服饰进行适当地修饰。头发要梳理整齐，面容要干净，衣帽应整洁，该扣的衣裤扣子应扣好，鞋带应系好。蓬头垢面、衣冠不整的形象不仅带给别人不愉快的感觉，还是对主人不尊重的表现。

（3）礼品的选择。初次到别人家中拜访时，应带些小礼品或鲜花。所送礼品最好用礼品纸包装起来，再用彩色丝带系成漂亮的梅花结、蝴蝶结或其他装饰花结。熟客一般不必带礼物，但遇有重要节日或特殊约会，则不妨带些礼品。但应注意，所携带的礼物如果是在对方家附近临时购买的，就显得有些失礼了。

知识点 2　选择礼品的原则

（1）礼品轻重得当。在商务交往中，选择礼品时要根据与对方的关系及交往的目的选择合适的礼物。礼物太轻，意义不大，容易让人误解为瞧不起他，尤其是对关系不算亲密的人来说，更是如此。礼物过于贵重，又会使接受礼物的人有受贿之嫌，特别当送礼的对象是上级、同事及客户时更应注意。因此，礼品的轻重以对方能够愉快接受为尺度。

（2）送礼时间间隔得当。送礼的时间间隔也很有讲究，过于频繁地送礼或时间间隔过长都不合适。过于频繁地送礼，会显得目的性太强，也会给收礼者带来心理负担，往往适得其反。一般来说，以在重要节日、寿诞等时机送礼较为适宜，这样送礼者不会显得突兀，受赠者也心安理得，两全其美。

（3）礼品要有意义。礼品是感情的载体，任何礼品都表示送礼人的特有心意：或酬谢，或有求于人，或联络感情，等等。所以，选择的礼品必须与心意相符，并使受赠者觉得礼品非同寻常，倍感珍贵。实际上，最好的礼品应该是根据对方兴趣爱好选择的。因此，选择礼品时要考虑到它的思想性、艺术性、趣味性、纪念性等多方面因素，力求别出心裁，不落俗套。

（4）了解风俗禁忌。送礼前应了解受赠人的身份、爱好、民族习惯，以免触犯某些禁忌。例如，在我国，不能将钟表作为礼品送给他人，因为"钟"与"终"谐音，让人觉得不吉利；

对文化素养高的知识分子来说，送一幅蹩脚的书画就很容易令人索然无味。因此，相关人员在赠送礼品时一定要考虑周全。

知识点3　商务往来中适宜的礼品

（1）投其所好的礼品。送与他人的礼品最好投其所好，要尽量满足对方的某种实际需要，或是有助于对方的工作、学习、生活，或是可以满足对方的兴趣、爱好。例如，宝刀理应赠猛士，鲜花自当送佳人。如果主人家有老人或小孩，拜访者所带礼品应尽量是他们所需要的。

（2）具有纪念意义的礼品。在商务活动中送与对方的礼品往往讲究"礼轻情意重"。在绝大多数情况下，尤其是在关系普通的人之间，送人的礼品务必要着重突出其纪念意义，而无须过分强调其价值、价格。不提倡动辄将大额的现金、高档的商品、名贵的珠宝赠予他人。那样会使受赠者有受贿之嫌。

（3）独具特色的礼品。在选择礼品时，应当独具匠心，富有创意。赠送独具特色、与众不同的礼品，往往可以令其耳目一新。

（4）时尚新颖的礼品。送人的礼品还需注意符合时尚潮流，不要过时或落伍。在商务交往中送人的礼品，因个人能力所限，不一定十分前卫，但一定不要脱离时尚潮流。否则，会有对受赠者轻视或应付之嫌。

（5）将鲜花作为礼品。到别人家拜访时赠送鲜花，是人们最为欢迎的一种馈赠形式。送人鲜花，既可以表达感情，也可以提升整个馈赠行为的品位和境界。因此，在家庭拜访时以花为赠，是尚佳的馈赠选择。

知识点4　赠送礼品时的礼仪

（1）礼品的包装要精美。赠送给他人的礼品，特别是在正式场合中赠送他人的礼品，在相赠之前，都要认真进行包装，要用专门的礼品包装纸或特制的盒子、瓶子进行包装。包装礼品时，要量力而行，同时也要讲究礼品包装的材料、色彩、图案及其捆扎、包裹的具体方式。

在国际交往中，礼品的包装是礼品的重要组成部分，送礼时不可或缺。如果包装马马虎虎，就会被视为随意应付受赠之人，甚至还会导致礼品因此而"贬值"。因此，在将礼品送给外国友人前，一定要对礼品进行精心包装。对包装所用的材料，要尽量择优而用。同时，礼品的包装在其色彩、图案、形状乃至绶带结法等方面，都要考虑、尊重受赠人的风俗习惯。例如，在日本，包装礼品时，不要扎蝴蝶结；在德国，以褐色、白色、黑色的包装纸和彩带包装、捆扎礼品，是不被允许的。

（2）送礼时的举止要大方。赠送礼品，通常是为了表达自己的心意，所以要神态自然、举止大方、表现适当。千万不要偷偷摸摸、小里小气。将礼品送给受赠者，一般应在见面之后进行。赠送时，应当为站立姿态，走近受赠者，双手将礼品递给对方。礼品通常应当递到对方的手中，而不宜放下后由对方自取，也最好不要把送给他人的礼品随意放在对方的居所内。

如果需要同时向多人赠送礼品，应先长辈后晚辈、先上级后下级、先女士后男士、先外宾后内宾，依次有条不紊地进行。

（3）对礼品做必要的说明。当面赠送礼品时，对于赠送的礼品原因、自己的态度、礼品的寓意及礼品的用途有必要辅以适当的说明。特别是对于较为新颖的礼品，还有必要向受赠者说明其具体特点、用途和用法等。

知识点5 选择礼品的禁忌

在选择、准备礼品时，应当有意识地回避对方的禁忌。

（1）忌选违规之物。赠送他人礼品时要注意遵守我国的法律法规，不要选择与我国现行法律相抵触的物品作为礼品赠予他人。例如，涉及国家秘密或本单位商业秘密的物品，涉黄、涉毒、涉枪的物品，在任何时候都不可作为礼品赠予他人。给外国友人赠送礼品时，还应考虑到不应违反对方所在国家的现行法律。此外，还应注意尊重礼品接受方单位的有关规定，不送违规之物。例如，我国规定：国家公务员在执行公务时，不得以任何理由，因公收受礼品，或变相收受礼品，否则，即有受贿之嫌。

（2）忌选犯忌之物。在商务活动中，在赠予交往不深，特别是外地人士礼品时，还应当注意尊重对方所在地的风俗习惯和个人禁忌。在任何情况下，都要避免把对方认为犯忌的物品作为礼品相赠。例如，在我国的大部分地区，老年人忌讳发音为"终"的钟表类物品，恋人们反感将发音为"散"的雨伞作为礼品。

在日常生活中，由于种种原因人们往往会形成一些个人禁忌。例如，高血压患者不能吃高脂肪、高胆固醇的食品。将犯忌之物作为礼品赠予他人，不仅会令对方心生不快，还会影响双方的关系。

（3）忌选有害健康之物。有一些东西，虽然不为法律、法规所禁止，但是对人们工作、学习、生活及身体健康不但无益，而且有害。例如香烟、烈酒、赌具及庸俗低级的书刊、音像制品等。将此类物品送人，有些时候或许能投其所好，但对其生活和身心健康毫无益处。

（4）忌选过期或废旧之物。在商务活动中送给他人的礼品，不必价格昂贵。但是，除古玩之外，在一般情况下，不宜把自家的过期旧物、废品、淘汰的物品或用不完的东西作为礼品送给他人。需要特别注意的是，将食品类物品作为礼品时一定要注意其标注的保质期。把过期、过时或无用之物送给别人，是对他人的轻视和不尊重。此外，他人所送之物，一般也不宜再转送于人。

（5）忌选广告宣传之物。在商务活动中，不要把带有广告标志或广告语的物品送给他人。

学霸笔记

世界各国送花禁忌

出国访问、考察或旅游，有时为对主人的盛情款待表示感谢，会送些鲜花表达谢意，这是一种很好的选择。但鲜花不能乱送，否则会犯忌，因为不同的花在不同的国家有着不同的含义。

在国外，给中年人送花不要送小朵的花，小朵的花意味着他们不成熟，同时也不要给年轻人送大朵的花。

在印度和欧洲的部分国家中，玫瑰花和白色百合花，是悼念死者所用的鲜花。

日本人忌讳莲花，他们认为莲花是人死后的世界所用之花。在送菊花给日本人时，只能送15片花瓣的菊花。

在拉丁美洲国家中，千万不能送人菊花，当地人将菊花看作一种"妖花"，只有在人过世时才会送一束菊花。

在巴西，绛紫色的花主要用于葬礼。看望病人时，不要送具有浓烈香气的花。

墨西哥人和法国人忌讳黄色的花。

在与德国、瑞士人交往时，不要将红玫瑰送给朋友的妻子或普通异性朋友，因为红玫瑰代表爱情，会使她们产生误会。

德国人视郁金香为"无情之花"，送此花代表绝交。

在意大利、西班牙、德国、法国、比利时等国家中，菊花象征悲哀和痛苦，绝不能将菊花作为礼品相送。

在俄罗斯若送鲜花，记住一定要送单数，双数被视为不吉。

罗马尼亚人什么颜色的花都喜欢，但一般送花时，送单不送双，过生日时则例外，如果参加亲朋的生日酒会，将两枝鲜花放在餐桌上，是最受欢迎的。

百合花在英国人和加拿大人眼中象征"死亡"，绝不能将其作为礼品相送。

导师提问：请说一说，馈赠礼品时应注意哪些问题？
我的想法：_____
_____
_____

知识点6　拜访中的礼仪

（1）进门要敲门或按门铃。敲门时，要用食指敲门，力度适中，间隔有序地敲三下，等待回音。如无应答，可稍加力度，再敲三下，如有回应，再侧身立于门框右侧，待门开时再向前迈半步，与主人相对。如门户是敞开的，拜访者也应在门口询问"×××在家吗？"不要贸然闯入。大门打开后，拜访者应与主人互做简短问候，等对方说"请进"之后再进去。如果主人询问"谁呀"，除主人能辨别声音的熟人外，拜访者应通报自己的姓名，或姓名加单位名称，而不能只是回答"我"。

见面之初的寒暄应尽量简短，报出自己的姓名就行了。正式的寒暄应在被请到会客室之后再开始。如果让大门一直开着，受访者也会感到困扰。再者，拜访时，拜访者的手上通常会拿着简单的礼物，在这种状态下长时间地交谈，自己也会觉得极不自然。

学霸笔记

如何使用门铃或对讲机

只凭按门铃或对讲机这一个动作，就能看出此人的性格，要是多次不停地按，让门铃或对讲机响得令人心烦,只会让别人认为拜访者不懂事或是缺乏常识。按一次门铃或对讲机后等待两三分钟,如果没有应答,就再试一次,再等待几分钟,如果还是没有回应就要想到对方可能不在家。以不达目的誓不罢休的架势,多次按响门铃或对讲机,是没有意义的。

(2)要注意物品摆放的位置。主人开门请你进屋时,应礼貌询问主人是否要换鞋,并要询问鞋的摆放位置(有的家庭是放在门外而不是地垫上)。夏天进屋后,拜访者不应脱掉衬衫、长裤;冬天进屋后,拜访者应摘下帽子、手套,有时还应脱下大衣,摘下围巾,并切忌说冷,以免引起主人的误会。雨天携带雨具拜访时,进屋前,拜访者就应向主人征询雨具的放置位置。拜访时如带有物品或礼品,或随身带有外衣等,应将其放到主人指定的地方,而不应乱扔、乱放。

(3)问候致意。问候拜访对象,即要和拜访对象或主人进行寒暄。特别是对主人的家人(尤其是夫人或丈夫及孩子)进行问候。一般来说,问候顺序应该是先长后幼,先女后男,也可以按照主人介绍的顺序进行问候。如果有其他客人在场,主会主动介绍。如果主人没有介绍,拜访者也应主动向其他客人打招呼。如果带孩子或其他人前来拜访,要将其介绍给主人。

(4)接受茶点要得当。

① 当主人奉上茶水时,应欠身双手相接,并致谢。如茶水太烫,应等其自然晾凉再喝,必要时也可将杯盖打开,放置杯盖时,盖口一定要朝上。切忌将茶水用嘴边吹边喝,喝茶时应慢慢品饮,不要一饮而尽,也不要发出声响。

② 主人端上果品,要等年长者或其他客人动手后,自己再取用,果皮、果核不要乱扔。即使在最熟悉的朋友家里,也不要过于随便。

在商务交往中不提倡吸烟。主人递烟时,如果是初次见面,不管会不会吸烟,均应婉拒,但应致谢,说"谢谢,我不会吸"。

(5)注意行为举止。

① 入座有讲究。进屋后,主人不让座不能随便坐下。如果主人是年长者或是上级,主人不坐,自己不能先入座。主人让座后,要说"谢谢",再入座。入座时要注意坐姿,不能太过随便,即使是在十分熟悉的朋友家里,架二郎腿、双手抱膝、东倒西歪也是不礼貌的行为。坐沙发时,应在靠近沙发前端的地方浅浅就座。如果是女士则应挺直脊背,双膝并拢偏向一侧,这样的坐姿较为优雅。如果带有皮包,既不能将其放在沙发上,也不能将其放在桌子上,而应将其放在靠近自己脚边的地板上。

② 用餐要文明。应主人之邀在家用餐时,应首先表示请主人与长辈一同进餐,待主人入座进餐后自己再吃。进餐时要注意文明,饭后应向主人表达谢意。

③ 不随意乱翻。拜访时,要尊重主人的生活习惯。没有主人的邀请或未经主人允许,不得随意参观主人的住所和庭院。在主人的带领下参观其住宅时,即便是最熟悉的朋友也不要随意动除书籍、花草以外的室内摆设或个人用品。

知识点7 告辞时的礼仪

(1)要控制好拜访时间。拜访者一般不宜在主人家过久停留,要根据情况控制好拜访时间，掌握好交谈的技巧；与主人交谈要善于察言观色，选择时机表明拜访目的。如果主人情绪较好、谈兴较浓，拜访的时间可稍长一些；如果发现主人心不在焉，说明主人有厌倦情绪，则应及时收住话题，适时起身告辞。

（2）告辞之前不可让主人看出自己急于想走，也不要在主人刚说完一段话或一件事后，立即提出告辞，这样会使主人觉得你对他的谈话或说的事不满意或有看法，从而感到尴尬。如果发现主人有急事要办，则应及时结束谈话并告辞。告辞时，应恭敬地对主人说："时候不早了，我要告辞了。"同时，注意向主人及其家庭主要成员道别，并邀请他们到自己家里做客。如果主人出门相送，应请主人留步并道谢，并热情地说"再见"。

（3）如果要拜访的人不在家，而其家人又不认识你，则应该向其家人或邻居留下自己的姓名、地址、电话或名片，以免要拜访的人回来时，由于不知是谁来访而产生不安。

6.2.2 居室接待礼仪

知识点 1　接待前的准备

（1）居室环境的布置。居室环境的布置要兼具实用性、舒适性、娱乐性和欣赏性。居室内一般要有花卉；要保持室内空气清新；主人要在客人到来之前将居室收拾得干净整洁。一般纯白色桌布显得干净，绿白格、黄白格或咖啡色、淡蓝色桌布显得有情调。

（2）主人的服饰。在居室接待中主人的穿着服饰应是具有一定档次的休闲装，这样显得比较亲切、随和。另外，女主人要略施淡妆，这样显得主人对客人足够尊重。

（3）其他准备工作。

① 家中若有小孩，要事先安排好，不要在客人到来的时候因为孩子的事情而导致不愉快的情况发生。要准备好水果、食品、餐具、娱乐用品等。

② 若留客人用餐，要事先准备丰盛可口的酒菜。如果需要主人亲自下厨则要安排好陪客人的人，不要冷落了客人。

③ 若客人带着小孩同来，主人要准备一些玩具和画册，表现出对客人到来的愉悦。接待准备工作越是充分，越能显示主人对客人的尊重。

知识点 2　接待中的礼仪

（1）迎接宾客。主人应按事先约定的时间，站在门口迎接客人。客人到达后要和所有来客一一握手，主动接过客人衣帽。一般来说，如果来访的是一对夫妇，则首先应由两位女士互相问候，其次是两位男士向女士表示问候，最后是两位男士相互问候。如果来访的客人较多，则问候的顺序要视几位客人与主人的关系及客人所站的先后位置而定。

（2）做好介绍。客人到来后，要做好介绍。不管客人是男是女，主人都应先将客人介绍给自己的夫人或丈夫，如果来的客人较多，应按照介绍的礼节进行介绍。若家里还有其他人，则要进行简单的介绍。然后，热情地招呼客人入座。

（3）引客入座。在家庭接待过程中，一般应将最佳的位置让给客人坐，我们通常称之为

"上座"。居室中的上座一般是指比较舒适的座位、较高一些的座位、靠右边的座位或是面对正门的座位。客人一旦落座,就不再劝其换座。来客若是亲朋挚友,可以不拘礼节,随便一些反而显得比较亲密;来客若是师长、领导,则应注意礼节,不可轻率、随便。

(4)奉上茶点。客人来家奉茶是必不可少的。请客人落座后应马上奉茶,可事先询问客人的喜好,如有点心招待,应先将点心端出,再奉茶。茶不宜太烫,以免客人不小心被烫到。

若要端上水果,如梨、苹果等应削皮后递给客人。西瓜、菠萝等应去皮切块,用水果盘端送给客人。若当着客人的面削皮,刀口应朝内,并要注意手不要碰到果肉。

(5)关注细节。如果是夏天应打开空调,奉上冷饮。主人家所有成员应对所来的每一个人都热情招呼,有时点头致意即可。主人接受客人带来的礼物时,眼睛注视着对方并双手接过礼物,还要表示感谢:"何必这么客气,让您破费了。"中国人习惯接过礼物后不打开包装,等客人走后再打开;而有的国家的人则习惯收到礼物后当着客人的面将其打开并表现出自己对礼物的喜欢。

(6)先来后到。若在接待客人的过程中又有其他客人来访,则可为双方进行简单介绍后一同接待。如果有事需与其中一方交谈,可向另一方坦诚相告,并让其他家人代为接待,应为先到的客人安排消遣活动,并尽量不让客人等待的时间过长。如主人有急事要办,应向客人说明并表示歉意。

(7)交谈得体。在接待中要善于得体地与客人进行交谈。交谈时要注意交谈礼仪,态度要诚恳,不要频频看表,不要显出厌倦或不耐烦的样子。有客人在场,夫妻双方意见不一致时,丈夫应尊重妻子的意见,孩子不听话也要等客人走后再说。

总之,在客人来访的整个过程中要使客人感到主人家是一个和睦、温馨、文明、有修养的家庭。

知识点3 接受礼品的礼仪

接受别人的礼品,是有一定的礼仪规范的。一方面接受别人礼品时,要表现得落落大方、富有涵养;另一方面在拒绝别人赠送的礼品时也应显得不卑不亢,应对自如。

(1)受赠。

① 态度大方。如果准备接受别人的礼品,就没有必要再三推辞,心口不一。过分推辞,反而会让对方觉得自己不诚恳,给对方留下不良印象。

② 拆包装。接受礼品时如果条件允许,应该当面拆开礼品的包装。接受外籍客人赠送的礼品时,尤其需要注意这一点。在外国人看来,礼品如果带有包装而主人不打开看,就等于怠慢对方,不重视对方所赠送的礼品。因此,接受别人的礼品后,尤其是在接受外籍客人赠送的礼品后,一定不要忘了当面打开看一看。

③ 欣赏礼品。接受别人礼品之后不仅要打开看一看,而且要适当地加以赞赏。

④ 表示谢意。接受礼品时,口中要道谢。接受贵重的礼品后,还要打电话、发邮件或者写信再次向对方道谢。

(2)拒绝。在商务交往中,若万不得已必须拒绝别人的礼品,要注意以下三点。

① 说明拒绝的原因,如身份不允许、单位规定不允许等。

② 要表达谢意，即便是拒绝了对方的礼品，也要感谢对方的好意。
③ 拒绝别人的礼品时，态度要友善，无论如何，不能对对方加以谴责、质疑等。

知识点4　送客的礼仪

客人要走时，应婉言相留，这是情谊流连的自然表示。客人起身告辞时，主人和在场的人均应起身道别。主人送客应送到门外或楼下，待客人伸出手来握别时，主人方可以伸手相握，切不可在送客时先"起身"或先"伸手"，免得有厌客之嫌。若送客人到门外，应站在门口目送客人下楼，并在客人行至楼梯拐弯时，挥手致意。回到居室后要轻声关门，不要马上关门灯，待客人走远后再把门灯关上。

学霸笔记

回礼的时机与方式

一般而言，接受来客赠送的礼品后，主人应该回礼。回礼的方式有很多种，既可以回赠一定的物品，也可以用款待对方的方式回礼。如果是回赠礼品，应注意以下几点。

1．不超值。回礼的价值一般不应超过对方赠送礼品的价值，否则会给人攀比之感。

2．收到私人赠送的礼品，回礼时应有一个恰当的理由和合适的时机，不能为了回礼而不顾时间、地点单纯回送等值的物品。分别时是最好的回礼时机之一。

3．常与外国客户打交道的公司不免要赠送礼品，如探望病人或参加婚礼、生日宴会的时候，可送上一束鲜花。相处较长的外宾离别时，可赠送一两件纪念品等。

4．如果不知道收礼人的喜好，又不知道应该送什么。可以送礼品卡、礼品兑换册等。这样的送礼方式可以让收礼人有更多的选择。

5．礼品一般应当面赠送。祝贺生日、赠送年礼时，可派人将礼品送上门或邮寄礼品，并随礼品附上送礼人的名片，也可在礼品卡上写贺词，将礼品卡装在大小相当的信封内。信封上写清楚受赠人的姓名。

德润礼行

士相见之礼挚

"士相见之礼挚，冬用雉，夏用腒，左头奉之。"《仪礼》当中的《士相见礼》提到，士与士初次见面，一定要带着"挚"，就是见面的礼物。冬天用野鸡，夏天用干腌的鸟肉，并且敬献时将其头安放在左边，以示尊敬。讲述了古人带着礼物拜访朋友的礼仪。如果主人辞谢，那么客人要说："不以挚，不敢见尊者。"意思是说，不带着礼物，怎么敢来见自己所尊敬的人呢？

带着礼物去见朋友的记载，最早可以追溯到先秦时期，由此可见中国人历来讲究送礼。在拜访客人时赠送礼物即充分体现出了对对方的尊重和重视，也反映了自身谦恭待人的，同时也是中华传统美德的具体体现。

情境 6 礼尚往来——商务拜访与接待礼仪

我们的计划

快来和我们一起制订自己的学习计划吧！　　见工具单 6-2-1

我们来操作

任务 1　自设情境，演示在商务交往中登门拜访时赠送礼品有哪些要求

1. 操作步骤

（1）根据设定的情境，学生讨论确定合适的礼品及赠送礼品的时机。
（2）练习包装礼品，并说出不同礼品包装的特点。
（3）演练送礼时的用语及举止。
（4）教师进行点评。

2. 操作要点

（1）礼物的轻重以对方能够愉快接受为尺度。
（2）选择重要节日、寿诞为送礼时机。
（3）所携带的礼物不应在对方家附近购买。
（4）在国际交往中，礼品的包装是礼品的重要组成部分，送礼时不可缺少。
（5）赠送礼品，通常是为了表达自己的心意，所以要神态自然，举止大方，表现适当。
（6）当面赠送品时，对于赠送礼品的原因、自己的态度、礼品的寓意及礼品的用途要辅以适当的说明。

任务 2　根据居室接待礼仪的要求，演示在商务交往中主人如何接受礼品

1. 操作步骤

（1）练习接受礼品时的用语及举止。
（2）演示正确拆包装的动作。
（3）教师进行点评。

2. 操作要点

（1）接受别人礼品时应大方，没有必要再三推辞，心口不一。
（2）接受外籍客人赠送的礼品时，当着对方的面拆开礼品包装是非常必要的。
（3）接受贵重的礼品后，还要打电话、发邮件或者写信再次向对方道谢。

任务 3　设计一个居室场景，拍摄一组演示居室拜访与接待礼仪的视频

1. 操作步骤

（1）准备居室接待场景及接待所用的物品。

181

（2）根据商务性居室拜访中对主人和拜访者着装的要求准备合适的服饰。

（3）学生模拟演练，教师进行现场指导。

（4）学生进行成果展示，教师进行点评。

2．操作要点

居家拜访与接待礼仪操作要点如表6-2所示。

表6-2　居室拜访与接待礼仪操作要点

操 作 项 目		操 作 规 范
居室接待礼仪	接待前的准备	① 在居室内摆放花卉，保持室内空气清新。 ② 要在客人到来之前将居室收拾得干净整洁。 ③ 家庭接待时主人扎穿的服饰应是具有一定档次的休闲装。 ④ 女主人要略施淡妆，以示对客人的尊重。 ⑤ 若家中有小孩要事先安排好，不要在客人到来时因为孩子的事情而导致不愉快的情况发生
	接待中的礼仪	① 在家庭接待过程中，应将最佳的位置让给客人坐。 ② 请客人落座后应马上奉茶，可事先询问客人的喜好，如有点心招待，应先将点心端出，再奉茶。 ③ 若要端上水果，梨、苹果等应削皮后递给客人；西瓜、菠萝应去皮切块。 ④ 夏天应打开空调，奉上冷饮等。 ⑤ 若在接待客人的过程中又有客人到来，则可简单介绍后一同接待。 ⑥ 在接待中要善于得体地与客人进行交谈，交谈时注意交谈的礼仪，态度要诚恳，不要频频看表，不要显出厌倦或不耐烦的样子
	送客的礼仪	① 当客人要走时，应婉言相留。 ② 当客人起身告辞时，主人和在场的人均应起身道别。 ③ 主人送客应送到门外或楼下，待客人伸手握别时，主人方可伸手相握。 ④ 若送客人到门外，应站在门口目送客人下楼，客人行至楼梯拐弯处时，应挥手致意
居室拜访礼仪	拜访前的准备	① 拜访时间的选择。 ② 礼品的选择
	拜访中的礼仪	① 进门要敲门或按门铃。 ② 要注意物品的摆放 ③ 对室内的人，无论认识与否，都应主动打招呼。 ④ 主人不让座不能随便坐下。 ⑤ 主人奉上果品，要等年长者或其他客人动手后，自己再取用。 ⑥ 在主人家吃便饭时，应首先请主人与长辈一同进餐，待主人入座进餐后自己再吃。进餐时要注意文明，饭后应向主人表达谢意。 ⑦ 拜访时，要尊重主人的生活习惯
	告辞的礼仪	① 要控制好拜访时间。 ② 告辞之前不可让主人看出急于想走的样子。 ③ 如果要拜访的主人不在家，则应向其家人或邻居留下自己的姓名、地址、电话

<u>快来记录下我们的工作过程吧！</u>

见工具单6-2-2

我们的成绩

___分

成绩评价见工具单 6-2-3

训练项目 3 宾馆拜访与接待礼仪

情景 3

当李想忙于浏览网页的时候,此时的文静正在陪同黄经理去宾馆拜访客户的路上。文静一边走一边努力回忆着曾经学过的到宾馆拜访客户的礼仪知识。

我们的任务

1. 自设情景,演示商务性宾馆拜访礼仪。
2. 自设情景,演示在宾馆中接待来访者的礼仪。
3. 根据情景 3 中设定的场景,制作一份有关宾馆拜访礼仪的 PPT 演示文稿,并进行展示。

我们的目标

1. 熟知宾馆拜访与接待礼仪的规范和要求。
2. 能够正确运用宾馆拜访与接待礼仪，并具有一定的操作能力。

6.3.1 宾馆拜访礼仪

在商务交往中经常遇到同本企业或个人有联系的外地客商到本地来参观、考察。在得知此消息后，商务人员应该前往客人下榻的宾馆，进行礼节性拜访。

知识点 1 拜访前的准备

（1）约定时间。到宾馆拜访客人时，为了不打扰客人的休息，影响客人的活动安排，也为了让客人有所准备，拜访前应先同对方约好时间。时间的确定多由对方决定，同时要问清楚对方下榻宾馆的位置、楼层、房间及联系电话等。

（2）服饰整洁。到宾馆等正式公共场所进行拜访时，商务人员要注意自己的仪容仪表、穿着干净大方，尤其要注意鞋子与袜子是否干净整洁，若是穿着不当，有可能被拒之门外，即使不被阻挡，也会招来别人异样的目光。

学霸笔记

古人拜访时的仪表

古人拜访时的穿戴与礼节很有关系。衣帽整洁，衣帽整洁既是自尊的表现，也是对对方的尊重。衣服破旧不去拜客，若谒客者不止一人，或朋客云集，主人就会觉得不光彩，有失颜面，尤其是有身份地位之人更在乎这点。例如，《利玛窦中国札记》中记载，大臣或有学位（指进士、举人、秀才等）的人出门拜客时，要穿一件特制的拜客长袍，拜客长袍与日常穿的长衫大不相同。甚至没有功名的人出门拜客时，也要穿特别设计的袍子，如果穿平时的衣服，就会被人见怪。

清代的礼服有袍、褂，一同穿着时，袍穿在内，褂套在外，又称外褂，即"礼服之加于袍外者，谓之外褂，男女皆同。"拜客时，长袍之外必须套外褂，才算恭敬，只有天气最热时候可不必穿外褂，所以这段时间又称"免褂之时"。另外，官员"若因公出差，以礼服谒客，则着行装，行装不用外褂，以对襟大袖之马褂代之。"

（资料来源:《清稗类钞·服饰类》）

学霸笔记

交谈八忌

1. 忌打断别人的谈话。
2. 忌在背后议论他人。

3．忌与他人争论或争吵。

4．忌纠正他人的错误。

5．忌拿别人的缺点或生理缺陷开玩笑。

6．忌损害民族尊严。

7．忌质疑他人谈话的内容。

8．忌对他人的谈话内容进行补充。

知识点 2　拜访中应注意的问题

（1）进入宾馆后，应向总台服务人员说明来意，最好在服务台往房间打个电话，经房间内的客人允许后，方可到房间去。进出宾馆的大厅或上下电梯时，都有服务员提供服务。对服务人员要表示感谢，对服务人员的问候要予以回应，切不可无动于衷，不理不睬。与服务人员讲话态度要温和，语气要平缓。在宾馆的前厅及走廊上不要急匆匆地跑动，脚步要轻、要稳。

（2）敲门入内。进入宾馆房间前，要先核对房间号，证实无误后，可轻轻敲门或按门铃。若是初次见面，待对方开门后，应首先进行自我介绍，双方身份得到证实，待对方请进时，才可入内。

（3）到宾馆拜访客人，应遵守宾馆的各项规定，这样既可展示自身的道德水平、礼仪修养，又可给客人留下极好的印象。

（4）及时告辞。如果客房内带有会客厅，则不应进入卧房与客人交谈。到宾馆拜访大都属于礼节性拜访，作为东道主，要对客人的到来表示欢迎，同时应询问客人在生活、工作方面有何不便，是否需要提供帮助。拜访时间不宜过长，以 15 分钟左右为宜。

学霸笔记

拜访的类型

1．按拜访性质的不同，可分为公务拜访和私人拜访。公务拜访，即单位与单位之间为了达到商务目的而进行的拜访活动。私人拜访，即个人与个人为了促进感情交流、建立良好友谊而进行的拜访。

2．按拜访方式的不同，可分为主动拜访与应邀拜访。主动拜访，即单位或个人为了某种需要主动联系有关组织或人员而进行的拜访。应邀拜访，即拜访者接到相关团体机构或个人发出的正式邀请后进行的拜访。

3．按拜访目的的不同，可分为以下几类拜访。

（1）情感型拜访。为了加深感情、增进友谊而进行的拜访。

（2）商务型拜访。为了加强单位之间的业务往来、宣传或推销产品等而进行的拜访。

（3）礼节型拜访。为了表达对对方的尊重与关心而进行的拜访。

（4）事务型拜访。为了处理某一事务，如传达上级部门的精神，以便使该精神能更好地贯彻落实，达到某种目的而进行的拜访。

（5）政治型拜访。国家首脑或党政要员为达到某种政治目的而进行的拜访。

6.3.2 宾馆接待礼仪

知识点1　入住与离店接待的礼仪

当客人抵达或离开时，接待人员应及时通知宾馆的相关人员，以方便宾馆的相关人员组织迎送、安排客房、就餐和搬运行李等。客人入住客房，应以便捷、迅速为原则，重要客人或人数较多的代表团更是如此。

为了避免客人抵达宾馆后在宾馆大厅内长时间地等待，接待人员应与宾馆的相关人员主动联系，密切配合，进行细致的安排。通常客房安排表应在抵达客人住地前发给客人，使客人清楚自己入住的房号。客人抵达宾馆时，根据他们自报的房号，宾馆的相关人员会为其分发房卡，也可以在保证安全的前提下，事先打开房门，方便客人在办理入住登记后直接进入房间。

客人入住客房前，应有专人陪同引导。客人的入住登记或离店手续，可在适当时间，由接待人员协助办理。

客人到达宾馆时，接待人员应通知行李房，及时将客人行李分送各人房间或将行李集中送到某一房间；客人离店前，接待人员应和行李房约好出行李的时间，出行李应适当提前，以免发车前主宾和送行人员进行长时间等待。

知识点2　在宾馆接待来访客人的礼节

（1）在客房里，接待的客人不宜过多。否则，人声嘈杂会影响宾馆内其他客人休息。

（2）在客房里，待客时间不宜过久，否则会让外人产生误会。

（3）不允许来访客人在客房留宿，或使用客房内的各种设备。

（4）不要在客房内接待普通关系的异性客人。如果接待的话，最好不要关闭房门，时间也不要长于半个小时，以免被人误会。

（5）不要邀请刚刚结识的人到自己所住的房间做客，以便造成不必要的麻烦。

德润礼行

骑下马，乘下车。过犹待，百步余

"骑下马，乘下车。过犹待，百步余。"出自《弟子规》。意思是说，遇见长辈或尊者的时候，如果在骑马那就应该下马，如果在乘坐马车那就该下车，等长辈或尊者经过了依然要在原地等候目送，直到长辈或尊者离自己一百多步的距离后才继续自己的行程。"骑下马，乘下车。过犹待，百步余。"是我国传统的送客礼仪，表达了对客人的礼敬之心。

现代商务活动中，我们依然要传承古人的送客之礼，在送客时要将客人送到门口或者更远，然后目送对方走远再关门或返回。即表达了对客人的尊敬，也在细节之处，展现出为人处事恭敬与谦卑的态度和行为，营造和谐的工作环境。

情境 6 礼尚往来——商务拜访与接待礼仪

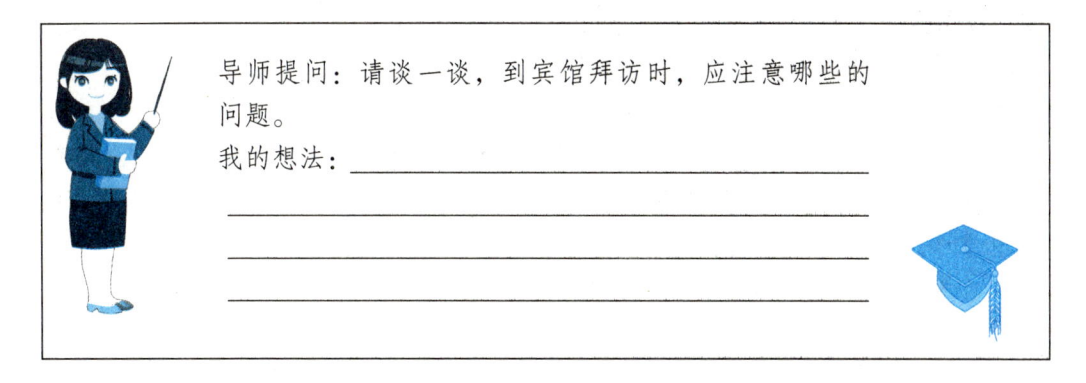

导师提问：请谈一谈，到宾馆拜访时，应注意哪些的问题。

我的想法：＿＿＿＿＿＿＿＿＿＿＿＿＿＿＿＿＿＿＿＿
＿＿＿＿＿＿＿＿＿＿＿＿＿＿＿＿＿＿＿＿＿＿＿＿＿＿
＿＿＿＿＿＿＿＿＿＿＿＿＿＿＿＿＿＿＿＿＿＿＿＿＿＿
＿＿＿＿＿＿＿＿＿＿＿＿＿＿＿＿＿＿＿＿＿＿＿＿＿＿

我们的计划

快来和我们一起制订自己的学习计划吧！

见工具单 6-3-1

我们来操作

任务1　自设情景，演示商务性宾馆拜访礼仪

1. 操作步骤

（1）服饰准备：学生根据商务性宾馆拜访礼仪要求准备合适的服饰。
（2）自设情景，确定拜访类型，学生分组进行演示练习。
（3）学生现场演示，教师进行指导及评价。

2. 操作要点

（1）按拜访性质的不同，可分为公务拜访和私人拜访。
（2）按拜访方式的不同，可分为主动拜访与应邀拜访。
（3）按拜访目的不同，可分为情感型拜访、商务型拜访、礼节型拜访、事务型拜访、政治型拜访。

任务2　自设情景，演示在宾馆接待来访者的礼仪

1. 操作步骤

（1）按在商务性宾馆中接待来访者的要求准备合适的服饰。
（2）自设情景，确定接待程序，学生分组进行演示练习。
（3）学生现场演示，教师进行指导与评价。

2. 操作要点

（1）在客房里，接待的客人不宜过多。

（2）在客房里，待客的时间不宜过久。

（3）不允许来访客人在客房留宿，或使用客房内的各种设备。

（4）不要在客房内接待普通关系的异性客人。如果接待，最好不要关闭房门，时间也不要长于半个小时。

（5）不要邀请刚刚结识的人到自己所住的房间里做客。

任务3　根据情景3中设定的场景，制作一份有关宾馆拜访礼仪的PPT演示文稿，并进行展示

1. 操作步骤

（1）根据情景3的内容，分组讨论脚本内容。

（2）完成脚本撰写并提交。

（3）教师进行现场指导，审阅脚本并提出修改意见。

（4）将修改后的脚本制作成PPT演示文稿，进行展示。

2. 操作要点

宾馆拜访与接待礼仪操作要点如表6-3所示。

表6-3　宾馆拜访与接待礼仪操作要点

操作项目	操作规范
宾馆拜访礼仪	① 拜访前应先同对方约定时间。 ② 应问清楚对方下榻宾馆的位置、楼层、房间及联系电话。 ③ 仪容整洁、穿着干净大方，尤其要注意鞋子与袜子是否干净。 ④ 到达宾馆后应先核对房间号，确认无误后，轻轻敲门或按门铃。 ⑤ 初次见面应先进行自我介绍，证实双方身份，得到对方允许后，才可入内。 ⑥ 如果客房内带有会客厅，则不应进入卧房与客人交谈；拜访时间不宜太长，以15分钟左右为宜
宾馆接待礼仪	① 客人抵达和离开宾馆时，接待人员应及时通知宾馆的相关人员，以方便宾馆的相关人员组织迎送、安排客房、就餐和搬运行李等。 ② 客人入住客房，应以便捷、迅速为原则，重要客人、人数较多的代表团更是如此。 ③ 为了避免客人抵达宾馆后在宾馆大厅内长时间地等待，接待人员应主动与宾馆的相关人员联系，密切配合，进行细致的安排。 ④ 客房安排表应在抵达住地前发给客人，使客人清楚自己入住的房号。 ⑤ 客人入住客房前，应有专人陪同引导。 ⑥ 客人抵达宾馆后，接待人员应通知行李房，及时将客人行李分送各人房间或将行李集中送到某一房间；客人离开宾馆前，接待人员应和行李房约好出行李的时间，出行李应适当提前，以免发车前主宾和送行人员进行长时间等待

快来记录下我们的工作过程吧！

见工具单6-3-2

礼尚往来——商务拜访与接待礼仪

情境 6

我们的成绩

___分

成绩评价见工具单 6-3-3

情境 6 训练项目 1 工具单

工具单 6-1-1　训练项目 1 计划单

班级：_____　组别：_____　项目负责人：_____

我们的任务	我的任务及合作伙伴	需要的知识点	完成时间
1. 自设情景演示商务场合中的敬茶礼仪			
2. 根据商务接待中有关环境准备的要求，演示办公室环境的布置			
3. 根据情景 1 中设定的李想与客户见面的场景，演示办公室拜访与接待礼仪			

_____年_____月_____日

工具单 6-1-2 训练项目 1 记录单

日期：_____　　班级：_____　　组别：_____

任务 1　自设情景演示商务场合中的敬茶礼仪

　　完成情况：请在相应的完成情况前画"√"。
　　　　　□顺利完成　　□基本完成　　□部分完成　　□不能完成

任务 2　根据商务接待中有关环境准备的要求，演示办公室环境的布置

　　完成情况：请在相应的完成情况前画"√"。
　　　　　□顺利完成　　□基本完成　　□部分完成　　□不能完成

任务 3　根据情景 1 中设定的李想与客户见面的场景，演示办公室拜访与接待礼仪

　　完成情况：请在相应的完成情况前画"√"。
　　　　　□顺利完成　　□基本完成　　□部分完成　　□不能完成

自我评价：

189

工具单 6-1-3　办公室拜访与接待礼仪评价表

评价项目		评价标准	是否做到	存在问题
办公室拜访礼仪	拜访前的准备	① 了解拜访的对象、目的、时间及具体地点等	□是　□否	
		② 整理头发，刮净胡须，服装要整洁，鞋子要干净	□是　□否	
	拜访中的礼仪	① 守时守约，有时也可与对方约定一个时段，如半小时内；若拜访者有急事不能前来，要与对方取得联系，并致歉	□是　□否	
		② 先行通报，到达约会地点后，如未直接与拜访对象见面，要主动向接待人员自报家门	□是　□否	
		③ 前往办公室进行拜访，应先轻叩房门，得到被拜访者允许后，再推门进入，即使房门是虚掩或敞开的，也应敲门，得到允许后再进入	□是　□否	
		④ 见面后，要主动问候致意。如果是初次见面，要主动进行自我介绍	□是　□否	
		⑤ 话讲完后，让对方发表意见，并认真倾听，不要随意打断对方讲话	□是　□否	
	告辞时的礼仪	① 由来宾先提出道别	□是　□否	
		② 告辞前，应该对被拜访者的接待给以适当肯定	□是　□否	
		③ 如果被拜访者热情相送，待被拜访者送上几步后，来访者应说"请留步"，同时主动伸手相握，以示告辞	□是　□否	
办公室接待礼仪	接待前的准备	① 早做准备，保持办公室优雅环境	□是　□否	
		② 沟通情况，准备好相关材料	□是　□否	
	接待中的礼仪	① 接待中应亲切迎客、热情待客	□是　□否	
		② 迎客的主要礼节：握手、问候、称呼、接递名片、敬茶	□是　□否	
	送客的礼仪	① 客人起身告辞时，主人应马上站起来相送		
		② 送别时应说些客气话，如"欢迎再来""欢迎常联系""招待不周，请多包涵"等	□是　□否	
教师评语				

情境 6 训练项目 2 工具单

工具单 6-2-1　训练项目 2 计划单

班级：_____　组别：_____　项目负责人：_____

我们的任务	我的任务及合作伙伴	需要的知识点	完成时间
1. 自设情境，演示商务交往中登门拜访时赠送礼品有哪些要求			
2. 根据居室接待礼仪的要求，演示商务交往中主人如何接受礼品			
3. 设计一个居室场景，拍摄一组演示居室拜访与接待礼仪的视频			

_____年_____月_____日

情境 6 礼尚往来——商务拜访与接待礼仪

工具单 6-2-2　训练项目 2 记录单

日期：_____　　班级：_____　　组别：_____

任务 1　自设情境，演示商务交往中登门拜访时赠送礼品有哪些要求
　　完成情况：请在相应的完成情况前画"√"。
　　　　□顺利完成　　　□基本完成　　　□部分完成　　　□不能完成

任务 2　根据居室接待礼仪的要求，演示商务交往中主人应如何接受礼品
　　完成情况：请在相应的完成情况前画"√"。
　　　　□顺利完成　　　□基本完成　　　□部分完成　　　□不能完成

任务 3　设计一个居室场景，拍摄一组演示居室拜访与接待礼仪的视频
　　完成情况：请在相应的完成情况前画"√"。
　　　　□顺利完成　　　□基本完成　　　□部分完成　　　□不能完成

自我评价：

工具单 6-2-3　居室拜访与接待礼仪评价表

评价项目		评价标准	是否做到	存在问题
居室接待礼仪	接待前的准备	① 室内要空气清新，环境整洁、舒适	□是　□否	
		② 在家庭接待中所穿着的服饰应是具有一定档次的休闲装，女主人要略施淡妆	□是　□否	
		③ 安排好家中的小孩	□是　□否	
	接待中的礼仪	① 在家庭接待中，应将最佳的位置让给客人坐	□是　□否	
		② 请客人落座后应先将点心端出，再奉茶	□是　□否	
		③ 梨、苹果等带皮水果应削皮后递给客人，西瓜、菠萝等水果应去皮切块，用水果盘端送给客人	□是　□否	
		④ 如果是夏天应打开空调，送上冷饮等	□是　□否	
		⑤ 若在接待客人的过程中又有客人到来，可简单介绍后一同接待	□是　□否	
		⑥ 在接待中要善于得体地与客人进行交谈，交谈时态度要诚恳，不要频频看表，不要显出厌倦或不耐烦的样子	□是　□否	
	送客的礼仪	① 当客人要走时，应婉言相留	□是　□否	
		② 当客人起身告辞时，主人和在场的人均应起身道别	□是　□否	
		③ 主人送客应送到门外或楼下，待客人伸手握别时，主人方可伸手相握	□是　□否	
		④ 若送客人到门外，应站在门口目送客人下楼，待客人行至楼梯拐弯处时，应挥手致意	□是　□否	
居室拜访礼仪	拜访前的准备	① 拜访时间的选择。应与主人事先约好时间，一般在上午 10 时或下午 4 时左右为好	□是　□否	
		② 选择合适的礼品	□是　□否	

评 价 项 目		评 价 标 准	是 否 做 到	存在问题
居室拜访礼仪	拜访中的礼仪	① 进门要敲门或按门铃	□是　□否	
		② 要注意物品的摆放	□是　□否	
		③ 对室内的人，无论认识与否，都应主动打招呼	□是　□否	
		④ 主人不让座不能随便坐下	□是　□否	
		⑤ 主人奉上果品，要等年长者或其他客人动手后，自己再取用	□是　□否	
		⑥ 在主人家吃便饭时，应先请主人与长辈一同进餐，待主人入座进餐后自己再吃；进餐时要注意文明，饭后应向主人表达谢意	□是　□否	
		⑦ 拜访时，要尊重主人的生活习惯	□是　□否	
	告辞时的礼仪	① 要控制好拜访时间	□是　□否	
		② 告辞之前不可让主人看出自己急于想走的样子	□是　□否	
		③ 如果要拜访的主人不在家，应向其家人或邻居留下自己的姓名、地址、电话	□是　□否	
教师评语				

情境 6 训练项目 3 工具单

工具单 6-3-1　训练项目 3 计划单

班级：_____　组别：_____　项目负责人：_____

我们的任务	我的任务及合作伙伴	需要的知识点	完成时间
1. 自设情景，演示商务性宾馆拜访礼仪			
2. 自设情景，演示在宾馆接待来访客人的礼仪			
3. 根据情景 3 中设定的场景，制作一份有关宾馆拜访礼仪的 PPT 演示文稿，并进行展示			

_____年_____月_____日

工具单 6-3-2　训练项目 3 记录单

日期：_____　　班级：_____　　组别：_____

任务 1　自设情景，演示商务性宾馆拜访礼仪

　　完成情况：请在相应的完成情况前画"√"。

　　　　　　□顺利完成　　　　□基本完成　　　　□部分完成　　　　□不能完成

任务 2　自设情景，演示在宾馆接待来访客人的礼仪

　　完成情况：请在相应的完成情况前画"√"。

　　　　　　□顺利完成　　　　□基本完成　　　　□部分完成　　　　□不能完成

任务 3　根据情景 3 中设定的场景，制作一份有关宾馆拜访礼仪的 PPT 演示文稿，并进行展示

　　完成情况：请在相应的完成情况前画"√"。

　　　　　　□顺利完成　　　　□基本完成　　　　□部分完成　　　　□不能完成

自我评价：

礼尚往来——商务拜访与接待礼仪

工具单 6-3-3　宾馆拜访与接待礼仪评价表

评价项目	评 价 标 准	是否做到	存在问题
宾馆拜访礼仪	① 先同对方约好时间	□是　□否	
	② 问清对方下榻宾馆的位置、楼层、房间及联系电话	□是　□否	
	③ 仪容整洁、穿着干净大方，尤其要注意鞋子与袜子是否干净	□是　□否	
	④ 到达宾馆后先核对房间号，确认无误后，轻轻敲门或按门铃	□是　□否	
	⑤ 初次见面应先进行自我介绍，证实双方身份，得到对方邀请后方可入内	□是　□否	
	⑥ 如果客房内带有会客厅，则不应进入卧房与客人交谈；拜访时间不宜太长，以 15 分钟左右为宜	□是　□否	
宾馆接待礼仪	① 客人抵达宾馆和离开宾馆时，接待人员应及时通知宾馆的相关人员，以方便宾馆的相关人员组织迎送、安排客房、就餐和搬运行李等	□是　□否	
	② 客人入住客房，应以便捷、迅速为原则，重要客人、人数较多的代表团更是如此	□是　□否	
	③ 为了避免客人抵达宾馆后在宾馆大厅长时间地等待，接待人员应主动与宾馆的相关人员联系，密切配合，进行细致的安排	□是　□否	
	④ 客房安排表应在客人抵达住地前发给客人，使客人清楚自己入住的房号	□是　□否	
	⑤ 客人入住客房前，应有专人陪同引导	□是　□否	
	⑥ 客人进店时，接待人员应通知行李房，及时将客人行李分送各人房间或将行李集中送到某一房间；客人离店前，接待人员应和行李房约好出行李的时间，以免发车前主宾和送行人员进行长时间等待	□是　□否	
教师评语			

情境 7 开会的技巧——会务礼仪

情境导入

时针在文静和李想忙碌的工作中嘀嘀嗒嗒地转动着，慢慢指向了 10 点。

情境 7
开会的技巧——会务礼仪

训练项目1　商务会议礼仪

情景1

文静返回公司后，立即开始着手准备 10:30 的部门经理例会。在同事的帮助下，文静完成了参会人员、座次安排等一系列准备工作，虽然有些累，但文静觉得收获颇丰。

我们的任务

1．根据情景1中的内容，帮助文静确定参会人员，并绘制一张会议的座次安排图。
2．如果文静的公司举行全体员工大会，请你在确定参会人员的同时绘制一张会场座次安排示意图。
3．根据情景1中设计的会议背景，帮文静准备一份商务会议礼仪备忘录。

我们的目标

1．熟知商务会议会前的筹备工作。
2．掌握商务会议礼仪的相关要求；理解商务会议座次排列时应注意的问题。
3．学会运用商务会议礼仪，并与实际工作相结合。

在现代社会里，会议是人们从事各类有组织的活动的一种重要方式。在一般情况下，会议是指有领导、有组织地使人们聚集在一起，对某些议题进行商议或讨论的集会。商务人员

195

在日常交往中必不可少的一件事情，就是组织会议、参加会议，因此会议是商务活动的有机组成部分。

7.1.1　商务会议的筹备

知识点 1　会议筹备工作

（1）确定会议类型。商务性会议主要有以下几种类型。

① 行政型会议。它是商界各个单位所召开的工作性、执行性会议，如行政会、董事会等。

② 业务型会议。它是商界有关单位所召开的专业性、技术性会议，如展销会、供货会等。

③ 群体型会议。它是商界各单位内部的群众团体或群众组织所召开的非行政性、非业务性会议，旨在争取群体权利，反映群体意愿，如职代会、团代会等。

④ 社交型会议。它是商界各单位以扩大本单位的交际面为目的而举行的会议，如茶话会、联谊会等。

在召开会议前相关人员应根据召开会议的目的确定会议的类型，以方便进行会议筹备。

（2）明确会议内容。会前要认真研究，确定会议的内容，不开无目的、无意义的会议。召开无意义的会议会浪费参会人员的时间，是对他们的不尊重。因此，会前应先确定会议内容，对于可开可不开的会议，坚决不开。

（3）选择会议地址。会址的选定要本着适中、方便、经济的原则。会场的大小，要根据会议内容和参会者的人数而定。会场大而参会人员少，会给人一种空荡荡的感觉；会场小而参会者多，又会给人以局促之感。

（4）布置会场。会场的布置要和会议内容相称。在大型会议的会场门口，应拉条幅。如果会场不易寻找，应在会场附近设置路标。会务人员一定要对会场的照明、通风、卫生、服务、电话、扩音、录音等设备进行检查，以保证会议顺利进行。

（5）确定与会者。在会议召开之前，必须确定与会者名单或者人员的范围。一切从有利于开展工作的角度出发，严格控制与会人员的范围，做到该邀请的邀请，该控制的控制，坚决杜绝与会议无关的人员参加会议。

（6）安排会议日程。会议日程是在会期内每一天的具体安排，它是人们了解会议情况的重要依据。会议日程可以随会议通知一起发放。

会议议程确定之后，一定要根据会议的类型把握好会议的长度。一般来说，日常例会的时间以 30～90 分钟为宜；临时性会议中的短期会议的时间应控制在 30 分钟以内，中期会议的时间以 30～120 分钟为宜，长期会议的时间为 1 天以上。

（7）寄发会议通知。会议通知一般应在会议开始前 15～30 日内寄出，也可以通过电话进行通知或发送邮件进行通知。这样可以使对方有充足的时间安排自己的行程。邮寄会议通知时最好在信封上写明"会议通知，收到急转"的字样，以免中途耽搁。对于距离会场较远的会议参加者，有关住宿宾馆的路线图和差旅费报销等问题都应在会议通知中一并写明。通知发出后，一定要确认参会人员有没有接到通知，参不参加会议。对那些兼任多个职务的特殊人员，一定要核实到人，是不是本人参加，以便正确摆放席卡。

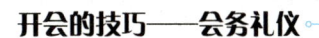

（8）成立会务组。应在进行会议筹备时成立会务组，大型会议还应分别成立秘书组、文娱组、生活组等，并确定各组的职责范围，做到分工明确，落实到人。此外，会务组的工作还应包括印发会议文件、制发会议证件等。

学霸笔记

会议通知的拟写

各单位在召开会议前要告知参会人员开会的时间、地点、需要携带的材料等，这时就要用到会议通知了。除了一些小型会议或紧急会议可以口头通知或电话通知，一般都要进行书面会议通知。会议通知的正文一般由召开会议的背景（目的、意义）和会议注意事项两部分构成。

（1）召开会议的背景：主要写明为什么开会，一般文字比较简短，不要长篇大论。

（2）会议注意事项：一般包括召开会议的时间、地点、与会人员、日程安排、报到日期，有时还应具体提出与会者需要准备的材料及参会人员赴会所乘车、船、飞机的班次等。

例文如下。

××集团关于召开××工作会议的通知

所属各单位：为了总结经验，研究分析存在的问题，进一步贯彻落实省、市××工作会议精神，做好今年××工作，经研究决定召开××工作会议。现将有关事项通知如下：

一、会议内容：……

二、参加人员：……

三、会议时间、地点：……

四、要求：……

××集团

×年×月×日

会议通知的内容要全面。会议"五要素"，即会议名称、会议内容、与会者范围、会议时间、会议地址，都要一一列出，缺一不可。

知识点2　会议用品的准备

（1）茶杯，需经过消毒，消毒时间不少于20分钟。茶杯、杯盖无黄斑、无缺口；茶杯无水渍且光亮。

（2）玻璃杯。玻璃杯不得有破损和缺口，杯子清洁、光亮、透明，无指印，并放在杯垫上。

（3）矿泉水。矿泉水瓶无灰尘，密封完好，瓶内无沉淀物，矿泉水在保质期内。

（4）小毛巾。小毛巾无斑点和异味，需经过消毒，消毒时间在20分钟左右。重要会议一律用新的小毛巾。

（5）毛巾竹篓。毛巾竹篓不得有破损，每次使用结束后，需用热水浸泡，晒干后保存，以备再次使用。

（6）签到台。台布无污迹，无破损。

（7）鲜花。鲜花要新鲜，无枯枝败叶。

（8）热水瓶。热水瓶表面清洁光亮，无水迹，水温控制在 90 度以上。

（9）衣帽架。保证衣帽架清洁完好、无损坏。

（10）文具。笔要墨水饱满，书写通畅；笔记本和纸张要干净整洁。

7.1.2 会议的座次排列

知识点 1 小型会议的座次排列

小型会议，可以把会场布置成圆桌型或者方桌型，领导和会议成员可以互相看得见，大家可以无拘无束地自由交谈，这种布置适用于 15～20 人的小型会议，如工作周例会、月例会、技术会议、董事会等。它的主要特征是全体参会人员均应排座，不设立专用的主席台。小型会议的座次排列，目前主要有以下三种具体形式。

（1）自由择座。不固定具体座次，全体参会人员自由地选择座位就座。

（2）面门设座，如图 7-1 所示，它一般以面对会议室正门之位为会议主席之座，即尊位。通常会议主席坐在离会议场地门口最远的桌子末端。主席两边是为参加公司会议的客人和拜访者或是给高级管理人员及助理所设的座位，以便帮助主席分发材料、接受指示或协助完成主席在会议中需要做的事情。

（3）依景设座。所谓依景设座，是指会议主席的具体位置，不必面对会议室正门，而是应当背依会议室内的主要景致，如字画、讲台等，如图 7-2 所示。其他参会人员的排座，与前相同。

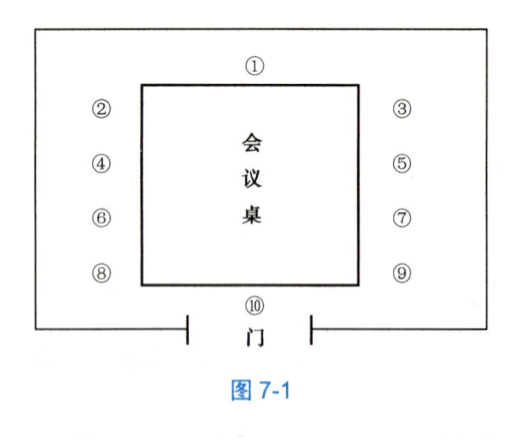

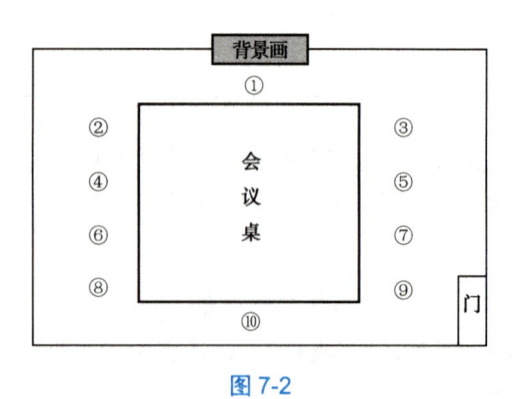

图 7-1

图 7-2

知识点 2 大型会议的座次排列

大型会议，一般是指参会人员众多、规模较大的会议。它最大的特点是会场上应设主席台与群众席。前者必须认真排定座次，后者的座次则根据会议的具体要求而定。

（1）主席台座次。大型会场的主席台，一般应面对会场主入口。在主席台上就座之人，通常应当与在群众席上就座之人呈面对面之势。在每一名成员面前的桌上，均应放置双向的桌签。

主席台座次，具体又可分为主席团座次、主持人席位、发言者席位3个不同方面。

① 主席团座次。主席团，是指在主席台上正式就座的全体人员。国内目前排定主席团座次的基本规则如下。一是前排高于后排；二是中央高于两侧，三是右侧高于左侧（政务性会议的座次是左侧高于右侧）。具体来讲，主席团的座次排列方法有单数排列法（如图7-3）与双数排列法（如图7-4）的区分。

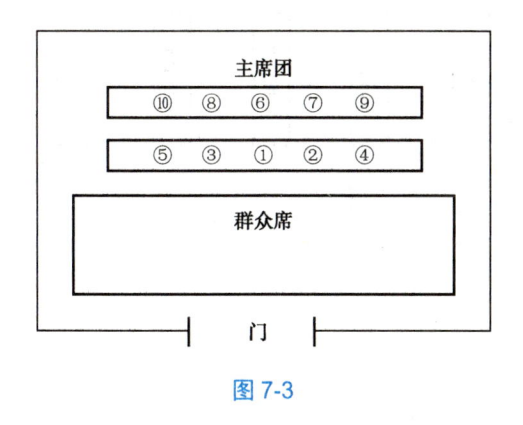

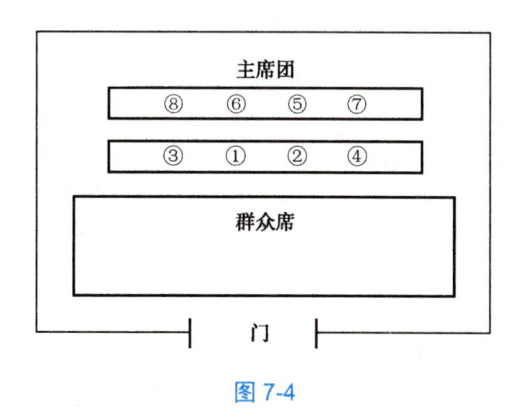

图 7-3

图 7-4

② 主持人席位。会议主持人，又称大会主席。其具体位置有三种选择：一是居于前排正中央；二是居于前排的两侧；三是按其具体身份排座。

③ 发言者席位。发言者席位，又叫作发言席。在正式会议上，发言者发言时不宜就座于原处发言。发言席的常规位置有两种：一是位于主席团的正前方（如图7-5）；二是位于主席团的右前方（如图7-6）。

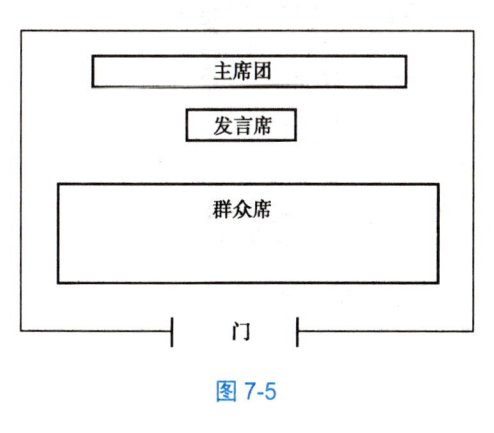

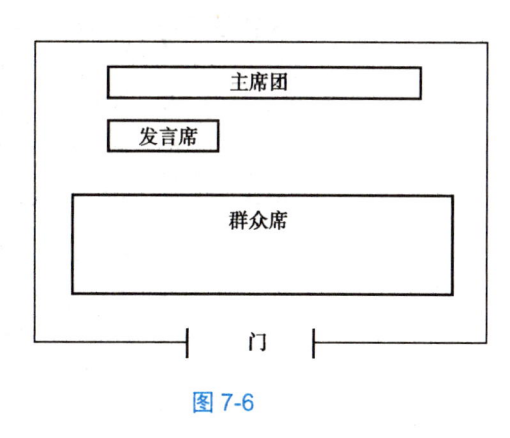

图 7-5

图 7-6

（2）群众席排座。在大型会议上，主席台之下的一切座席均称为群众席。群众席的具体排座方式有两种。

① 自由式择座。即不进行统一安排，大家自由择位而坐。

② 按单位就座。它是指参会人员在群众席上按单位、部门或者地区、行业就座。它的具

体依据，既可以是与会单位、部门的汉字笔画的多少、汉语拼音字母的前后顺序，也可以是其平时约定俗成的序列。按单位就座时，若分为前排后排，一般以前排为高，以后排为低；若分为不同楼层，则楼层越高，排序便越低。

在同一楼层排座时，又有两种普遍通行的方式。一是以面对主席台为基准，自前往后进行横排（如图7-7）；二是以面对主席台为基准，自左而右进行竖排（如图7-8）。

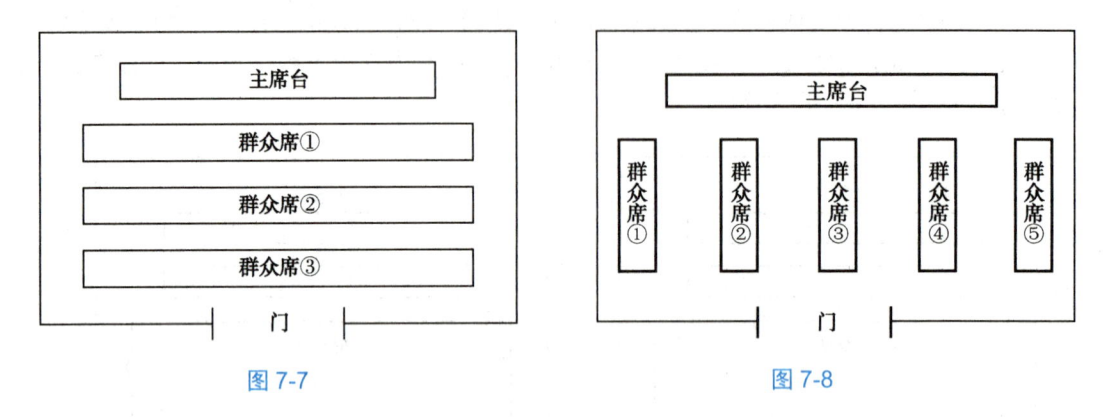

图 7-7

图 7-8

学霸笔记

轿车的座次礼仪

1. 主人亲自驾驶轿车

由主人亲自驾驶轿车时，一般前排座位为上，后排座位为下；以右为尊，以左为卑（如图7-9）。

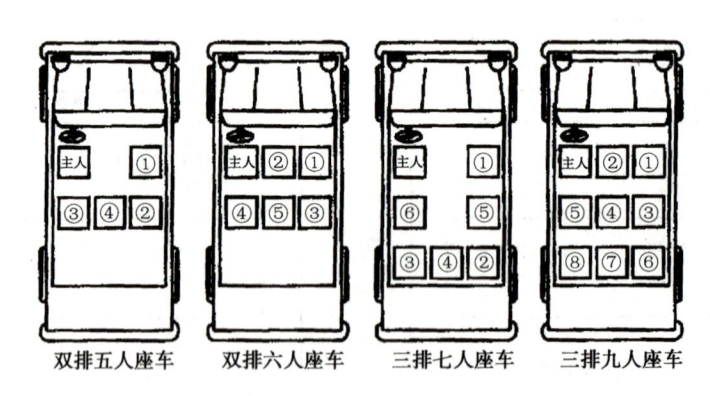

双排五人座车　　双排六人座车　　三排七人座车　　三排九人座车

图 7-9

乘坐主人驾驶的轿车时，前排座位不能空着。一定要有人坐在副驾位置，以示相伴。由先生驾驶自己的轿车时，其夫人一般应坐在副驾驶座上。由主人驾车送其友人夫妇回家时，其友人中的男士，一定要坐在副驾驶座上，与主人相伴，而不是宜形影不离地与其夫人坐在后排，那是失礼的。

2. 专职司机驾驶轿车

由专职司机驾驶轿车时，通常仍讲究右尊左卑，但座次同时变化为以后排为上，以前排为下（如图7-10）。

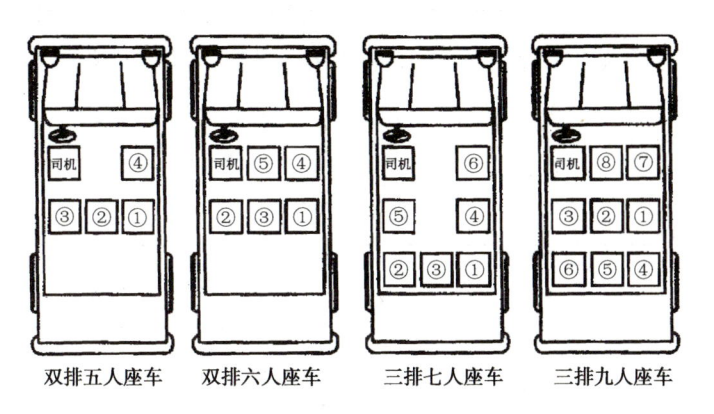

图 7-10

3. 乘坐吉普车

吉普车是一种轻型越野客车，大都是四座车。不管由谁驾驶，吉普车上的座次由尊而卑依次是副驾驶座，后排右座，后排左座（如图7-11）。

4. 乘坐多排座轿车

多排座轿车，指的是四排及四排以上座位的大中型轿车。其不论由何人驾驶，均以前排为上，以后排为下；以右为尊，以左为卑；并以距离前门的远近，显示具体座次的尊卑（如图7-12）。

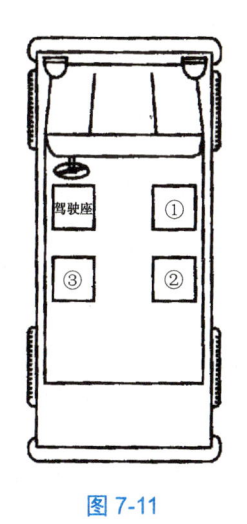

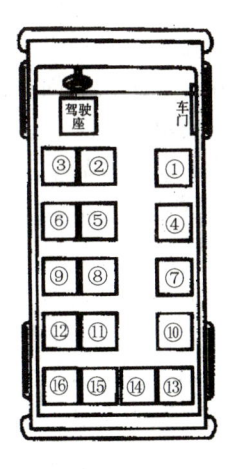

图 7-11　　　　图 7-12

5. 轿车人的意愿

通常，在正式场合乘坐轿车时，应请尊长、女士、宾客就座于上座，这是给予对方的一种礼遇。但同时也不要忘了尊重其本人的意愿和选择。宾客选择坐在哪里，商务人员就应认定哪里是上座。商务人员必须尊重宾客本人对轿车座次的选择，即便宾客不明白座次，坐错了地方，也不要加以纠正，应"主随客便"。

> 导师提问：请谈一谈召开商务会议时，座次排列的重要性。
>
> 我的想法：＿＿＿＿＿＿＿＿＿＿＿＿＿＿＿＿＿＿＿＿＿
> ＿＿＿＿＿＿＿＿＿＿＿＿＿＿＿＿＿＿＿＿＿＿＿＿＿＿
> ＿＿＿＿＿＿＿＿＿＿＿＿＿＿＿＿＿＿＿＿＿＿＿＿＿＿

7.1.3 会务服务礼仪

知识点 1 迎宾服务礼仪

（1）迎客服务。普通客人可由会务工作人员去车站、机场、码头迎接。重要客人应安排职务相当的有关领导前去迎接。接待人员应在客人所乘的车次、航班、轮船到达站点之前在场等候。

接待人员与客人见面后要主动问候，如"欢迎您的到来""一路辛苦了"，在征得客人同意后，帮助客人把行李拿到车上，然后请客人上车。客人上车时，接待人员应打开车门，提醒客人避免磕碰，待客人坐稳后，再关上车门，自己则应坐到司机旁边的座位上。到达目的地时，接待人员应先下车，再请客人下车，并把客人引入宾馆接待大厅。

当宾主双方并排行进时，引领者应走在外侧，让宾客走在内侧。单行行进时，引导者应走在前，宾客走在后。出入房门时，引领者应主动开门、关门。出入无人值守的电梯时，引领者要先入后出，操纵电梯。

（2）会前迎宾。会议开始前 1 小时，接待人员应在会议室门口迎候参加会议的人员。参会人员到达会场后，接待人员应将其引领至签到处签到。

（3）签到服务。签到时，服务人员应主动微笑问候，询问参会人员的工作单位，并示意来宾在签到簿上的适当位置签到，然后接待人员将来宾引领至会场或休息室。

（4）引客入座。签到后，会场服务人员应有礼貌地将参会人员引入会场就座，将重要领导先引入休息室，由会议主办方领导亲自陪同，在会议开始前几分钟再到主席台就座。会场服务人员引导参加会议的人员入座时，要面带微笑，用语礼貌，举止大方。

（5）接待服务。参会人员坐下后，接待人员应奉茶，或递上毛巾、水果，热情向地解答参会人员的各种问题，满足其各种要求，提供尽可能周到的服务。

冬季，对进入会场的来宾脱下的衣帽，会场服务人员应及时伸手接，并将其挂在衣帽架上。

提供茶水服务的顺序是先主宾后主人，然后按顺时针方向提供服务。在参会人员较多的情况下，可按两个方向安排多人同时进行服务，但不可将主人放在最后。

知识点 2　会议签到方式

参会人员在进入会场时一般要签到，会议签到是为了及时、准确地统计到会人数，便于安排会议工作。有些会议只有达到一定人数才能召开，否则会议通过的决议均无效。因此，会议签到是一项重要的会前工作。会议签到的类型一般有以下几种。

（1）簿式签到。与会人员在会议工作人员预先备好的签到簿上按要求签名，表示到会。签到簿上的内容一般有姓名、职务、所代表的单位等，参会人员必须逐项填写，不得遗漏。簿式签到的优点是便于保存，便于查找。缺点是簿式签到只适用于小型会议，一些大型会议，由于参加会议的人数很多，采用簿式签到就不太方便。

（2）证卡签到。会议工作人员将印好的签到证事先发给每位参会人员，签证卡上一般印有会议名称、日期、座次号、编号等，参会人员在签到卡上写好自己的姓名，进入会场时，将签到卡交给会议工作人员，表示到会。证卡签到的优点是比较方便，避免签到造成的拥挤。缺点是不利于保存和查找。证卡签到多用于大中型会议。

（3）会议工作人员代为签到。会议工作人员事先制定好参加本次会议的花名册，开会时，来一个人就在该人名单后画上记号，表示到会，缺席和请假人员也要用规定的记号表示。例如，"√"表示到会，"×"表示缺席，"○"表示请假等。这种会议签到方法比较简便易行，但要求会议工作人员必须认识绝大部分参会人员，所以这种方法只适宜小型会议和一些常规性会议。在一些大型会议中，参会人员很多，会议工作人员不可能认识大部分人，逐个询问到会人员的姓名很麻烦，所以在大型会议中不适宜采用这种方法进行签到。

（4）座次表签到方法。会议工作人员按照会场座位模型，事先制定好座次表，座次表上每个座位按要求填上参会人员姓名和座位号码。参加会议的人员到会时，就在座次表上销号，表示出席。参会人员的座次安排要有一定规律，如从××号到××号是某部门代表的座位，将同一部门的与会人员集中在一起，便于参会人员查找自己的座位号。采用座次表签到，参加会议的人员在签到时就能知晓自己座位的排数和座位号，起到了引导的效果。

（5）电脑签到。电脑签到快速、准确、简便，参会人员进入会场时，只要把特制的卡片放到签到机内，参会人员的签到手续几秒钟即办理完成，之后签到卡会退还本人，参会人员到会结果由计算机准确、迅速地显示出来。电脑签到是先进的签到手段，在一些大型会议中都采用电脑签到。

学霸笔记

参加网络会议的礼仪

随着时代的变化与发展，网络会议变得日益高频化、常态化。遵守网络会议的礼仪有助于确保线上交流更加高效有序地进行。参加网络会议的礼仪包括：

1．准时参加会议。在网络会议开始时，参会人须准时到场。为了避免参会人员迟到，会议主持人在创建网络会议时可通过会议软件等多种形式反复提醒参会人准时参会。

2．介绍的礼仪。在参会人员陆续加入会议过程中，会议主持人应适时做概要介绍，包括引见各位参会者，介绍会议相关内容，并公布注意事项及要求、规则。这种介绍是非常必要的，因为网络会议和线下会议一样，素不相识的人之间是无法正常交流的。

3. 会议发言礼仪。与线下会议一样，网络会议的参会者在发言时一定要放松心情，按事先准备的内容，有条理地发表个人观点或建议，参会者在表达观点时一定要简单、清楚，避免重复询问带来的不便，发言结束后一定要向参会者表示感谢。

4. 避免产生噪音。参加网络会议时要避免不断地清喉咙、拿着笔敲击桌子、玩弄手机等行为。多人在一个房间内参加会议时应避免使用功放。当有人发言的时候，其他人应该把麦克风静音，以防止产生回音。

5. 避免打断别人的发言。随意打断别人的发言无论是在网络会议或者是线下与别人交流的时候都是不礼貌的。即使别人和你的观点不一致，也要等到别人把话讲完再陈述自己的观点，这是风度素养的表现。

知识点 3　会场服务礼仪

（1）会场服务人员要严格按照会议拟定的程序提前做好准备，以保证会议顺利进行。如需要奏乐时，音乐就应适时响起；需要展示幻灯片时，其他光源就要适时关闭。

（2）会议开始后，会场服务人员应站立在会场边角处，观察所负责区域内的参会人员是否需要服务。

（3）端茶送水时，会场服务人员应对参会人员说："请用茶"。每隔20分钟应加一次茶水。添加茶水时，应倒七分满，并注意参会人员的动态，以免发生碰撞。在会议服务过程中，应做到忙而不乱。摆放茶杯时，声音要轻，茶杯应放在参会人员的右手位置，同时杯柄朝后45°。倒矿泉水时，应先开瓶盖，再掀杯盖，倒入矿泉水时，矿泉水瓶口不得与杯口接触，倒至八分满即可。

学霸笔记

会场服务中的注意事项

1. 会场服务人员一般不得随意出入会议室或在主席台上随意走动。确有紧急情况，应通过传递纸条的方式进行处理。

2. 会场服务人员不能因为服务站立时间过长，而倚靠会场墙壁或柱子。

3. 在进行会场服务时应尽量不干扰讨论中的参会人员或正在发言的参会人员。

4. 在会场服务过程中，语言、动作要轻，避免影响发言者。

5. 遵守会场规定，不得随意翻阅会议文件或打听会议内容。对于所听到的会议内容应保密。

（4）邀请嘉宾上台时，受邀嘉宾应由礼仪小姐引领。礼仪小姐应走在嘉宾左前方1米处，并微笑示意嘉宾注意行走安全。

（5）会议结束时，会场服务人员应立即开启会议室大门，并在门口立岗送客，面带微笑与其道别。将衣帽架上的衣、帽送还参会人员，注意不可出错。会场服务人员应在送走参会人员后检查会议室内是否有参会人员遗忘的物品，如有发现应立即交还参会人员或交相关人员处理。

（6）做好会议记录和简报。在正式会议中，不论是全体大会，还是分组讨论，相关人员都要进行必要的会议记录。在举行会期较长的大中型会议后，相关人员还应精心编写会议简报。

（7）做好会后服务的准备。在会议进行中，会议服务人员就应为会后服务做好准备。例如，会议所形成的文件材料要随着会议进程逐步形成，合影时的场地要布置好，会后的用车要妥善安排。如果会后有联谊会、会餐、参观等项目，也要提前进行协调和准备。

7.1.4 会后服务礼仪

知识点 1　处理会议文件资料，做好会议宣传

会议结束后，会议主办方要根据会议的实际情况，对与会议有关的一切图文、声像材料进行细致的收集、整理工作，并加以处理，形成可供对外传达的会议文件资料，回收保密的文件资料，销毁特殊的文件资料等。根据文件类别还要对文件进行归档管理。此外，会议主办方要及时做好新闻报道，通过媒体进行宣传。

知识点 2　重视欢送和致谢工作

会议结束后送行时，会议服务人员必须保持热情，要像欢迎参会人员到来时一样，还可安排参会人员合影留念。会议主办方应为来宾提供一切返程的便利，使其愉快、及时地踏上归途。会议主办方可以为参会人员联络、提供交通工具，或是为参会人员订购、确认返程的机票、船票、车票等。会议结束后，会议的主办方还要及时向会议的协办者、参会人员致谢。通过致谢进一步与各方沟通，为今后的工作打下良好的基础。

德润礼行

朝仪

朝仪指的是古代帝王临朝的典礼仪式。在《周礼·夏官·司士》中记载："正位朝仪之位，辨其贵贱之等。王南向，三公北面东上，孤东面北上，卿大夫西面北上。王族故士、虎士在路门之右，南面东上。大仆、大右、大仆从者在路门之左，南面西上。"从以上内容中大概可以看出，到了上朝的时候大臣们按官衔大小，各就各位。天子是面向南而坐的，三公面北就是朝向皇帝。卿大夫等面西。还有王族、大仆这些人也是面朝皇帝站的。

另外，对于官员参加朝仪的服饰也有严格的规定。例如北宋朝廷官员的服饰叫公服，其款式有着严格的规定，公服承袭唐代的款式曲领裙加一道横襕，腰间束以革带，头戴幞头，脚穿靴或革履。除了对款式的规定，还用颜色区别等级。如九品官员及以上为青色，七品官员及以上为绿色，五品官员及以上为红色，三品官员及以上为紫色。朝仪的制定强化了大臣上朝的仪式感，营造了庄严肃穆的氛围，并形成了一种制度，在礼制史上也有极其重要的地位。

无规矩不成方圆，中国人的衣、食、住、行素来都有"礼"可循。商务会议是典型的商务活动，因此在商务会议中，商务人员务必以礼待人，体现自身素养。在仪表方面要注意面

容整洁、衣着得体；在举止方面要稳重端庄、从容大方；在言语方面要注意音调适度、语气温和。除此之外，商务人员在做任何事情时皆应规规矩矩，依照规章制度办事，具有敬业精神，这也是做好工作的基础。

我们的计划

快来和我们一起制订自己的学习计划吧！　　见工具单 7-1-1

我们来操作

任务 1　根据情景 1 中的内容，帮助文静确定参会人员，并绘制一张会议的座次安排图

1. 操作步骤

（1）确定参会人员的范围与人数。
（2）根据会场的场地特点把会场布置成圆桌形或者方桌形。
（3）根据会场的场地特点确定座位排列的具体形式并绘制会议座次图。
（4）学生展示成果，教师进行评价。

2. 操作要点

（1）小型会议设座时全体参会人员均应排座，不设立专用的主席台。
（2）小型会议设座时要使领导和参会人员可以互相看得见，大家可以自由交谈。
（3）小型会议的座次排列，主要有自由择座、面门设座、依景设座三种形式。

任务 2　文静的公司要举行全体员工大会，请你在确定参会人员的同时绘制一张会场座次安排示意图

1. 操作步骤

（1）确定参会人员的范围及人数。
（2）安排主席台座次并进行群众席排座。
（3）设置会场场地模型，绘制员工大会会场座次安排示意图。
（4）学生展示成果，教师进行评价。

2. 操作要点

（1）会场中应设主席台与群众席。
（2）相关人员必须认真排定主席台的座次，在主席台上就座之人，通常应与在群众席上就座之人呈面对面之势。
① 主席团座次：一是前排座位高于后排座位，二是中央座位高于两侧座位，三是右侧座

位高于左侧座位（在政务性会议中左侧座位高于右侧座位）。

②主持人席位：一是居于前排正中央，二是居于前排的两侧，三是按其具体身份排座。

③发言者席位：一是居于主席团的正前方，二是居于主席团的右前方。

（3）根据具体会议要求确定群众席的座次：一是自由择座，二是按单位就座。

任务 3　请根据情景 1 中设计的会议背景，帮文静准备一份商务会议礼仪备忘录

1．操作步骤

（1）根据所学知识，小组成员讨论拟定备忘录草稿。
（2）教师进行现场指导。
（3）在教师的指导下，修改并完成备忘录。
（4）学生进行成果展示，教师进行点评。

2．操作要点

商务会议礼仪操作要点如表 7-1 所示。

表 7-1　商务会议礼仪操作要点

操作项目	操作标准	操作规范
出席会议人员的形象	敬业、干练	①男士理发、剃须、吹头发；女士选择端庄、素雅的发型，化淡妆。 ②穿着正统、简约、高雅、规范的正式服装。 ③礼貌地提问、用心地倾听、坦诚地回答、友好地辩论
会议服务礼仪	体贴、周到	①会议迎宾服务，会议开始前 1 小时，迎宾员应在会议室门口迎候参会人员。 ②进行会场服务。 ③做好会议记录和简报。 ④做好会后服务的准备
会议座次安排	体现主持人与参会者的区别	①小型会议的排座，目前主要有自由择座、面门设座与依景设座三种形式。 ②在大型会议会场中应设主席台与群众席；前者必须认真排座，后者的座次则根据具体会议要求而定

快来记录下我们的工作过程吧！　　　　见工具单 7-1-2

我们的成绩

＿＿＿分
商务会议礼仪评价表
见工具单 7-1-3

训练项目2　新闻发布会礼仪

情景2

就在文静忙碌的同时，李想正在忙着准备两天后公司新项目的信息发布会。他深知自己经验不足，因此虚心向同事请教。

我们的任务

1. 根据情景2，帮助李想拟一份信息发布会的材料清单。
2. 根据情景2，撰写一份信息发布会的新闻通稿。
3. 根据情景2，筹备并举行一次新项目信息发布会。

我们的目标

1. 掌握新闻发布会的筹备及会中、会后服务的工作要领。
2. 学会运用有关新闻发布会的礼仪知识与技能。
3. 熟悉筹备与组织新闻发布会的流程及注意事项。

新闻发布会是政府或某个社会组织定期、不定期或临时举办的信息和新闻发布活动。在各种市场活动手段中，新闻发布会无疑是使用频率最高的一种，它被广泛应用于公司成立、战略发布、推出新产品、项目签约等商务活动中。它是商务会议中非常重要的一种形式。在商界，举办新闻发布会，可以及时、公正地把社会组织的重要信息传播给社会公众，扩大信息的传播范围。它是社会组织与新闻媒介之间联络感情、协调关系的一种重要手段。

7.2.1　新闻发布会的筹备

筹备新闻发布会，要做的准备工作有很多，其中最重要的是要做好时机的选择、人员的安排、记者的邀请、会场的布置和材料的准备等。

知识点 1　发布会筹备工作

（1）新闻发布会主题的选择。在召开新闻发布会之前，首先要在舆情调研的基础上确定是否有召开新闻发布会的必要，记者会不会对新闻发布会的主题感兴趣，能否对新闻发布会进行准确详尽的报道，否则，很有可能费尽周折也请不到目标媒体到场或不会对发布会进行报道。

新闻发言人应该挖掘发布会主题的新闻点，既要突出自己的立场也要符合记者的需求，帮助媒体设计一个"新闻钩"，就像一个"引子"将你的信息顺理成章地推销出去。

一场新闻发布会通常仅设置一个主题，围绕该主题可以提供几条重点信息。为了使记者的报道更集中、力度更大，重点信息不能太多，最好不超过 3 条。

（2）新闻发布会标题的拟定。在拟定新闻发布会的标题时要注意以下几点。

①避免使用新闻发布会的字样。我国对新闻发布会有严格的申报、审批程序，对企业而言，并没有必要如此烦琐，所以直接把发布会的名字定义为"……信息发布会"或"……媒体沟通会"即可。

②发布会的主旨内容要在标题中说明，如"××企业2018新品信息发布会"。

③通常情况下，需要说明会议举办的时间、地点和主办单位。这些内容可以在发布会主标题下以稍小字体出现。

（3）新闻发布会时机的选择。以企业为例，新产品的开发、经营方针的改变或企业负责人或高级管理人员的更换、企业的合并、逢重大纪念日、发生重大伤亡等事件时，都可以举行发布会。

在选择新闻发布会召开的时机时要注意：避开节日与假日，避开本地的重大活动，避开其他单位的发布会，避免与新闻界的宣传报道重点相左或撞车。恰当的时机选择是发布会取得成功的保障。

（4）新闻发布会时间的确定。在确定新闻发布会的时间时主要考虑媒体的截稿时间。大部分新闻机构的截稿时间在中午以后，黄金时间的电视新闻在下午截稿，日报一般在晚上截稿。为了给记者留出充裕的时间编写新闻稿件，发布会最好安排在周一至周四上午 9 点至 10 点，最晚也不要晚于下午 3 点至 5 点。一场发布会的时长一般控制在两个小时以内。

针对重大突发事件的新闻发布会，原则是越快越好，不论在什么时间都可以立即召开新闻发布会，向媒体通报最新情况、澄清事实，以免谣言泛滥。针对突发事件的新闻发布会的时长可以很短，相关单位可以多次召开新闻发布会，一有新的情况就向记者透露，以吸引他们的注意力。

（5）记者的邀请。

①首先应对出席发布会的记者的范围进行确定，具体应视问题涉及范围或事件发生的地点而定。一般情况下，参会人员应是与特定事件相关的新闻界人士和相关公众代表。为了提高单位的知名度，扩大影响而宣布某一消息时，邀请的新闻单位通常多多益善；而在说明某

一活动、揭示某一事件,特别是本单位处于不利地位时,邀请新闻单位的范围则不宜过于宽泛。在邀请参加新闻发布会的新闻单位时要尽可能地先邀请影响力大、报道公正、口碑良好的新闻单位。例如,事件和消息只涉及某一城市,一般就只请当地的新闻记者参加即可。

②邀请对象一经确定,应提前发出采访邀请。这样可以让对新闻发布会主题不熟悉的人有时间了解一些新闻背景。在召开新闻发布会前,新闻发言人应主动与记者接触,了解他们关心的问题。

学霸笔记

影响媒体记者参加新闻发布会的几个主要因素

1. 是否对口

综合性报纸和财经类报纸的新闻报道有跨行业交叉报道的可能,但是对于大多数都市报的记者而言,是否对口是他们在进行新闻报道前要考虑的首要因素。

2. 是否有贴近性

是当地政府活动还是外地政府活动?是本地企业还是外地企业?是央企还是地方龙头企业?都市类媒体更愿意参加"本地性"的新闻活动。

3. 是否有新闻性

中央媒体、全国性媒体和地方都市类媒体在新闻性的判断上是有区别的,在具备一切新闻要素的前提下,中央级综合性媒体的新闻报道更倾向于从大背景、大主题、大角度切入,而都市类媒体的新闻报道更多地从易于被普通百姓熟知和接受的小角度切入。因此,相关企业在准备新闻稿的时候,最少要有3～5个版本,并且新闻素材要丰富。

4. 是否有新闻采访权

在很多新闻发布会上出现最多的是平面媒体记者的身影,这是因为某些门户网站没有新闻采访权,只有几个主流新闻有采访权。某些门户网站提供的内容服务基本上都是"信息集锦"——只能转载,不能独创。所以,为了让新闻发布会的内容第一时间出现在网络上,邀请网络媒体记者出席新闻发布会时应区分清楚哪些媒体拥有新闻采写权,哪些媒体只能转载相关报道。

导师提问:请你帮李想考虑一下,公司的新项目信息发布会应该邀请哪些记者到场?
我的想法:

（6）会址的选择。发布会的地点除了可考虑在本单位或事件所在地举行外，还可考虑租用宾馆、饭店举行。如果希望造成全国性影响，则可在首都或某个大城市举行。特定主题的新闻发布会，可以选择有特色的场地，以增强传播效果。

学霸笔记

选择新闻发布会地点的技巧

相关单位在确定新闻发布会的地点时主要应考虑给记者创造各种方便采访的条件。

1. 交通应比较便利，能够解决停车问题。
2. 会场设备齐全，如有辅助灯光、网络直播所需的网络插口、扩音设备、电源插座等，尽可能照顾到各种媒体的技术需求。
3. 会场应相对封闭，以免外面人员走动、说话等干扰发布会的正常进行。

（7）材料的准备。发布会材料的收集整理是发布会准备工作中最重要也是最花费精力的环节。发布会材料的准备应围绕发布会的主题和确定的口径进行。在举行发布会之前，主办单位要事先准备好以下材料。

① 发言提纲。发言提纲是发言人在发布会上进行正式发言时的发言提要，应紧扣主题，体现全面、准确、生动、真实的原则。

② 问答提纲。为了使发言人在发布会现场回答提问时表现自如，可在对被提问的主要问题进行预测的基础上，形成问答提纲及相应的答案，供发言人参考。

③ 报道提纲。相关单位事先精心准备一份以有关数据、图片、资料为主的报道提纲，并打印出来，在发布会开始前将其提供给新闻记者。在报道提纲上应写明本单位的名称、联系方式等，便于日后联系。

④ 形象化视听材料。将这些材料供参会人员利用，可增强发布会的效果。形象化视听材料包括图表、照片、实物、模型、录音、录像、影片、幻灯片等。

⑤ 提供给媒体的资料。一般用广告手提袋或文件袋将提供给媒体的资料装好，按顺序摆放，在新闻发布会开始前发放给媒体。提供给媒体的资料如下。

a. 会议议程。
b. 新闻通稿。
c. 演讲发言稿。
d. 发言人的背景资料介绍（包括头衔、主要经历、所取得的成就等）。
e. 公司宣传册。
f. 产品说明资料（新产品的信息发布）。
g. 有关图片。
h. 纪念品（或纪念品领用券）。
i. 企业新闻负责人的名片（不便新闻发布会后进行进一步采访、新闻发表后寄达联络）。
j. 空白信笺、笔（方便进行记录）。

(8) 发布会的会务准备。

① 设备调试。检查话筒是否良好，固定电话、移动话筒及音箱之间是否会产生噪声，灯光的亮度是否合适，空调是否运行正常，电源插座、网络接口等是否完好，用于备份的录音、录像设备是否已充电，投影仪是否可与电脑正常连接，同声传译设备的信号是否清晰无干扰。

② 现场分工。在新闻发布会开始前就要明确每一位工作人员在现场的任务，如记者接待员、会场服务员、翻译人员等。

知识点 2　新闻发布会人员的安排

新闻发布会的人员安排的关键是要选好主持人和发言人。新闻发言人的选择应根据发布会的主题确定。新闻发言人一般由本单位的主要负责人担任，除了在社会上口碑较好、与新闻界关系较为融洽，对新闻发言人的基本要求是修养良好、学识渊博、思维敏捷、能言善辩、彬彬有礼。一般来说，发言人的职位越高、名气越大，对媒体记者的吸引力越大。但是在选择发言人时首要考虑因素是对内容的掌握程度，对发布内容越熟悉，参与相关决策越多，其权威性越强，更容易应对记者提出的各种问题。此外，发言人最好是受过新闻发言人培训的人员，掌握对待记者的基本原则和回答棘手问题的技巧。答记者问的人员可由身经百战的新闻发言人自己来当，对于围绕专业性强的主题召开的新闻发布会，也可以请相关分管领导、专家出任新闻发言人。

新闻发布会的主持人应由主办单位的公关部长、办公室主任或秘书长担任。新闻发布会的主持人应仪表堂堂、年富力强、见多识广、反应灵活、语言流畅、幽默风趣，善于把握大局、引导提问和控制会场，具有丰富的会议主持经验。新闻发布会的主持人，主要负责控制新闻发布会的节奏：宣布发布会开始和结束、说明发布会主题、介绍发言人、指定记者提问。在例行新闻发布会上，新闻发言人一般兼任主持人。

在发布会召开前还要精选一批负责会议现场工作的礼仪接待人员，礼仪接待人员一般由相貌端正、工作认真负责、善于交际应酬的年轻女性担任。

值得注意的是，所有出席新闻发布会的人员均需佩戴统一的胸卡，胸卡上面要写清姓名、单位、部门与职务。

学霸笔记

新闻通稿的准备技巧

新闻通稿主要有以下两种形式。

1. 消息稿

消息稿通常字数较少，一般在1000字以内；发布较快，有的媒体在会议结束一小时内就已经将消息稿发出了。

2. 通讯稿

通讯稿的篇幅较长，内容丰富，一般是深度分析，重点报道。对消息稿中没有讲清楚的问题，一般在通讯稿中进行详细阐述。消息稿一般有一篇即可，通讯稿则可以针对一件事情从不同角度撰写多篇，也可以以答记者问的形式出现。

此外，在提供给记者新闻通稿的同时还应提供以下材料。

（1）背景材料和图片资料。这些资料一般以书面形式提供，也可以另附光盘。

（2）重要发言。对新闻记者有用的发言稿。例如，企业最高负责人的发言，技术、营销等部门的分管领导的发言等，有些有新闻价值的代表的发言也可以放在提供给新闻记者的资料中。

（3）参会重要人物、知名人士的相关资料。

7.2.2 会议进行中的服务

知识点 1　新闻发布会的会务服务

（1）会议签到。要搞好新闻发布会的签到工作，让记者和参会人员在事先准备好的签到簿上写下自己的姓名、单位、联系方式等。记者及参会人员签到后按事先安排把参会人员引领到会场就座。

（2）态度真诚主动。新闻发布会的工作人员与服务人员自始至终都要注意对待记者的态度，因为接待记者的质量直接关系到新闻媒体发布消息的成败。记者希望接待人员对其尊重、热情，除了解其所在的新闻媒介及其作品，还希望接待人员能为他们提供工作上的便利，如一条有发表价值的消息，一个有利于拍摄的角度等。接待人员应尽量满足记者的合理要求，对待记者千万不能趾高气扬、态度傲慢，一定要温文尔雅、彬彬有礼。

知识点 2　新闻发言人与主持人礼仪

（1）严格遵守会议程序。新闻发言人与主持人要严格遵守会议程序。主持人要充分发挥主持者和组织者的作用，宣布会议的主要内容、提问范围及会议时长，发布会时长一般不超过两小时。主持人、新闻发言人讲话的时间不宜过长，否则会影响记者提问，对记者提出的问题应逐一予以回答,不可与记者发生冲突。会议主持人要始终把握会议进程,维护会场秩序，主持人和发言人在会前不要单独会见记者或向其提供任何信息。

（2）注意相互配合。在新闻发布会上,主持人和发言人要相互配合。为此首先要明确分工，各司其职，不允许越俎代庖。在新闻发布会进行期间，主持人和发言人通常要保持一致的口径，不允许公开顶牛、相互拆台。当新闻记者提出的某些问题过于尖锐而难以回答时，主持人要不着痕迹地转移话题,避免新闻发言人难堪。而当主持人邀请某位记者进行提问后，新闻发言人一般要给予对方适当的回答，不然，不论是对那位新闻记者还是对主持人都是不礼貌的。

（3）服饰规范。在新闻发布会上主持人、新闻发言人应化淡妆，发型应庄重大方。男士应着深色西装套装、白色衬衫、黑袜黑鞋、系领带；女士应穿单色套裙、肉色丝袜、高跟皮鞋，一般不宜佩戴首饰。在面对媒体时，主持人、新闻的发言人的举止应自然而大方，面含微笑，坐姿端正。

7.2.3 会后工作

新闻发布会结束后，主办单位应在一定时间内，对本场新闻发现会进行一次认真的评估，做到善始善终。

知识点 1　整理会议资料

整理会议资料有助于全面评估新闻发布会的效果，为今后举行类似会议提供借鉴。在新闻发布会后，相关人员应尽快整理会议记录材料，对发布会的组织、布置、主持和回答问题等方面工作进行回顾和总结，从中吸取经验，找出不足。

知识点 2　收集各方反映

（1）收集参会人员对会议的总体反映。检查在接待、安排、服务等方面的工作是否有欠妥之处，以便今后进行改进。

（2）收集新闻界的反映。了解一下参会的新闻界人士有多少人为此次新闻发布会发表了稿件，并对其进行归类分析，找出舆论倾向。同时，对各种报道进行检查，若出现不利于本组织的报道，应制定应对策略。若发现不正确或歪曲事实的报道，应立即采取行动，说明真相；如果是由于己方失误而产生了问题，应通过新闻媒体表示歉意，以挽回声誉。

德润礼行

金凤颁诏

"金凤颁诏"是明清时期，皇帝登基、册立皇后等重大庆典时在天安门举行的颁诏仪式。据《日下旧闻考》记载："凡国家大庆，覃恩，宣诏书于门楼上，由垛口正中，承以朵云，设金凤衔而下焉。"就是说，皇帝发布重大命令（诏书）时，要在天安门上进行一套隆重烦琐的仪式，才能向全国各地发布。这表明天安门在封建统治者心中具有重要的政治地位。

在进行颁诏仪式时，于城楼大殿前正中设立宣诏台。由礼部尚书在紫禁城太和殿奉接皇帝诏书（圣旨），盖上御宝，把诏书敬放在云盘内，捧出太和门，置于抬着的龙亭内，再出午门，登上天安门城楼。然后将诏书恭放于宣诏台上，由宣诏官进行宣读。文武百官按等级依次排列于金水桥南，面北而跪，恭听。宣诏毕，遂将皇帝诏书放在一只木雕金凤的嘴里，再用黄绒绳从上系下，礼部官员托着朵云盘在下跪接，接着用龙亭将诏书抬到礼部，用黄纸誊写，分送各地，布告天下。这是封建帝王颁发诏书的全过程，称为金凤颁诏。

在现代商务活动中，政府或某个社会组织通常会在新闻发布会上直接向外界发布政府政策或组织信息，解释政府或组织的重大政策和事件。新闻发布会通常是政府机关、企业单位向公众发布最新政策走向、最新产品推介等重要活动，对于国家、企业形象的建立有良好的辅助作用。

古往今来我国一直十分注重礼仪，守礼法、行礼教、讲礼信、遵礼义已内化为一种民众的自觉意识。

因此，商务人员在遵守新闻发布会礼仪规范，注意工作细节，做好信息发布工作的同时，还要传承中华优秀传统礼仪文化，增强我们的文化自信，在国际商务舞台上塑造好中国商务人员形象。

我们的计划

快来和我们一起制订自己的学习计划吧！

见工具单 7-2-1

我们来操作

任务1　根据情景2，帮助李想拟一份信息发布会的材料清单

1. 操作步骤

（1）根据情景2，确定发布会的主题。
（2）根据情景2，确定信息发布会材料的目录。
（3）教师进行现场指导。
（4）教师进行评价。

2. 操作要点

在举行信息发布会之前，主办单位要事先准备好如下材料：发言提纲、问答提纲、报道提纲、形象化视听材料、提供给媒体的资料等。

任务2　根据情景2，撰写一份信息发布会的新闻通稿

1. 操作步骤

（1）讨论撰写新闻通稿的要点。
（2）拟定撰写提纲。
（3）练习撰写新闻通稿。
（4）教师给予指导并评价。

2. 操作要点

新闻通稿主要包括以下内容。
（1）消息稿。消息稿的通常字数较少，一般在1000字以内，发布很快。
（2）通讯稿。通讯稿篇幅较长，内容充实，一般是深度分析，重点报道。
（3）背景资料。
（4）图片资料。

(5)重要发言。对新闻记者有用的发言稿。

(6)参会重要人物、知名人士的相关资料。

任务3　根据情景2，筹备并举办一次新项目信息发布会

1. 操作步骤

(1)制定信息发布会的筹备方案，提出工作计划。

(2)针对所制定的筹备方案征求教师意见，教师提出修改建议。

(3)对筹备方案进行修改，学生进行模拟演练。

(4)准备举行新闻发布会所需要的物品，演示者穿着合适的服饰。

(5)学生进行成果展示，教师进行评价。

2. 操作要点

新闻发布会操作要点如表7-2所示。

表7-2　新闻发布会操作要点

操作项目	操作标准	操作规范
会议主题、标题	主题明确，标题能反映主题	①发布会的主旨内容要在标题中进行说明。 ②会议举办的时间、地点和主办单位一般写在标题下方
会议时间	时机恰当，时间长短适中	①避开重要的政治事件和社会事件，避开节日与假日，避开其他单位召开新闻发布会的时间段，同时也应避免与新闻界的宣传报道重点撞车或相左。 ②举行新闻发布会的最佳时间是周一至周四的上午9点至11点，或是下午的3点至5点，发布会尽量不要选择在上午较早或晚上的时间段召开。 ③新闻发布会的时长应当限制在两个小时以内
会议地点	符合会议规模与主题	①会场的布置要与发布会的内容相统一。 ②离主要媒体、重要人物要近，交通便利，泊车方便
会议主持人	能够较好地代表公司形象	仪表堂堂、年富力强、见多识广、反应灵活、语言流畅、幽默风趣，善于把握大局、引导提问，并且具有丰富的会议主持经验
新闻发言人	能够较好地完成新闻发言人的任务	①身居要职。 ②有较强的沟通能力。 ③有较强的现场调控能力。 ④修养良好、能言善辩、彬彬有礼
邀请媒体	能够对会议进行有利报道	能够选择并邀请影响较大、主持正义、报道公正、口碑良好的媒体
会议材料	紧扣主题，全面、准确	会议议程，新闻通稿，演讲发言稿，发言人的背景资料介绍，公司宣传册，产品说明资料，有关图片，纪念品，企业新闻负责人名片，空白信笺、笔等

快来记录下我们的工作过程吧！

见工具单7-2-2

情境 7 开会的技巧——会务礼仪

我们的成绩

____分
成绩评价见工具单 7-2-3

训练项目 3　展销会礼仪

情景 3

部门经理例会开始后，文静刚想休息一下，同事小张就来找她，想请文静帮助完成公司近期将要举行的展销会的筹备工作。文静欣然接受，她认为新人就应该多学多做。

我们的任务

1. 请根据情景 3，撰写一份展销会筹备工作要点。
2. 根据展销会的礼仪要求，演示参展方相关人员的工作禁忌，并指出错误之处。
3. 根据情景 3，选择一款产品，帮助文静撰写一份展销会设计方案。

我们的目标

1. 了解展销会礼仪的相关要求。
2. 熟悉展销会的礼仪，并能与实践工作相结合。

展销会是为了展示产品和技术、拓展渠道、促进销售、传播品牌而进行的一种宣传活动。展销会通常以展出实物为主，并由相关人员对实物进行现场演示。这种直观、形象的活动，容易给参观者留下深刻的印象。展销会还是一种复合型的传播方式，是同时使用多种媒介进行交叉混合传播的过程，它集多种传播媒介于一体，有声音媒介，如讲解、交谈和现场广播，有文字媒介，如印刷的宣传手册、资料等，同时还有图像媒介，如各种照片、录像、幻灯片等。

7.3.1 展销会的组织

知识点 1 展销会主题的确定

每种类型的展销会都应有明确的主题和目的。只有展销会的主题明确了，才能对所有展品进行有机的排列组合，充分展示展品的风采。如果展销会的主题不明确，眉毛胡子一把抓，就很难把展品及各类资料有机地结合起来，势必影响展览效果。

展销会的名称一般包括三方面内容：基本部分、限定部分和行业标识。基本部分表明展销会的性质和特征，常用词有展销会、博览会、展览会、交易会和"节"等；限定部分说明展销会举办的时间、地点和性质；行业标识用来表明展览题材和展品范围。例如，"第××届××国出口商品交易会"，其基本部分是"交易会"，限定部分是"××国"和"第××届"，行业标识是"出口商品"。

展销会举办时间的表达方法有三种：一是用"届"来表示；二是用"年"来表示；三是用"季"来表示。例如，"第九届××国际服装节""2020 年××博览会""××春季消费品展销会"等。在这三种表达方法里，用"届"来表示时间是最常见的，它强调展销会举办的连续性。"××"代表展销会举办的地点，地点在展销会的名称里也要有所体现。展销会名称里体现展会性质的词主要有"国际""世界""全国""地区"等。例如，"第九届××国际服装节"中的"国际"表明本次展销会是一个国际性展销会。行业标识通常是一个产业的名称，或者是一个产业中的某一个产品大类。

学霸笔记

展销会时间与地点的确定

展销会举办的时间与地点的确定要依据展销会的目的、性质及预期效果等因素进行综合考虑。

在选择展销会的举办地点时要考虑以下几点。

情境 7 开会的技巧——会务礼仪

展销会在什么地方举办，即要确定展销会在哪个国家、哪个省或者是哪个城市举办。

展销会在哪个展馆举办。在哪个展馆举办展销会，要结合展销会的主题和定位而定。展销会的定位就是办展机构根据自身的资源条件和市场竞争状况，通过建立和发展展销会的差异化竞争优势，使自己举办的展会在参展销企业和相关人员心中形成一个鲜明而独特的印象的过程。另外，在选择展馆时，还要综合考虑使用该展馆的成本、展期安排是否符合自己的要求及展馆本身的设施和服务如何，交通、住宿是否方便，辅助设施是否齐全等因素。

展销会时间的长短没有统一标准，要视不同的展销会而定。有些展销会的时间可以很长，如"世博会"的展期长达几个月甚至半年；但对于占展销会比例最大的专业贸易展来说，其展期一般是3~5天。时间的选择还要于己有利、于参展者有利，并与商品的淡、旺季相匹配。

知识点 2 展销会的筹备

（1）搞好展销会的整体设计。任何一个展销会都是一项系统工程，在展销会开始前必须有详细的整体设计，包括举办展销会的场地、标语口号、展览会徽和会标、参展单位及项目、辅助设备、相关服务部门的设置和人员安排、信息的发布与媒体的联络、对工作人员的培训等，都需要进行设计，周密安排，某一个环节安排不当都会影响整个展销会的效果。

（2）成立对外新闻发布机构。展销会的主办方应成立专门的对外新闻发布机构，负责与媒体进行密切联系。在展销过程中往往会产生许多有新闻价值的东西，这就需要有关人员以敏锐的观察力去挖掘、分析并将这些有新闻价值的东西写成各种新闻稿件并发表，以扩大影响。同时，要成立专门机构，确定新闻发布的计划，如确定发布内容、发布时机、发布形式等，这样效果会更好。

（3）进行展销会的效果测定。展销会的效果一般体现在参会人员对展品的反映，对组织形象的认识及对整个展销会从内容到形式的总体看法等方面。为了检验展销会的效果，检验举办展销活动的目的实现与否，必须对展销效果进行测定。测定的方法很多，如设立观众留言簿，召开座谈会听取反馈，检验公众对展品的留意程度等。

学霸笔记

展销会期间工作人员的注意事项

1．在展销会期间，工作人员要注意记录客户资料的笔记本和参展样品的安全，防止被人偷窃。

2．每天闭馆后要及时开总结会，总结当天的工作，如发现问题及时解决。整理客户资料，对重要的大客户尽量及时跟进，与之保持联系。

3．布展前应列出物品清单，展会结束时要依照物品清单整理物品，避免遗漏。

4．展会期间要指定专人接待媒体。

5．遇到外籍人士，不要慌张，不要好奇。严禁在外宾面前和同事窃窃私语等。

7.3.2 参加展销会的礼仪

知识点 1　主办方人员的礼仪

主办方的工作人员要注意自己的形象，衣着要端庄，面容要修饰，举止要文雅。其中，主持人的形象最为重要，主持人的形象是组织实力的一种体现。因此，主持人应端庄、诚恳、气派，使公众由此对其所主持的展销会和展品产生信任感。此外，工作人员还应搞好与各参展单位的关系，做好各项服务工作，对既定的展期、展位、收费标准等，不能随意改动。

知识点 2　参展方礼仪

（1）讲解员礼仪。讲解员应热情礼貌地对客户的到来表示欢迎，讲解要流畅，不用冷僻字，要让公众听懂。讲解员对展品的介绍要实事求是，不弄虚作假，不愚弄听众。讲解员在讲解时语言清晰流畅，保证声音洪亮悦耳，语速适中。解说完毕，应向听众表示谢意。讲解员着装要整洁，打扮应自然得体，举止庄重，动作大方。

（2）接待员礼仪。接待员应以站姿迎接参观者。站立时切勿双脚不停移动，表现出内心的不安稳、不耐烦，也不要一脚交叉于另一只脚前，因为这是不友善的表示。接待人员不可随心所欲地趴在展台上或跷着"二郎腿"，嚼着口香糖，充当"守摊者"。接待员应随时与参观者保持目光交流，目光要坚定，以表现自己的坦然和自信。

（3）工作人员礼仪。参展单位的工作人员除具备与产品有关的专业素质外，还要掌握与展览相关的知识与技能，礼貌地对待每一位参观者。参展单位的工作人员要统一着装，胸前佩戴标明本人单位、姓名、职务的胸卡，应把胸卡戴在边。

参展单位的工作人员要用热情、诚恳、平等的态度接待每一位参观者。当参观者进入展位时，要主动打招呼，以示欢迎。对于参观者提出的问题要做到百问不烦、认真回答，当参观者离开时，工作人员要主动与其道别，不能以貌取人。

学霸笔记

展销会上参观者的礼仪

作为展销会的参观者，要服从大会管理，遵守大会秩序，不嬉笑打闹，不乱摸、乱拿展品，与组织者共同维护展销会的秩序和声誉，做一个文明、守法的参观者。

知识点 3　参展方人员的工作禁忌

参展方的工作人员应随时注意自己的行为举止，尽量避免给客户留下不良印象。

（1）不要坐着。在展销会期间坐在展位上，会给客户留下不良印象。

（2）不要看书或玩手机。通常你只有 2～3 秒的时间引起对方的注意，如果你只顾低头看杂志或玩手机，是不会引起他人注意的。

（3）不要在展会上吃喝。在展会上吃喝会显得自己很随便，而且在你吃东西时潜在客户是不会打扰你的。

（4）尽量不要打电话。每多打一分钟电话，就会同潜在客户少交谈一分钟。

（5）不要与参观者发生冲突。对于个别不遵守展销会规则、乱摸、乱动展品的参观者，要以礼相劝，必要时可请保安人员协助，但参展方的工作人员应避免与参观者直接发生冲突。

（6）不要与其他展位的人闲谈。当参展方工作人员与其他展位的人闲谈时，参观者就会觉得不被重视而不会光临展位，从而导致参展方丧失潜在客户。工作人员应尽量寻找潜在客户并与之进行交谈，而不是与参展同伴或临近展位的员工闲谈。

（7）不要聚群。如果工作人员与两个或更多参展伙伴或其他非潜在客户一起交谈，就是聚群。在参观者眼中，走近一群陌生人总令人心里发虚。参展方工作人员应在自己的展位上营造一个温馨、开放、吸引人的氛围。

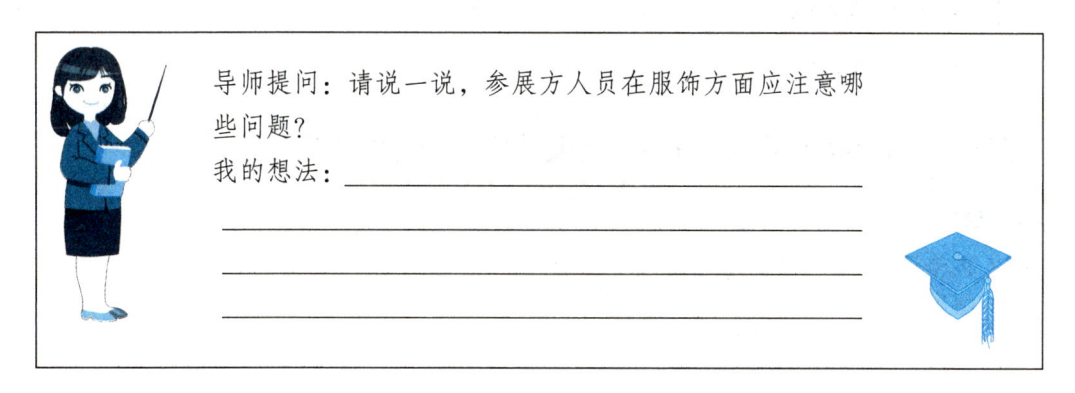

导师提问：请说一说，参展方人员在服饰方面应注意哪些问题？
我的想法：_____
_____
_____

德润礼行

君子"九容"

古圣贤所谓君子，其言谈举止、行动坐卧皆讲仪度，称"君子之容"。"凡君子，举止舒迟不迫，体貌闲雅温润。"具体而言有"九容"。据儒家经典《礼记·玉藻》："足容重，手容恭，目容端，口容止，声容静，头容直，气容肃，立容德，色容庄，坐如尸。"

"足容重"是指无论站立还是行走，都应脚步稳重，挺拔中正，不要左摇右晃，颠步行走。

"手容恭"是指手摆放的位置。行礼时要高而正，不能随随便便。

"目容端"端是指看人的眼神要正，而且不要眼波流转，游移不定。

"口容止"是指不妄言，少说为贵。

"声容静"是指说话的声音要平静，不能大声嚷嚷，更不能吼，那样会让人感到不安。

"头容直"是指脑袋不歪斜，不倾顾，不摇晃。头不直则不正。

"气容肃"是指应保持呼吸均匀，不出粗声怪音。

"立容德"是指站姿可以表现一个人的德行，站立时不倚不靠，挺身而立，不仅精神饱满，而且也是对他人的尊重。

"色容庄"是指在正式的场合中，神色要庄重严肃，不嬉戏逗闹。

"九容"是古人对君子的日常行为礼仪规范，它以其具体和可操作性让我们直观地领略到了传统礼仪之美，充分体现了现代商务礼仪基本原则中的尊重原则、和谐原则和审美原则。商务人员可以借鉴圣贤的智慧于当下生活与工作中，努力做一个内外兼修、仪表堂堂、文质彬彬的高尚的人，从自身做起，用行动传承中华文明礼仪。

我们的计划

快来和我们一起制订自己的学习计划吧！　　　见工具单 7-3-1

我们来操作

任务 1　请根据情景 3，撰写一份展销会筹备工作要点

1. 操作步骤

（1）根据情景 3，讨论展销会筹备工作要点。
（2）撰写展销会筹备工作要点。
（3）教师进行指导并点评。

2. 操作要点

（1）明确展销会的主题，每种类型的展销会都应有其明确的主题和目的。
（2）展销会时间与地点的确定，要依据展销会的目的、性质及预期效果等因素进行综合考虑。
（3）成立对外新闻发布机构，负责与媒体的沟通和联系。

任务 2　根据展销会的礼仪要求，演示参展方人员的工作禁忌，并指出错误之处

1. 操作步骤

（1）学习有关参展方人员工作禁忌的相关知识并讨论。
（2）各小组练习演示参展方人员的工作禁忌。
（3）小组成员互相指出演示的错误之处。
（4）教师现场指导并进行点评。

2. 操作要点

参展方人员的工作禁忌有如下几个。

（1）坐着。
（2）看书或玩手机。
（3）在展销会期间吃喝。
（4）打电话。
（5）与参观者发生冲突。

（6）与其他展位的人闲谈。
（7）聚群。

任务 3 根据情景 3，选择一款产品，帮助文静撰写一份展销会设计方案

1. 操作步骤

（1）选择一款产品，撰写展销会的设计方案草稿，制订工作计划。
（2）针对方案征求教师意见，教师提出修改建议。
（3）对设计方案进行修改。
（4）演示者穿着合适的服饰。
（5）将设计方案制作成 PPT 文稿，对成果进行展示。

2. 操作要点

展销会操作要点如表 7-3 所示。

表 7-3 展销会操作要点

操作项目	操作标准	操作规范
展销会主题	主题鲜明	① 展销会的主题要通过其标题准确地反映出来。 ② 名称包括基本部分、限定部分和行业标识
时间、地点	符合展会性质及预期效果	① 展馆的成本符合会议预算要求，展期安排符合己方要求。 ② 展馆的设施和服务良好，交通、住宿方便，辅助设施齐全。 ③ 时间长短符合展会性质，一般是 3～5 天。 ④ 展会时间与商品的淡、旺季相匹配
参展单位	谨慎选择，以恰当的方式邀请	① 邀请方式主要为刊登广告、寄发邀请函、召开新闻发布会、发布网上公告等。 ② 在邀请函或广告中要明确展销会的时间和地点、报名参展的具体时间和地点、主办方的联络方法、参展单位要承担的基本费用等。 ③ 主办方对报名参展的单位进行必要的审核
展会内容宣传	广泛、有效	① 设计好展销会的会徽、会标及相关的宣传标语，对展销会的主题、内容、时间、地点等进行广泛宣传。 ② 主办单位成立专门的对外新闻发布机构
布展制作	烘托展会主题，引人注目，井然有序	① 采用照明系统。 ② 设置主题式展览摊位。 ③ 整齐化展览，展品合理搭配、互相衬托。 ④ 选用少量且较大的图片
辅助服务	全面、便利	① 展品的运输、安装与保险措施。 ② 车票、船票、机票的订购。 ③ 通信、联络设施的准备。 ④ 举行商务会议或休息时所使用的场所。 ⑤ 餐饮及有关展览时使用的零配件。 ⑥ 供参展单位选用的礼仪、讲解、翻译、推销等方面的工作人员
计划编制	全面、准确	① 展会进度计划。 ② 现场管理计划。 ③ 相关活动计划

快来记录下我们的工作过程吧！　　　　见工具单 7-3-2

我们的成绩

____分
成绩评价见工具单 7-3-3

情境 7 训练项目 1 工具单

工具单 7-1-1　训练项目 1 计划单

班级：_____　组别：_____　项目负责人：_____

我们的任务	我的任务及合作伙伴	需要的知识点	完成时间
1. 根据情景 1 中的内容，帮助文静确定参会人员，并绘制一张会议的座次安排图			
2. 如果文静的公司举行全体员工大会，请你在确定参会人员的同时绘制一张会场座次安排示意图			
3. 根据情景 1 中设计的会议背景，帮文静准备一份商务会议礼仪备忘录			

_____年_____月_____日

工具单 7-1-2　训练项目 1 记录单

日期：_____　班级：_____　组别：_____

任务 1　根据情景 1 中的内容，帮助文静确定参会人员，并绘制一张会议的座次安排图
　　完成情况：请在相应的完成情况前画"√"。
　　　　□顺利完成　　　□基本完成　　　□部分完成　　　□不能完成

任务 2　如果文静的公司举行全体员工大会，请你在确定参会人员的同时绘制一张会场座次安排示意图
　　完成情况：请在相应的完成情况前画"√"。
　　　　□顺利完成　　　□基本完成　　　□部分完成　　　□不能完成

任务 3　根据情景 1 中设计的会议背景，帮文静准备一份商务会议礼仪备忘录
　　完成情况：请在相应的完成情况前画"√"。
　　　　□顺利完成　　　□基本完成　　　□部分完成　　　□不能完成

自我评价：

工具单 7-1-3　商务会议礼仪评价表

评价项目	评价标准	是否做到	存在问题
出席会议人员形象	① 男士理发、剃须、吹头发；女士选择端庄、素雅的发型，化淡妆	□是　□否	
	② 穿着正统、简约、高雅、规范的正式礼服装	□是　□否	
	③ 礼貌地提问、用心地倾听、坦诚地回答、友好地辩论	□是　□否	
会议服务礼仪	① 会议迎宾服务	□是　□否	
	② 进行会场服务	□是　□否	
	③ 做好会议记录和简报	□是　□否	
	④ 做好会后服务的准备	□是　□否	
会议座次安排	① 小型会议的排座	□是　□否	
	② 大型会议的排座	□是　□否	
教师评语			

情境 7 训练项目 2 工具单

工具单 7-2-1　训练项目 2 计划单

班级：_____　组别：_____　项目负责人：_____

我们的任务	我的任务及合作伙伴	需要的知识点	完成时间
1. 根据情景 2，帮助李想拟一份信息发布会的材料清单			
2. 根据情景 2，撰写一份信息发布会的新闻通稿			
3. 根据情景 2，筹备并举办一次新项目信息发布会			

_____年_____月_____日

工具单 7-2-2　训练项目 2 记录单

日期：_____　班级：_____　组别：_____

任务 1　根据情景 2，帮助李想拟一份信息发布会的材料清单
　　完成情况：请在相应的完成情况前画"√"。
　　　　□顺利完成　　　□基本完成　　　□部分完成　　　□不能完成

任务 2　根据情景 2，撰写一份信息发布会的新闻通稿
　　完成情况：请在相应的完成情况前画"√"。
　　　　□顺利完成　　　□基本完成　　　□部分完成　　　□不能完成

任务 3　根据情景 2，筹备并举办一次新项目信息发布会
　　完成情况：请在相应的完成情况前画"√"。
　　　　□顺利完成　　　□基本完成　　　□部分完成　　　□不能完成

自我评价：

工具单 7-2-3　模拟新项目信息发布会评价表

评 价 项 目	评 价 标 准	是否做到	存在问题
会议主题、标 题	① 发布会的主旨内容要在标题中说明	□是　□否	
	② 会议举办的时间、地点和主办单位应写在标题下方	□是　□否	
会议时间	① 避开重要的政治事件和社会事件，避开节日与假日，避开其他单位的新闻发布会，避免与新闻界的宣传报道重点撞车或相左	□是　□否	
	② 举行新闻发布会的最佳时间为周一至周四的上午 9 点至 11 点，或是下午 3 点至 5 点，尽量不要选择在上午较早或晚上的时间段举行新闻发布会	□是　□否	
	③ 新闻发布会的时长应当限制在两个小时以内	□是　□否	
会议地点	① 场地的布置要与发布会的内容相统一	□是　□否	
	② 离主要媒体、重要人物较近，交通便利，泊车方便	□是　□否	
发布会主持人	仪表堂堂、年富力强、见多识广、反应灵活、语言流畅、幽默风趣，善于把握大局、引导提问，具有丰富的会议主持经验	□是　□否	
新闻发言人	身居要职，有较强的沟通能力，有较强的现场调控能力，修养良好，能言善辩，彬彬有礼	□是　□否	
邀请的媒体	影响力大、主持正义、报道公正、口碑良好	□是　□否	
会议材料	会议议程，新闻通稿，演讲发言稿，发言人的背景资料介绍，公司宣传册，产品说明资料，有关图片，纪念品，企业新闻负责人名片，空白信笺、笔等	□是　□否	
教师评语			

情境 7 训练项目 3 工具单

工具单 7-3-1　训练项目 3 计划单

班级：_____　组别：_____　项目负责人：_____

我们的任务	我的任务及合作伙伴	需要的知识点	完成时间
1. 请根据情景 3，撰写一份展销会筹备工作要点			
2. 根据展销会的礼仪要求，演示参展方人员的工作禁忌，并指出错误之处			
3. 根据情景 3，选择一款产品，帮助文静撰写一份展销会设计方案			

_____ 年 _____ 月 _____ 日

工具单 7-3-2　训练项目 3 记录单

日期：_____　　班级：_____　　组别：_____

任务 1　请根据情景 3，撰写一份展销会筹备工作要点

　　完成情况：请在相应的完成情况前画"√"。

　　　　□顺利完成　　　　□基本完成　　　　□部分完成　　　　□不能完成

任务 2　根据展销会的礼仪要求，演示参展方人员的工作禁忌，并指出错误之处

　　完成情况：请在相应的完成情况前画"√"。

　　　　□顺利完成　　　　□基本完成　　　　□部分完成　　　　□不能完成

任务 3　根据情景 3，选择一款产品，帮助文静撰写一份展销会设计方案

　　完成情况：请在相应的完成情况前画"√"。

　　　　□顺利完成　　　　□基本完成　　　　□部分完成　　　　□不能完成

自我评价：

工具单 7-3-3　展销会筹备方案评价表

评价项目	评价标准	是否做到	存在问题
展销会主题	展销会的主题要通过其名称准确地反映出来	□是　□否	
时间、地点	①展馆的成本符合会议预算要求，展期安排符合己方要求	□是　□否	
	②展馆的设施和服务良好，交通、住宿方便，辅助设施齐全	□是　□否	
	③时间长短符合展会性质	□是　□否	
	④展销会的时间与商品的淡、旺季相匹配	□是　□否	
参展单位	①邀请方式主要为刊登广告、寄发邀请函、召开新闻发布会、发布网上公告等	□是　□否	
	②邀请函或广告中要明确展销会的时间和地点、报名参展的具体时间和地点、主办方的联络方法、参展单位要承担的基本费用等	□是　□否	
	③主办单位对报名参展的单位进行必要的审核	□是　□否	
展会内容宣传	①设计好展销会的会徽、会标及相关的宣传标语，对展销会的主题、内容、时间、地点等进行广泛宣传	□是　□否	
	②主办单位成立专门的对外新闻发布机构	□是　□否	
布展制作	①采用照明系统	□是　□否	
	②设置主题式展览摊位	□是　□否	
	③整齐化展览，展品合理搭配、互相衬托	□是　□否	
	④选用少量且较大的图片	□是　□否	

续表

评价项目	评价标准	是否做到	存在问题
辅助服务	① 展品的运输、安装与保险措施	□是 □否	
	② 车票、船票、机票的订购	□是 □否	
	③ 通信、联络设施的准备	□是 □否	
	④ 举行商务会议或休息时所使用的场所	□是 □否	
	⑤ 餐饮及有关展览时使用的零配件	□是 □否	
	⑥ 供参展单位选用的礼仪、讲解、翻译、推销等方面的工作人员	□是 □否	
计划编制	① 展会进度计划	□是 □否	
	② 现场管理计划	□是 □否	
	③ 相关活动计划	□是 □否	
教师评语			

情境 8　闪亮登场——商务仪式礼仪

情境导入

午休后，李想和文静精神饱满地回到了工作岗位，开始了紧张的工作。

训练项目 1　签约仪式礼仪

情景 1

刚开始下午的工作,文静就接到了经理交给她的一项新任务:负责筹备本公司与马来西亚一家公司的新项目签约仪式。文静知道合同的签署对于公司来说是一件很重要的事情,她丝毫不敢马虎,迅速地投入了准备工作。

我们的任务

1. 根据情景 1,演示布置签字桌。
2. 根据情景 1,确定参加签约仪式的人员,帮助文静设计一张签约仪式座次排列图。
3. 根据情景 1,帮助文静制定一份详细的签约仪式执行方案。

我们的目标

1. 了解签约仪式的程序。
2. 学会撰写签约仪式执行方案。
3. 熟练运用签约仪式礼仪技巧。

我们来学习

签约仪式,也称签字仪式,是签约双方或多方,在就某一领域或问题通过谈判达成的协议或订立的合同上签字的一种仪式活动。它一般发生在政府、部门、企业之间，有比较严格的程序及礼仪规范，是一种比较隆重、庄严的仪式。在商务活动中，人们举行签约仪式之前，通常会竭力做好签约仪式的准备工作。

8.1.1 签约仪式的准备工作

知识点 1　签字厅的布置

签约仪式使用的签字厅可以设专用签字厅，也可以将会议厅或会客室按照签字厅的规范进行布置。签字厅的布置以庄重、清静、整洁为总原则。

布置一间标准的签字厅，应在室内满铺地毯，并摆放恰当数量的签字用桌椅，悬挂签字仪式的标识，除此之外其他物品一般不再摆设。正规的签字桌应为长桌，面向房门，横放于室内，桌上铺就深绿色的台呢。桌后摆放适量座椅。如果签署的是双边合同，桌子的后面应摆放两把座椅；如果签署的是多边合同，可以为每位签字人摆放一把座椅，也可以仅摆放一把座椅，供各方签字人签字时轮流就座。签字人在就座时，一般应当面对正门。

签字桌上应事先放好待签的合同文本、签字笔、墨水、吸墨器等签字时所用的文具。如果是国内地区、单位之间签约，也可在签字桌的两端摆上写有地区、单位名称的席位牌，如图 8-1 所示。

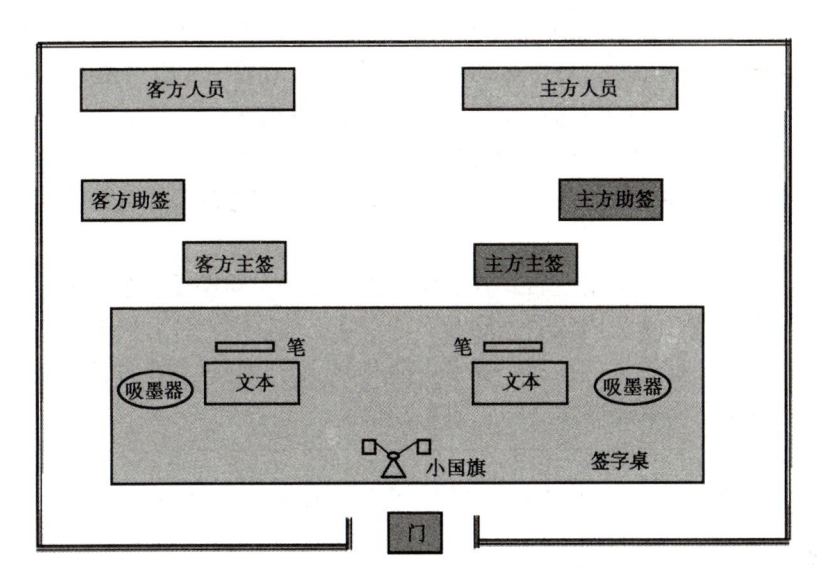

图 8-1

签字仪式的会标内容应清晰、醒目。会标应由签约双方单位名称、签字文本标题和"签字仪式"或"签约仪式"字样组成。会标应悬挂于签字厅桌椅的正后方。

知识点 2　国旗摆放的座次礼仪

涉外的签约仪式，还需要在签字厅悬挂签约双方国家的国旗。国旗摆放的礼仪要求主要体现在国旗的座次排列上。根据《中华人民共和国国旗法》及其使用的有关规定，当我国国旗与其他旗帜同时悬挂时,我国国旗代表国家,必须居于尊贵位置。所谓尊贵位置是指:第一,居前为上,即当我国国旗和其他旗帜有前有后时,国旗居前;第二,以右为上,当国旗与其他旗帜分左右排列时,国旗居右;第三,居中为上,当国旗与其他旗帜有中间与两侧之分时,中央高于两侧,国旗居中;第四,以大为上,当国旗与其他旗帜有大小之别时,国旗不能够小于其他旗帜;第五,以高为上,当国旗升挂位置与其他旗帜升挂位置有高低之分时,国旗应高于其他旗帜所在位置。

当我国国旗与其他国家国旗同时摆放时,如果活动以我方为主,即我方扮演主人的角色时,客方应该受到尊重,他国的国旗应处于尊贵位置;如果活动以外方为主,即由外方扮演主人的角色,则我国国旗应该处于尊贵位置。

布置涉外签约仪式的签字厅时,可以在签字桌的中间摆一个国旗架,分别挂上双方国旗(如图8-1),也可以将国旗悬挂在签字厅的墙面上或在签字桌正后方升挂。无论哪种摆放方法都需要注意国旗的摆放原则,即以右为上,客方国家的国旗摆放在右边,主方国家的国旗摆放在左边。如果是多方签约活动,则按照礼宾要求,按顺序摆放皆可。

知识点3　签字仪式的座次安排

在举行签字仪式之前,应预先确定好参加签字仪式的人员,并向其有关方面通报。在正式的签约仪式上,各方代表的座次最能体现其受到的礼遇,因此座次的安排应慎重对待。签约时各方代表的座次,是由主方代为先期排定的。按照商务礼仪的规范,在签署双边性合同时,应先请客方签字人在签字桌右侧就座,主方签字人同时在签字桌左侧就座。双方各自的助签人应分别站立于本方签字人的外侧,以便随时对签字人提供帮助。双方其他随员,可以按照一定顺序在己方签字人的正对面就座,也可以依次自左至右(客方)或是自右至左(主方)地列成一排,站立于己方签字人的身后。当一排站不完时,可以按照以上顺序并遵照"前高后低"的惯例,排成两排或多排。原则上,双方随员人数,应大体上相近(如图8-1)。

在签署多边合同时,可采用主席式签字仪式排座方法,即仅设一个签字席。各方签字人签字时,应依照有关各方事先同意的先后顺序,依次上前签字。各方代表的助签人,应随之一同行动。在助签时,助签人应站立于签字人的左侧。与此同时,有关各方随员,应按照一定的序列,在签字桌正面就座或站立,如图8-2所示。

导师提问:为什么要安排客方人员就座于签字桌的右侧?
我的想法:＿＿＿＿＿＿＿＿＿＿＿＿＿＿＿＿＿
＿＿＿＿＿＿＿＿＿＿＿＿＿＿＿＿＿＿＿＿＿＿＿
＿＿＿＿＿＿＿＿＿＿＿＿＿＿＿＿＿＿＿＿＿＿＿

> 学霸笔记

参加签约仪式的人员

1. 签字人

签字人是签字仪式上的主要角色。签字人可以是双方参加谈判的主谈人，也可另派更高级别的领导者作为签字人，以示重视。签字人要符合以下条件。

（1）具有法定资格。各方签字人必须具有企业法人代表资格，或者持有法人代表委托书。委托签字时，相关人员必须出示委托人亲笔签署的委托书。

（2）规格相当。各方签字人的职务和身份应当一致或大致相当。例如，企业之间举行签字仪式，一方由董事长签字，另一方也应当由董事长签字，没有十分特殊的情况，不应当派级别较低的人员代表其签字。

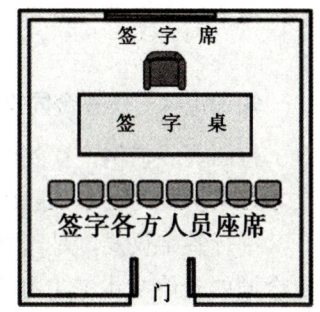

图 8-2

2. 领导者

为了表示对谈判成果的重视，签字各方也可以派出身份较高的领导者参加签字仪式，但应当注意规格大体相当。

3. 致辞人

如果安排致辞，一般由签字各方身份最高的人员分别致辞。有时也可安排上级机关或协调机构的代表致贺词。

4. 主持人

如果在签字仪式中安排致辞、祝酒等活动，应当有一位主持人介绍致辞人的身份。主持人一般由主办方派有一定身份的人员担任。

5. 见证人

见证人主要是参加会谈的人员，各方人数应当大致相等。有时也可邀请保证人、协调人、律师、公证机关的公证人员参加。

6. 助签人

助签人的主要职责是在签字过程中帮助签字人翻揭文本，指明签字之处。助签人必须十分了解文本的印制情况，熟悉业务，认真仔细，忠实可靠。双边签字时，双方助签人的人选应事先商定。在进行多边签字时，可由主办方派一名助签人，依次协助各方签字。派礼仪小姐担任助签人的做法，仅适用于一些喜庆性的签字仪式，而且事先一定要对礼仪小姐进行相关培训。

7. 群众代表

有时为了充分发挥签字仪式的激励和宣传教育作用，可邀请主办方或双方的部分员工代表参加，以鼓舞员工士气。

8. 记者

为了扩大影响，可邀请有关新闻单位派记者参加签字仪式。

知识点 4　待签合同文本的准备

按照商界惯例，在签约仪式开始前，应向在合同上签字的有关各方提供待签合同的正式文本，这份合同文本一般由举行签字仪式的主办方负责准备。

举行签字仪式，是一件严肃而庄重的大事。合同应经磋商拟订，并在决定正式签署时拟定合同的最终文本。主办方负责提供待签的合同文本，同时应会同有关各方一起指定专人，共同负责合同的定稿、校对、印刷与装订。主办方应向在合同上正式签字的有关各方提供一份待签的合同文本。必要时，还可再向各方提供一份副本。

待签的合同文本，应符合国际惯例的相关要求，用质量较好的白纸印制，按大八开的规格装订成册，并配以高档材料（如真皮、金属、软木等）的封面。

学霸笔记

合同文本的起草规则

在草拟合同时，除了在格式方面要标准、规范，还必须注意合法合规、符合常识、顾及合作伙伴等关键问题。

首先，草拟合同必须合法合规。在商务交往中，所有合法的正式的合同都具有法律约束力。它一旦订立，任何一方都不可擅自变更或解除。因此，商务人员必须熟悉国家的有关法律与法规，以便充分运用法律维护自身的正当权益。

从实际情况来看，商务人员在拟定合同时，必须遵守的有关法律、法规主要涉及商品生产、技术管理、外汇管制、税收政策及商检科目五个方面。

在草拟涉外商务合同时，还必须遵循我国法律与国际条法。遵循我国法律，是国家主权原则的体现，也是为了不损害我国的社会公共利益。遵循国际条法，则是为了在对外交往中更好地与国际社会接轨，在国际经济合作中少走弯路。

其次，草拟合同必须符合惯例。在草拟合同条款时，必须优先遵守法律、法规，尤其是优先遵守我国的法律、法规。如遇相关法律、法规尚未规定的情况，可遵循公认的国际惯例。

再次，草拟合同必须合乎常识。在草拟合同时，商界人士有必要使合同中的所有条款合乎常识，绝不能犯常识性错误。

最后，草拟合同必须顾及合作伙伴。正式合同的一大特征是有关各方必须协商一致，合同的订立出自各方的真实意愿。反之，如果一方恃强凌弱，仗势压人，把自己的意志强加于他方，强迫他人与自己订立"城下之盟"，那么合同即使勉强签署了，事后也会纠纷不断，那样对有关各方都没有好处。

因此，商务人员在草拟合同的具体条款时，既要"以我为中心"，优先考虑自己的切身利益，又要替他方多多着想，要顾全对方的体面，并且尽可能顾及他方的利益。这是促使合同为对方所接受的最佳途径。

8.1.2 合同签署礼仪

知识点 1　签约仪式的程序

签字过程是签约仪式的高潮，它所用的时间不长，但仪式程序应规范、庄严、隆重而热烈。签约仪式的正式程序如下。

（1）参考签约仪式的人员依次入场。参加签约仪式的双方代表及相关人员要准时步入签字厅。签字人应在签约台入座。双方的助签人员分别站立于各自主签人的外侧。其他人员分主方、客方，按身份顺序站立于签字人后排，客方人员按身份由高到低从中间向右边排列，主方人员按身份高低由中间向左边排列，如图8-3所示。记者或各方的员工代表可在签字台对面就座。

（2）签字人正式签署合同文本。通常的做法是签约仪式开始后，签字人先签署己方保存的合同文本，然后签署他方保存的合同文本。按照商务礼仪的相关规定，每位签字人在由己方保留的合同文本上签字时，按惯例应当名列首位。因此，每位签字人均应首先签署己方保存的合同文本，再交由他方签字人签字（可由助签人交换）。这种做法称为"轮换制"，其含义是通过轮换，在合同文本的签字座次排列上，使有关各方的签字均有机会居于首位，以显示机会均等，各方平等。如果签署的是多边合同，一般由主方签字人先签字，然后依一定次序由各方代表签字。在签字过程中，助签人员可协助签字人翻揭文本，指明签字之处。

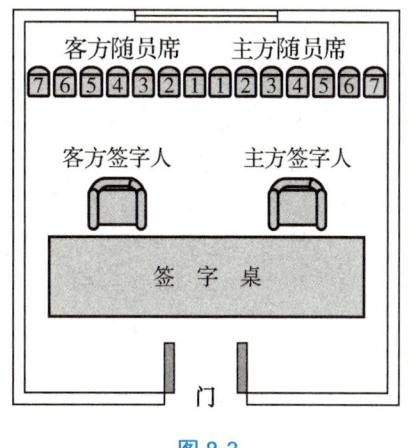

图 8-3

（3）交换合同文本。合同文本都签好字以后，各方签字人郑重地交换各方均正式签署过的合同文本，同时相互握手，互致祝贺。此外，还可相互交换自己刚才使用过的签字笔，以示纪念。

（4）鼓掌祝贺。在场全体人员起立鼓掌，表示祝贺。

（5）饮香槟酒并互相道贺。交换已签的合同文本后，签字人及有关人员开启香槟，举杯同庆。

（6）接受媒体采访。签约仪式结束后，双方可共同接受媒体采访，也可进行合影留念。

（7）退场。签约仪式中的所有活动结束后，退场时，应安排客方人员先退场，主方送客后再行离开。

在通常情况下，商务合同在正式签署后，要提交有关部门进行公证才正式生效。

学霸笔记

签字仪式执行方案例文

设备合同签字仪式执行方案

一、活动主题：设备合同签字仪式

二、举办地点：北京××国际大酒店

三、举办时间：2018年5月×日××时××分

四、会场布置：

1．前期物料准备

（1）纪念品：实用性强，而且在上面可设计本次活动的名称或各方公司的Logo，将其赠送给领导和来宾，既可作为纪念品又可扩大企业影响力。

（2）导示牌、签到册、相关领导的席卡。

（3）台花、果盘、桌椅、咖啡及饮用水。

（4）投影设备（投影仪和幕布）。

（5）录音笔。

（6）音响设备。

（7）海报、宣传单及在各媒体投放的广告。

2．活动实施

（1）外场布置。

①拱门：在酒店入口可放置拱门一座。

②升空气球：悬挂空飘8个。

③横幅：酒店大堂悬挂横幅。

（2）内场布置。

①签到背景墙：主要有酒店大厅签到背景墙（规格：略）或者会场背景墙，相关人员需要在签到背景墙前布置嘉宾签到桌1张，桌上摆放鲜花、签到册和会务资料，4名礼仪小姐负责接待引导。

②导示牌：在楼梯口处布置一个标识明显的卡通引导牌（规格：略）。

③背景板：签约仪式签字厅正中设主题背景板，按照主办方统一标识和背景喷绘设计模板并套用（规格：略）。

④主席台：在背景板前设主席台，主席台前沿左侧（面向观众）设独立演讲台，布置台面鲜花和带支架的无线麦克。演讲台正面贴相应标识或公司Logo，台上摆放两个麦克风，布置鲜花，主席台右侧设立投影机一个，用于现场投影演示。

⑤贵宾席：桌面铺设台布，桌上放鲜花、矿泉水、座位台卡。

⑥设备的安装调试。

灯光：保证会场内光线充足，领导步入会场时调亮灯光。

音响：为保证音响质量，现场准备1名调音师负责调试设备。

麦克风：在演讲台上摆放两个立式麦克风，另外准备两个无线麦克风备用。

投影设备：如需安装，则在会场右前方的适当位置设投影机设备安装台，同时配置专业人员调试投影设备。

（3）人员配置。

① 仪式主持人1名。

② 礼仪小姐6名。

③ 媒体人员：略。

④ 现场工作人员若干名。

五、活动程序

1．主持人致开场词并介绍来宾。

2．董事长讲话。

3．××集团××先生讲话（待定）。

4．××集团××先生讲话（待定）。

5．政府××领导讲话（待定）。

6．签订合同文本：下面请××集团××董事长和××集团××先生（待定）签订××主线设备合同；请××董事长分别和××公司、××公司、××公司签订××主线设备合同；请××董事长和××公司签订××主线设备合同。

7．饮香槟酒以示庆祝。

8．签字仪式结束，请各位领导、嘉宾合影留念。

知识点2　参加签约仪式的服饰要求

签约仪式是非常正规而严肃的，因此，各方参加签约仪式的人员也应该格外重视自己的服饰、仪表。按照商务礼仪的要求，签字人、助签人及各方随员在出席签约仪式时，仪表应整洁、服装应挺括、仪态要大方。男士应当穿着礼服式的深色西装套装或中山装套装，并配以白色衬衫和深色皮鞋，着西装时还必须系上单色领带，以示正规。同时，男士还应理发剃须，保持面部整洁。女士应当穿着深色套裙，并配以白色衬衫、肉色丝袜、深色中跟皮鞋，略施淡妆。除戒指、耳环外，不戴样式夸张、数量繁多的首饰，一般1～2种首饰为佳。出席签约仪式的人员不可穿着休闲装或运动装。

参加签约仪式的接待人员，应该穿着干净、整洁的日常工作服。

德润礼行

谨于言而慎于行

"谨于言而慎于行。"语出《礼记·缁衣》："子曰：君子道人以言而禁人以行，故言必虑其所终，而行必稽其所敝，则民谨于言而慎于行。"意思是说：君长的外貌和内心如一，臣下看到他的外貌就知道他的内心；臣下竭诚事君，从他的言貌就可以看出他的为人。这样一来，君就不会怀疑其臣，而臣也不会不了解其君。简而言之，就是说，一个人说话要谨慎，其行为要经过深思熟虑。

商务人员在商务场合中与人交往时，尤其是合同磋商过程中要做到谨言慎行，不要随意向他人许诺，不要轻易拒绝商务伙伴提出的请求与要求，应对商务伙伴提出的请求与要求进行慎重考虑，给双方留足余地，避免陷入语出就无可挽回的地步。谨言慎行是我们中华民族的传统美德，商务人员应在工作中时刻注意自己的言行，做到言出必行，继承诚实守信的中华传统美德。

我们的计划

快来和我们一起制订自己的学习计划吧！

见工具单 8-1-1

我们来操作

任务1　根据情景1，演示布置签字桌

1. 操作步骤

（1）物品准备：长桌、台呢、签字用的文具、合同文本、国旗等。
（2）桌后摆放两把座椅。
（3）练习并演示按并列式签约仪式布置签字桌。
（4）教师进行现场指导并点评。

2. 操作要点

（1）签字桌应为长桌，桌后摆放两把座椅。
（2）签字桌上应事先放好待签的合同文本、签字笔、墨水、吸墨器等。
（3）涉外活动，应在桌面或椅后方摆放或悬挂双方国旗。

任务2　根据情景1，确定参加签约仪式的人员，帮助文静设计一张签约仪式座次排列图

1. 操作步骤

（1）确定参加签约仪式的人员，列出人员名单。
（2）列出参与签字仪式双方人员的具体座次安排，并用平面图的形式标示出来。
（3）学生展示签约仪式座次排列图，教师进行点评。

2. 操作要点

（1）参加签约仪式的人员主要包括：签字人、领导者、致辞人、主持人、见证人、助签人员、员工代表、记者。

（2）在签署双边合同时，应先请客方签字人在签字桌右侧就座，主方签字人则应同时在签字桌左侧就座。双方各自的助签人应分别站立于本方签字人的外侧，以便随时为签字人提供帮助。

（3）双方其他随员，可以按照一定的顺序在己方签字人的正对面就座，也可以依次自左至右（客方）或是自右至左（主方）列成一排，站立于己方签字人的身后。当一排站不完时，可以按照以上顺序并遵照"前高后低"的惯例，排成两排或多排。

任务3　根据情景1，帮助文静制定一份详细的签约仪式执行方案

1. 操作步骤

（1）讨论确定签约仪式执行方案提纲。
（2）撰写签约仪式执行方案。
（3）教师进行指导并给出修改意见。
（4）将修改完成后的签约仪式执行方案制作成PPT演示文稿。
（5）分组展示执行方案，教师进行点评。

2. 操作要点

（1）签约仪式程序须符合礼仪要求：参与签约仪式的人员依次入场、签字人正式签署合同文本、交换合同文本、在场全体人员鼓掌、饮香槟酒并互相道贺、接受媒体采访、参与签约仪式的人员依次退场。

（2）方案主要包括：时间、地点、签字厅布置、座次安排、文本准备、活动流程等。

（3）PPT演示文稿：PPT应制作精美、内容全面。

快来记录下我们的工作过程吧！

见工具单 8-1-1

我们的成绩

___分
成绩评价见工具单 8-1-1

训练项目2 开业仪式及剪彩仪式礼仪

情景2

14:00，李想回到办公桌前，拿出前两天制定的新店面开业及剪彩仪式的策划方案，认真地阅读并修改起来。

我们的任务

1. 帮助李想设计一张开业仪式的请柬。
2. 归纳总结并撰写揭幕仪式筹备工作备忘录。
3. 根据情景2，演示李想的公司新店开业的剪彩仪式。

我们的目标

1. 熟悉开业及剪彩仪式的筹备工作。
2. 能够撰写开业及剪彩仪式执行方案。
3. 熟练掌握开业及剪彩仪式礼仪的基本内容，并能将其够运用到实际工作中。

我们来学习

仪式礼仪是指仪式举办时，主客双方都必须遵守的行为规范、仪式流程和服饰要求等。仪式礼仪主要包括开业仪式礼仪和剪彩仪式礼仪两大类。

情境 8
闪亮登场——商务仪式礼仪

开业仪式是社会政治、经济、文化活动开幕、开业等众多仪式的统称。一般指在单位创建、开业，项目完工、落成，某一建筑物正式启用，或是在某项工程正式开始时，为了表示庆贺或纪念，经过周密策划，精心安排，按照一定的程序专门举行的一种仪式。它是单位或某个项目、工程在社会公众面前的第一次亮相。开业仪式礼仪是指举行开业仪式时应遵循的礼仪规范。

8.2.1 开业仪式礼仪

开业仪式是社会政治、经济、文化活动开幕、开业等众多仪式的统称。一般指在单位创建、开业，项目完工、落成，某一建筑物正式启用，或是在某项工程正式开始时，为了表示庆贺或纪念，经过周密策划，精心安排，按照一定的程序专门举行的一种仪式。它是单位或某个项目、工程在社会公众面前的第一次亮相。

举行开业仪式，至少可以起到以下五个方面的作用：第一，帮助主办方塑造良好的公众形象，提高其知名度与美誉度；第二，扩大主办方的社会影响力，吸引社会各界的注意与关心；第三，将主办方的"成就"广而告之，借以吸引更多的关注；第四，有助于让贸易伙伴或其他社会同人一同分享成功的喜悦，进而为日后的合作奠定良好的基础；第五，增强主办方全体员工的自豪感与责任心，为企业后续发展提供动力。

开业仪式的礼仪，一般是指在开业仪式筹备与执行的具体过程中应当遵从的礼仪，通常包括开业仪式筹备和开业仪式执行过程。

开业仪式是一个统称，在不同的场合中，往往有不同的名称，如揭幕仪式、开工仪式、奠基仪式、破土仪式、下水仪式、竣工仪式、通车仪式、通航仪式等，这些仪式在具体运作方面存在差异。

知识点 1 揭幕仪式礼仪

揭幕仪式是指公司、企业、宾馆、商店、银行等在正式启用之前，或是各类商品的展示会、博览会、订货会正式开始之前，举行的相关仪式。揭幕仪式结束之后，公司、企业、宾馆、商店、银行等将正式营业，有关商品的展示会、博览会、订货会将正式接待客户与观众。

（1）揭幕仪式的筹备。要想在揭幕仪式现场营造热烈的氛围,筹备工作应始终按照"热烈、节约、缜密"的原则进行。"热烈"是指要在揭幕仪式的进行过程中营造喜庆、欢快、隆重、令人激动的氛围。"节约"是指在筹备及举办揭幕仪式的整个过程中，其经费的支出应本着节制、节俭的原则量力而行，反对铺张浪费。"缜密"是指在进行揭幕仪式筹备工作时，周密、细致的安排，使整个活动符合礼仪要求。

揭幕仪式的筹备工作一般包括以下三个方面的内容：

① 舆论宣传。做好舆论宣传工作，一般可以通过以下两种方式进行：一是将揭幕仪式的有关内容，如举办的时间、地点、开业单位的经营特色、优惠措施等通过大众传播媒介（报纸、电视、广播、网络等）进行集中的广告宣传；二是邀请相关媒体在揭幕仪式举行时到场进行采访、报道，从而对本单位进行进一步的正面宣传。

> 导师提问：为什么要做好舆论宣传工作？它的作用有哪些？
>
> 我的想法：_____
> _____
> _____
> _____

② 邀请来宾。揭幕仪式的成功与否，在很大程度上取决于来宾身份的高低和数量的多少。因此，相关单位应在力所能及的情况下，尽可能多地邀请来宾（如地方领导、上级主管部门与地方职能管理部门的领导、合作单位与同行单位的领导、社会团体的负责人、媒体人员等）参加揭幕仪式。应精心准备请柬，并将请柬装入精美的信封，在仪式正式开始 12 小时前由专人送达嘉宾手中。

制作请柬时，应注意：第一，请柬的正文由被邀请人的姓名、被邀参加活动的名称、时间、地点、注意事项等组成；第二，请柬中所有的名称应使用全称或通用简称；第三，打印好的有正规格式的请柬，在行文中不能有标点符号，若是以信函形式发出请柬，句子中间可以用标点符号；第四，请柬措辞力求雅致、优美、自然。

请柬的格式根据请柬的式样可以横排或竖排，请柬示例如下。

×××先生（女士）：

兹定于×月×日（星期×）上午×时，在××处举行××××开业典礼，敬请光临。

此致

敬礼！

×××敬启

××××年×月×日

---

③ 场地布置。相关单位举行揭幕仪式时，一般会选择在门前广场、展厅门前、室内大厅等较为宽敞的空间内举行。按惯例，举行揭幕仪式时宾主一律站立，因此一般不需要布置主席台或座椅。现场布置要营造热烈、隆重、喜庆的氛围，在来宾尤其是贵宾站立处应铺设红色地毯，并在场地四周悬挂横幅、气球、彩带，在醒目的地方摆放来宾赠送的花篮或牌匾。做好音响、灯光等设备的检查、调试工作，排除隐患。

（2）揭幕仪式开始。揭幕仪式大都由开场、过程、结束构成。开场：奏乐，来宾就位，主持人宣布仪式正式开始，并介绍主要来宾。过程：这是揭幕仪式的核心部分，通常包括本单位负责人讲话，来宾代表致辞，嘉宾揭幕活动等。结束：揭幕仪式结束后，宾主一起进行现场参观、座谈等，是揭幕仪式必不可少的尾声。为保证揭幕仪式的顺利进行，在筹备揭幕仪式时，必须要认真拟定仪式的程序，选好仪式的主持人。

揭幕仪式的主要程序如下。

① 主持人宣布仪式正式开始，介绍来宾。

② 邀请专人揭幕。揭幕的具体做法是：揭幕人行至彩幕前恭立，礼仪小姐双手将开启彩幕的彩索交给揭幕人。揭幕人目视彩幕，双手拉动彩索，彩幕随之展开。在场人员目视彩幕，鼓掌，乐队奏乐。

③ 在主人的亲自引导下，全体到场者依次进入幕门。

④ 主人致答谢辞。

⑤ 来宾代表致贺词。

⑥ 主人陪同来宾进行参观。

⑦ 仪式结束后。开始正式接待客户或观众，对外营业或对外展览宣告开始。

（3）接待服务礼仪。一般在揭幕仪式的活动现场，有专人负责来宾的接待服务工作。签到、引领等每一个环节均应有专人负责，要做到热情待客，有求必应。在接待贵宾时，则需由本单位主要负责人亲自出面。

（4）送客礼仪。揭幕仪式后赠予来宾的礼品，一般属于宣传性传播媒介的范畴。选择得当，一定会产生良好的效果。一般情况下，赠送来宾的礼品，应具有以下三大特征：一是宣传性。可选用本单位的产品，也可在礼品及其包装上加印本单位的企业标志、广告用语、产品图案等；二是纪念性；礼品应具有一定的纪念意义，并且使拥有者对其珍惜、重视；三是独特性。礼品应当与众不同，具有本单位的鲜明特色，使人一目了然、过目不忘。

知识点2　开工仪式礼仪

开工仪式也是开业仪式常见的形式之一，是工厂准备正式开始生产产品、矿山准备正式开采矿石或建筑工程准备正式开工前，专门举行的庆贺活动。

（1）开工仪式的筹备。开工仪式持续的时间一般很短，但要营造热烈氛围，办得成功，却绝非一桩易事。由于它牵涉面广，影响面大，因此筹备工作应该认真、充分。开工仪式的筹备工作一般包括以下几项内容。

① 舆论宣传。在舆论宣传方面，相关单位可以利用报纸、杂志等对开公仪式进行宣传，也可以自制广告散页进行宣传。这些方式所需费用较低；相关单位还可以运用电台、电视台等大众媒体进行宣传，这些宣传方式效率高，但成本也高。此外，相关单位还可以在企业建筑物周围设置醒目的条幅、广告、宣传画等进行宣传。

② 来宾邀请。在开工企业力所能及的情况下，应力争多邀请一些来宾参加开工仪式。地方领导、上级主管部门与地方职能管理部门的领导、合作单位与同行单位的领导、社会团体的负责人、媒体人员，都是在进行来宾邀请时应优先考虑的重要人士。

③ 场地布置。开工仪式一般都选择在生产现场举行，即在工厂的主要生产车间、矿山的主要矿井或建筑施工工地现场举行。一般情况下，举行开工仪式时，宾主一律站立，在贵宾站立之处铺设红色地毯，在场地四周悬挂横幅、彩带、气球等。在醒目的地方可以摆放来宾赠送的花篮、牌匾、空飘气球等。

（2）开工仪式的程序。开工仪式的主要程序如下。

① 主持人宣布仪式正式开始，介绍来宾。

② 在礼仪人员的引导下，开工单位负责人陪同各位来宾行至开工仪式标志物（如机器开关或电闸）附近。

③ 正式开工。开工单位主要负责人及来宾代表，到开工仪式标志物（如机器开关或电闸）旁，然后共同启动机器或合上电闸。在场人员鼓掌祝贺，适时奏乐。

④ 全体职工各就各位，上岗进行操作。

⑤ 在单位主要负责人的带领下，全体来宾参观生产现场。

（3）服饰规范。参加开工仪式的人员，按照惯例，均应穿着干净而整洁的工作服。主持人及来宾应穿着正式礼服出席开工仪式，即男士应穿着深色西服套装配领带、深色皮鞋；女士则应穿着深色套裙或套装、肉色丝袜、深色中跟皮鞋并化淡妆。

知识点 3　奠基仪式

奠基仪式，通常是一些重要的建筑物，如大厦、场馆、园林、纪念碑等，在动工修建之初正式举行的庆祝和纪念活动。

（1）奠基仪式的筹备。奠基仪式的筹备工作一般包括以下几项内容。

① 舆论宣传。进行舆论宣传的主要目的在于塑造企业的良好形象，吸引社会各界对企业的关注。因此，在进行舆论宣传时，要选择有效的大众传播媒介，如网络、电视、广播等。还可以邀请记者在举行奠基仪式时到场进行采访、报道。

② 来宾邀请。在邀请来宾时，相关单位可以邀请上级领导及工商、税务等直接管辖部门的负责人，以便今后获得他们的支持；还可以邀请潜在的客户，同行业人员，以便未来更好地与之沟通和合作。在邀请方式上，除了制作请柬、发邀请函或派专人当面邀请，还可以进行电话邀请。

③ 场地布置。奠基仪式举行的地点，一般应选择在建筑工程的施工现场。仪式现场应设立彩棚，并在其中摆放该建筑物的模型或设计图、效果图，并使各种建筑机械就位待命。奠基仪式筹备与其他开业仪式最大的不同在于，必须提前准备符合要求的奠基石。

学霸笔记

奠基石的制作要求

用以奠基的奠基石应为一块完整无损、外观精美的长方形石料。奠基石上的文字应当竖写，其字体大都讲究以楷体字刻写，并且最好是白底金字或白底黑字。奠基石上，右上款应刻有建筑物的正式名称。在其正中央，应刻有"奠基"两个大字。在其左下款，应刻有奠基单位的全称及举行奠基仪式的具体时间（××××年×月×日）。

在奠基石的下方或一侧，还应安放一只密闭的铁盒，内装与该建筑物相关的各项资料及奠基人的姓名。届时，它将同奠基石一道被奠基人培土掩埋于地下，以示纪念。

（2）奠基仪式的程序。奠基仪式的主要程序如下。

① 主持人宣布奠基仪式正式开始，并介绍来宾。

② 单位主要负责人对该建筑物的功能及规划设计进行介绍。

③ 来宾代表致辞祝贺。

④ 正式进行奠基。首先由奠基人双手持握系有红绸的新锹为奠基石培土。随后，主办方其他负责人与其他嘉宾依次为之培土，直至将其埋没为止。在奠基过程中，应播放欢快的音乐。

（3）赠送礼品。奠基仪式结束后，相关单位可以向来宾赠送企业准备的礼品。礼品的选择应具有宣传性和纪念性，且设计精美。

学霸笔记

破土仪式

破土仪式是一个与奠基仪式比较相似的开业仪式，也称破土动工。奠基仪式和破土仪式的具体程序比较相似，适用范围也大体相近。两者的区别在于，奠基仪式是为奠基石培土，而破土仪式是在仪式现场用锹垦土三次，以示良好开端。因此这两种仪式一般不宜同时举行。

知识点 4　通车仪式

通车仪式，又称开通仪式，是重要的交通建筑（如公路、铁路、地铁及重要的桥梁、隧道等）完工并验收合格之后，在其正式交付使用前，所举行的启用仪式。

（1）通车仪式的筹备。通车仪式的筹备工作一般包括以下内容。

在舆论宣传方面，相关单位可以充分利用电视、网络等大众传播媒介进行宣传。在举行通车仪式的场地选择方面，可以选择在公路、铁路、地铁新线路的某一端，新建隧道的某一侧，或新建桥梁的某一头。在通车仪式的现场布置方面，一般是在现场及沿线两侧插上彩旗、挂上彩带，并悬挂横幅。首次进行"处女航"的汽车、火车或地铁，其车头应系红绸结成的大红花，在车身两侧，可酌情进行装饰，并且悬挂醒目的宣传标语。

（2）通车仪式的程序。通车仪式的主要程序如下。

① 主持人宣布仪式开始，介绍各位来宾。

② 项目主要负责人致辞。

③ 来宾代表致辞祝贺。

④ 正式剪彩。

⑤ 车辆开始首次正式通行。此时，项目主要负责人应邀请嘉宾及工作人员代表一起登车而行。

（3）接待服务。在通车仪式的活动现场，要有专人负责来宾的接待服务和活动结束后的欢送服务工作。负责接待来宾的服务工作和负责欢送服务工作的相关人员要做到热情待客，有求必应。在接待或欢送贵宾时，都应由本单位主要负责人亲自出面，以示对贵宾的重视和尊重。

知识点 5　下水仪式

下水仪式是指造船厂在吨位较大的轮船建造完成、验收完毕、交付使用之际，为其正式下水启航而特意举行的庆祝性活动。

（1）下水仪式的筹备。下水仪式的筹备工作，除了舆论宣传、嘉宾邀请等常见开业仪式准备工作外，在举行仪式的地点选择方面与其他仪式有较大区别。按照国际通行的做法，下水仪式基本都是在新船码头举行的。现场要进行一定程度的美化，如在船坞门口与干道两侧，应饰有彩旗、彩带。在新船所在的码头附近，应设置专供来宾观礼或休息的彩棚。

此外，还必须对下水仪式的"主角"——新船，进行认真装扮。一般要在船头扎上由红绸结成的大红花，并在新船的两侧船舷扎上彩旗，系上彩带。

（2）下水仪式的程序。下水仪式的主要程序如下。

① 主持人宣布仪式正式开始，介绍来宾，乐队演奏欢快的乐曲。

② 由造船单位的相关人员简单介绍新船的基本状况。例如，船名、吨位、马力、长度、高度、吃水、载重、用途、工价等。

③ 由特邀掷瓶人行掷瓶礼。砍断缆绳，新船正式下水。

行掷瓶礼，是下水仪式中独具特色的一个环节。它的目的是要渲染喜庆的气氛。具体做法是，由身着礼服的特邀嘉宾双手持握一瓶正宗的香槟酒，用力将瓶身向新船的船头投掷，使瓶破之后酒沫飞溅，酒香四溢。嘉宾掷瓶后，全体到场者注视着新船，并热烈鼓掌。此时，现场可再度奏乐，并且在新船上撒彩花，落彩带。

④ 来宾代表致贺词。

（3）接待服务。在举行下水仪式活动的现场，要指派专人负责来宾的接待服务工作，其主要负责来宾的迎送、引导、陪同和招待等。重要来宾的接待应由本单位的主要负责人亲自出面。做好接待工作，可以使来宾感到相关单位对其的尊重和敬意。

知识点 6　竣工仪式

竣工仪式，又称落成仪式或建成仪式。它是指仪式举办单位所属的某一建筑物或某项设施建设、安装工作完成之后，或是某一纪念性、标志性建筑物，如纪念碑、纪念塔、纪念堂、纪念像等建成之后，以及某种意义特别重大的产品生产成功后，专门举行的庆祝性活动。

（1）竣工仪式的筹备。竣工仪式的筹备工作，除了舆论宣传、嘉宾邀请等常规的准备工作，举行仪式的地点一般选择在施工现场或工作现场。在营造竣工仪式的氛围方面，相关单位应注意与竣工的项目及现场场合相呼应，即工厂、大厦落成或重要产品生产成功，竣工仪式的氛围应是喜庆愉悦的。而纪念碑、纪念像等建成时，现场的氛围应庄严、肃穆。

（2）竣工仪式的程序。竣工仪式的基本程序如下。

① 主持人宣布仪式开始，并介绍来宾。

② 举办单位负责人发言。

③ 进行揭幕或剪彩。

④ 全体人员注视竣工仪式活动的标志物。

⑤ 来宾代表致辞。

⑥ 组织来宾及工作人员代表进行参观。

（3）接待服务。在竣工仪式的活动中，要有专人负责来宾的接待、欢送等服务工作。要做到热情待客，对宾客的需求要做到有求必应。

8.2.2 剪彩仪式礼仪

剪彩仪式是指有关单位或组织为了庆贺公司的设立、企业的开工、商场或银行的开业、大型建筑物的启用、道路桥梁的开通、展销会或博览会的开幕,而举行的邀请专人使用剪刀剪断被称之为"彩"的红色缎带的一项礼仪性活动。

学霸笔记

剪彩仪式的由来

剪彩仪式的由来有两种说法。

一种说法是"剪彩"起源于西欧。在古代,西欧造船业比较发达,新船下水时往往吸引成千上万名观众观看。为了防止人群拥向新船而发生意外事故,在新船下水前,相关人员在离船体较远的地方,用绳索设置一道"防线"。等新船下水典礼就绪后,主持人就剪断绳索让观众参观新船。后来绳索改为彩带。人们就给它起了一个名字——"剪彩"。

另一种说法是"剪彩"起源于美国。1912年,在美国的一个乡间小镇上,有家商店的店主独具慧眼,从一次偶然发生的事件中受到启发,为商家创立了一种崭新的庆贺仪式——剪彩。

当时,这家商店即将开业,店主为了阻止蜂拥而至的顾客在正式营业前争先恐后地闯入店内,将用以搞活动的货物一抢而空,便随便找来了一条布带子拴在门框上。谁料,这项临时性的措施竟然更加激发起了挤在店门之外的人们的好奇心,使他们更想早一点进入店内。

事也凑巧,正当店门外人们的好奇心上升到极点,显得有些迫不及待的时候,店主的小女儿牵着一条小狗突然从店里跑了出来,那条"不谙世事"的小狗若无其事地将拴在店门上的布带子碰落在地。店外不明真相的人们误以为这是该店为了开张之喜所搞的"新把戏",于是立即一拥而入,大肆抢购。让店主转怒为喜的是,他的这家小店在开业之日的生意居然红火得令人难以想象。

有些迷信的店主事后对此进行了一番"反思",最后他认定,自己的好运气全是由那条被小狗碰落在地的布带子所带来的。因此,在以后他的几家"连锁店"陆续开业时,他便如法炮制。久而久之,他的小女儿和小狗无意之中的"发明创造",经过他和后人不断地提炼升华,逐渐成为一整套仪式。它先是在全美,后在全世界流传开来。在流传的过程中,也被人们赋予了一个响亮的名称——剪彩。

知识点 1　剪彩仪式的筹备

剪彩仪式可以作为一项仪式单独完成,但在更多的时候是附属于开业仪式的,是开业仪式中一道极其重要的、不可或缺的程序。因此剪彩仪式和开业仪式有很多相同之处。例如,前期的舆论宣传、来宾与媒体的邀请、场地的布置、环境卫生、灯光与音响设备的调试安排等。这些准备工作必须认真细致、一丝不苟。

除此之外,在剪彩仪式的筹备过程中,还需要做好以下用品的准备工作。

（1）红色缎带。作为剪彩仪式中必不可少的重要道具"彩"——红色缎带，在剪彩仪式中是有一定礼仪要求的。按传统做法，它应当由一整匹未曾使用过的红色绸缎，在中间结成数朵大而醒目的花团而成。目前，有些单位为了节约，用两米左右长度的红色窄缎带替代，也有用红布条、红线绳替代的。红色缎带上所结的花团数目应与现场参与剪彩嘉宾的人数有关。一种做法是，花团的数目比现场剪彩者的人数多一个，使每位剪彩者总是处于两朵花团之间；另一种做法是，花团的数目比现场剪彩者的人数少一个，显得不同常规，较有新意。

（2）新剪刀。剪刀是供剪彩者在仪式上剪断彩带所用的。剪彩者人手一把新剪刀，确保剪彩时一举成功。在剪彩仪式结束后，主办方可将每位剪彩者所使用的剪刀经过包装之后，赠送给对方，以示纪念。

（3）白纱手套。为了以示郑重，剪彩前为每位剪彩者准备一副白色薄纱手套。手套应崭新平整、洁白无瑕、大小合适。一般也可以不准备。

（4）托盘。在剪彩仪式上，礼仪小姐手托托盘，用以盛放剪刀、手套和红色缎带。一般托盘首选银色不锈钢制品，其上可铺红色绒布或绸布。在剪彩时，可以用一个托盘依次向各位剪彩者提供剪刀和手套，并同时盛放红色缎带；也可以为每一位剪彩者配置一个专为其服务的托盘，红色缎带则由另一个托盘盛放。

（5）红色地毯。红色地毯主要用于铺设在剪彩者正式剪彩时的站立之处，其长度可视剪彩者人数的多少而定，其宽度应在一米以上。

知识点2　剪彩人员的选定

剪彩人员主要由剪彩者与助剪者两部分构成。

（1）剪彩者是指在剪彩仪式上持剪刀剪彩之人。剪彩者可以是一个人，也可以是几个人，但一般不应超过5人。一般情况下，剪彩者大多由上级领导、合作伙伴、社会名流、员工代表或客户代表担任。剪彩者名单应在剪彩仪式正式举行之前确定，且一经确定，应尽早告知对方，征得对方同意，以示尊敬。

（2）助剪者是指在剪彩者剪彩的一系列过程中为其提供帮助的人员，又称为礼仪小姐。一般而言，助剪者多由东道主一方的女职员担任，也可聘请专业的礼仪小姐担任。

担任礼仪小姐的女性，应具备以下条件：相貌较好、身材高挑、年轻健康、气质高雅、仪态大方、声音甜美、反应敏捷、善于交际。

在剪彩仪式上服务的礼仪小姐，又可以根据其分工，细分为迎宾员、引导员、服务员、拉彩员、捧花员、托盘员等。迎宾员负责活动现场的迎来送往；引导员负责引领剪彩者登台或退场；服务员负责满足来宾休息、饮水等需要；拉彩者负责在剪彩时展开、拉直红色缎带；捧花员只负责在剪彩时手托红色缎带花团；托盘员则负责为剪彩者提供剪刀、手套等剪彩用品。一般情况下，迎宾员、引导员和服务员的人数，由参与活动的总人数和场地大小决定。拉彩员一般为两人。捧花者的人数根据花团的具体数目而定，应为一花一人。托盘员可以为一人，也可为每位剪彩者各配一名托盘员。有时，助剪者可身兼数职。

知识点3　剪彩人员座次的确定

如果参加剪彩仪式的剪彩者仅为一人，在剪彩活动时居中站立即可。如果剪彩者不止一

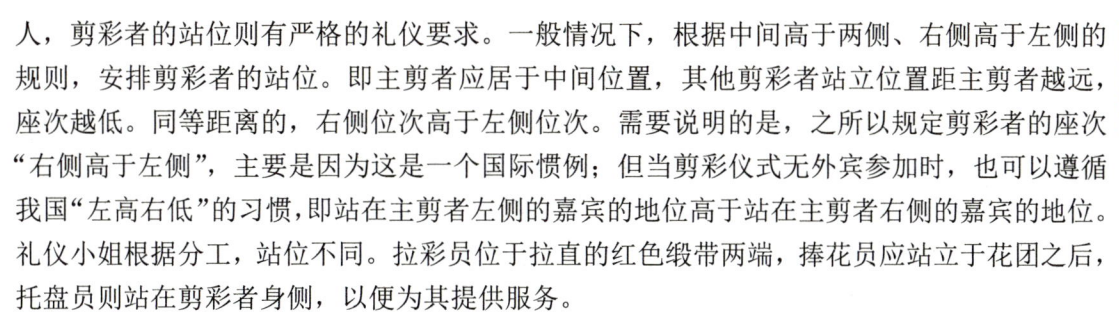

人，剪彩者的站位则有严格的礼仪要求。一般情况下，根据中间高于两侧、右侧高于左侧的规则，安排剪彩者的站位。即主剪者应居于中间位置，其他剪彩者站立位置距主剪者越远，座次越低。同等距离的，右侧位次高于左侧位次。需要说明的是，之所以规定剪彩者的座次"右侧高于左侧"，主要是因为这是一个国际惯例；但当剪彩仪式无外宾参加时，也可以遵循我国"左高右低"的习惯，即站在主剪者左侧的嘉宾的地位高于站在主剪者右侧的嘉宾的地位。礼仪小姐根据分工，站位不同。拉彩员位于拉直的红色缎带两端，捧花员应站立于花团之后，托盘员则站在剪彩者身侧，以便为其提供服务。

知识点 4 　参与剪彩仪式人员的服饰礼仪

按照剪彩仪式的礼仪要求，剪彩者如果是男士，应穿着深色系的正式中山装套装或西服套装；剪彩者如果是女士，则应穿着颜色素雅的套裙或连衣裙。剪彩者无论男女都可以穿着制服参加剪彩仪式，但应保持服装干净、整洁。不允许穿着便装，戴帽子，或佩戴墨镜。参加剪彩仪式的嘉宾的仪容应保持整洁，并做适当修饰。男士应剃须理发，女士可化淡妆。

礼仪小姐应统一着装：可穿着色彩统一的单色旗袍，配肉色连裤丝袜、黑色高跟皮鞋，化淡妆，盘发。除戒指、耳钉外，尽量不佩戴其他首饰。礼仪小姐还可以穿着深色或单色的套裙，但是穿着打扮必须统一。

知识点 5 　剪彩仪式的程序

独立的剪彩仪式通常应包含以下程序。

（1）请来宾就位。在剪彩仪式上，通常只为剪彩者、来宾和本单位的负责人安排座位。在剪彩仪式正式开始时，应首先请嘉宾及领导在已排好顺序的座位上就座。

（2）仪式开始。主持人宣布剪彩仪式开始，奏乐。主持人向全体在场人员介绍重要来宾。

（3）致辞。发言者依次为主办方单位主要负责人、上级主管部门的代表、地方政府的代表、合作单位代表等。发言内容应言简意赅，每人不超过 3 分钟。

（4）剪彩。主持人宣布开始剪彩，礼仪小姐率先登场，拉彩员与捧花员应站成一行。托盘员应站立在拉彩员与捧花员身后一米处，并且自成一行。引导员应在剪彩者左前方进行引导，剪彩者按顺序站立于既定位置。剪彩者站定后，托盘员应向前一步，到达剪彩者的右后侧，以便为其提供服务。剪彩时，剪彩者应同时将红色缎带剪断，因此其他剪彩者应注意主剪者的动作，与其协调一致。剪彩后，全体在场人员鼓掌，同时还可奏乐。

（6）参观。剪彩结束后，主办方主要负责人可陪同来宾进行参观。主办方可以向来宾赠送纪念品，亦可设宴款待。

德润礼行

以嘉礼亲万民

《周礼·春官·大宗伯》记载："以嘉礼亲万民，以饮食之礼，亲宗族兄弟；以婚冠之礼，亲成男女；以宾射之礼，亲故旧朋友；以飨燕之礼，亲四方之宾客；以脤膰之礼，亲兄弟之国；以贺庆之礼，亲异姓之国。"嘉礼，西周五礼之一，是古代礼仪中内容最丰富的部分，上至王位承袭，下至饮食、婚冠、贺庆等无所不包，其意思是说："用嘉礼使民众相亲和：用饮酒礼和食礼，使宗族兄弟相亲和；用婚礼和冠礼，使男女相亲爱并使行冠礼的男子具有成人的德行；用宾射礼，使故旧和朋友相亲和；用飨礼和燕礼，使四方前来朝的宾客相亲和；用赏赐祭祀社稷和宗庙祭肉之礼，使同姓兄弟相亲和；用庆贺之礼，使异姓之国相亲和。"

中国自古以来一直非常重视礼仪的教化作用，讲求通过仪礼建构社会秩序，在礼仪中传承并发展中华文化。商务人员要在传承和延续优良礼仪文化的基础上，加强创新意识，探索符合当代特点的商务仪式活动礼仪，让璀璨的中华礼仪文明在新时代焕发出新的生机与活力。

我们的计划

快来和我们一起制订自己的学习计划吧！

见工具单 8-2-1

我们来操作

任务 1　帮助李想设计一张开业仪式的请柬

1. 操作步骤

（1）请柬封面的设计。
（2）请柬内容的设计。
（3）制作与撰写请柬。
（4）教师现场指导并点评。

2. 操作要点

（1）请柬的正文由被邀请人的姓名、被邀参加活动的名称、活动时间、地点、注意事项等组成。
（2）请柬中所有的名称应使用全称或通用简称。

任务 2　归纳总结并撰写揭幕仪式筹备工作备忘录

1. 操作步骤

（1）归纳总结揭幕仪式的筹备工作内容。
（2）归纳总结揭幕仪式的工作流程。
（3）撰写筹备工作备忘录。
（4）教师现场指导并点评。

2. 操作要点

（1）揭幕仪式的筹备工作：舆论宣传、邀请来宾、场地布置等。

舆论宣传的两种方式：一是将揭幕仪式的有关内容通过大众传播媒介进行集中的广告宣传。二是邀请记者在举行揭幕仪式时到场进行采访。

（2）揭幕仪式大都由开场、过程、结束构成。开场：奏乐，来宾就位，主持人宣布仪式正式开始，并介绍主要来宾。过程：这是揭幕仪式的核心部分，通常包括本单位负责人讲话、来宾代表致辞、嘉宾揭幕活动等。结束：揭幕仪式结束后，宾主一起进行现场参观、座谈。

任务3　根据情景2，演示李想的公司新店开业的剪彩仪式

1. 操作步骤

学生以小组为单位，根据情景内容为主人公李想制定一份详细的剪彩仪式活动方案，并进行演示。

（1）准备剪彩仪式所用物品及资料。
（2）学生制定剪彩仪式活动方案并征求教师的意见，教师进行指导。
（3）根据教师的建议修改活动方案，并进行模拟演练。
（4）学生进行成果展示，教师进行点评。

2. 操作要点

剪彩仪式执行方案操作要点如表8-1所示。

表8-1　剪彩仪式执行方案操作要点

操作项目	操作规范
舆论宣传	① 进行广告宣传。 ② 邀请记者进行采访、报道
来宾邀请	确定受邀人员名单，提前发出正式邀请函
场地布置	根据剪彩区、演讲区、迎宾区等不同区域的要求布置现场，营造热烈、隆重、喜庆的氛围；做好音响、灯光设备的检查、调试工作
撰写开业及剪彩仪式活动方案	① 活动宗旨。 ② 前期筹划。 ③ 宣传策略。 ④ 现场布置。 ⑤ 工作日程和议程安排。 ⑥ 预算。 ⑦ 主持词、演讲词、贺词的撰写
物资准备	① 剪彩用品。 ② 现场布置用品。 ③ 馈赠礼品
人员服饰	① 男士穿着深色礼服西装套装或中山装套装，配以白色衬衫与深色皮鞋，系单色领带。 ② 女士穿着深色套裙，配以白色衬衫与深色中跟皮鞋

快来记录下我们的工作过程吧！

见工具单 8-2-2

我们的成绩

____分
成绩评价见工具单 8-2-3

训练项目 3　庆典仪式礼仪

情景 3

今年是文静供职的公司成立二十周年，公司抽调文静去宣传部，参加筹备公司周年庆典仪式的工作。文静为能参加此项工作而感到荣幸。下午，文静忙完手头工作，来到宣传部，协助进行公司二十周年庆典的筹备工作。

我们的任务

1. 根据情景3，帮助文静拟定嘉宾邀请名单。
2. 根据情景3，拟定筹备工作提纲。
3. 帮助文静拟定公司二十周年庆典的策划方案。

我们的目标

1. 了解庆典仪式程序。
2. 熟练运用参加庆典仪式的礼仪技巧。
3. 学会撰写庆典仪式策划方案。
4. 能独立组织庆典仪式的筹备工作。

我们来学习

8.3.1 庆典仪式的组织

庆典，即盛大的庆祝典礼，隆重的庆祝活动，是各种庆祝仪式的统称。就庆典的内容而言，商界中所举行的庆祝仪式可以分为四类。第一类，周年庆典。周年庆典是指举办单位成立周年时所举行的庆典。一般都是逢五、逢十举行，即成立五周年庆典、十周年庆典。第二类，荣誉庆典。荣誉庆典是指相关单位为了庆祝荣获了某项荣誉而专门举行的庆典。第三，业绩庆典。业绩庆典是指本单位为了庆祝取得重大业绩所举办的庆典。第四类，发展庆典，即为庆祝本单位有了显著发展而举办的庆典。

在商务活动中，为保障庆典活动的顺利进行，相关人员需要做好以下工作。

知识点 1　庆典仪式的受邀嘉宾

相关单位在举行庆典仪式时，通常邀请上级领导、社会名流、媒体记者、合作伙伴、公众代表、单位员工等参加庆典活动。邀请地方党政领导及上级主管部门的领导，是为了表示其对主办单位的发展给予过关心、指导的感激之情。邀请社会名流，则是希望借助他们的"名人效应"，提高本单位的知名度。邀请报纸、杂志、电视、广播等大众媒介记者，并主动与他们合作，有助于他们公正地介绍、宣传主办单位的成就，进而加深社会各界对主办单位的了解和认同。邀请合作伙伴前来参加庆典活动，则是希望他们与自己一起分享成功的喜悦，加强彼此之间的联系。邀请那些与主办单位共居于同一区域、对主办单位具有影响或制约的社会实体代表，是希望其通过参加庆典活动，进一步了解主办单位，并给予支持和帮助。举办庆典时，邀请本单位员工参加，可以更好地增强他们的归属感，增强企业的向心力和凝聚力。

知识点2　庆典仪式的现场布置

（1）场地选择。庆典仪式场地的选择，应当结合庆典活动的规模、影响力及主办单位的实际情况来决定。一般情况下，庆典仪式多在主办单位门前广场或礼堂、会议厅等地举办。如果主办单位没有适合的场所，也可以外借场地举办庆典仪式。

导师提问：如果庆典仪式选择在举办单位门前广场进行，应注意哪些问题？

我的想法：_____

_____

_____

_____

（2）现场布置。在庆典仪式现场，应悬挂彩旗、彩带、彩灯、标语、横幅等，以烘托热烈、喜庆的氛围。还可在醒目处摆放来宾赠送的花篮或牌匾。此外，音响、灯光等也应提前进行安排和调试，提前准备欢快、喜庆的乐曲。

（3）准备发言稿。在庆典仪式中，一般都会安排发言、致辞、讲话等环节。因此筹备庆典仪式的人员应提前撰写各种文字材料，并及时将文字资料发放到相关人员手中。撰写贺词时，应仔细斟酌辞令，既要语言优美、感人，又要避免过度恭维或词不达意。这里需要注意，在贺词中一定要加入对举办庆典仪式的单位的称颂、赞扬和肯定的内容。

学霸笔记

×××集团有限公司60周年庆典嘉宾致辞

尊敬的×××副主席、尊敬的×××院士，各位领导、各位来宾、同志们：

大家下午好！今天×××公司迎来了60周年华诞，值此庆典时刻我代表×××向全体职工表示衷心的祝贺和良好的祝愿。

当前，×××市现代化建设进入了一个快速发展的新阶段，迫切需要转制科技企业，特别是中央企业的大力支持和推进。多年来，×××公司积极参与我市科技与经济建设，充分发挥大型科技型央企的示范带头作用，为我市的经济发展和社会进步做出了积极的贡献。

新时期，我们希望×××公司一如既往地支持和参与到我市的现代化建设中，进一步融入我市的发展，促进我市创新体系的建设，促进我市创新示范区和我市科学城的建设，加速推动我市高新技术产业发展，为实现×××市经济跨越式发展继续做出贡献。

×××市政府制定了科技强市发展建设规划，搭建了科技创新国内平台，形成了比较完整的政策支持体系。×××市也将以极大的热诚和更优惠的政策支持×××公司创建国际一流高科技企业集团。我们相信，有国家各级政府的关怀和帮助，有社会各界的鼎力支持，有×××公司全体职工不懈的努力，×××公司一定能够朝着成为世界一流金属材料及其制备技术创新基地和供应商的发展道路上阔步前进，祝愿×××公司再创辉煌。谢谢大家！

知识点3　拟定庆典程序

举办庆典活动一般包括以下几个程序。

（1）邀请来宾就座，主持人介绍来宾。

（2）主持人宣布庆典正式开始。

（3）主办单位主要负责人致辞，致辞内容一般是介绍举办此次庆典的缘由，并对来宾表示感谢。

（4）请来宾代表讲话，出席此次活动的各方人士，均应有代表讲话或致贺词。其发言顺序应按照上级领导、社会名流、合作伙伴、公众代表和单位员工等进行发言。来宾代表讲话结束后，全体到场人员鼓掌。

（5）安排专项活动。庆典仪式结束后，可以安排文艺演出，组织来宾进行参观、宴请等专项活动。专项活动可有可无。如果主办方有此安排，应当慎重考虑活动内容，不要使其有悖于庆典的主旨。

8.3.2　参加庆典仪式的礼仪

参加庆典时，不论是举办方人员还是到场嘉宾，都应注意遵守相关礼仪要求。

知识点1　参加庆典仪式嘉宾的礼仪

（1）仪容整洁。参加庆典仪式的嘉宾仪容要整洁，并应做适当修饰。男士应剃须理发，女士可化淡妆。整洁的仪容不仅可以体现嘉宾的修养和素质，也表达了对主办方的敬意和对庆典的重视。

（2）着装规范。参加庆典仪式的嘉宾着装要规范，男士应穿着深色系的正式中山装套装或西服套装，女士应穿着颜色素雅的套裙或连衣裙。参加庆典仪式的人员应保持服装干净、整洁，不允许穿着便装出席。

（3）准时到场。出席庆典仪式的嘉宾应准时到场，不应无故缺席或中途退出，如有特殊情况不能到场，应尽早通知主办方，给主办方留出变更嘉宾的准备时间。

（4）态度认真。嘉宾参加庆典仪式时，应积极参与庆典仪式中的每一个活动，不在庆典举行期间乱走、乱转，或与周围人说悄悄话、开玩笑等。嘉宾在致辞前，应提前熟悉发言稿，注意自己的措辞用语，不说与庆典场合不符的言语。

知识点2　参加庆典仪式的主办方人员礼仪

（1）仪容整洁。参加庆典仪式的主办方人员，同样要注重自身仪容的修饰。参加庆典仪式的主办方人员应事前洗澡，使身体无异味。男士应理发剃须，保持面部整洁。女士可化淡妆，除戒指、耳环外，不戴样式夸张、数量繁多的首饰。

（2）着装要求。参加庆典仪式的主办方人员应统一着装。有统一式样制服的单位，应要求所有人员着制服参加；没有制服的单位，应规定参加庆典仪式的人员穿着礼服，如深色中山装或西装套装、套裙。严禁穿着休闲装或运动装出席庆典活动。

（3）遵守时间。主办方人员应提前或准时抵达活动场所，不能让来宾等待。在庆典活动期间，不可随意走动或中途退场。

（4）态度友好。主办方人员应对来宾态度友好。遇到来宾，要主动热情地问好。对来宾提出的问题，应立即给予友善的答复。当来宾需要帮助时，积极为其提供帮助。

（5）行为自律。主办方人员应严格要求自己的行为，以确保庆典的顺利与成功，不因言行失当而有损本单位形象。主办方人员要认真对待庆典活动，在来宾发表贺词后主动鼓掌表示感谢。在嘉宾致辞时，不要东张西望，交头接耳。

学霸笔记

庆典仪式策划书范文

1. 庆典背景

××大学创建于1909年，历史悠久，为我国各界培养了大批人才。值此百年校庆之际，特邀海内外校友和各级领导参加庆典。

2. 庆典目的

回顾学校历史，展现办学成就，展望美好未来，扩大知名度，在和各高校的竞争中占据优势，凝聚各方力量，推动学校全面、快速发展。

3. 庆典时间

2009年10月10日上午9：00～11：30。

4. 庆典地点

××大学绿荫露天广场。

5. 与会人员

省委副书记及省有关部门领导10人、市委书记及市有关部门领导10人、各界校友200人、学院领导、师生代表。

6. 庆典流程

领导、嘉宾按顺序就座，同时播放背景乐曲。

（1）主持人介绍到会领导、来宾、校友返校情况，宣布庆典开始（放气球、和平鸽，鸣放礼炮）。

（2）升校旗、奏校歌。

（3）宣读题词、贺电内容，以及祝贺单位名单。

（4）校长讲话（讲稿由校庆秘书小组撰写）。

（5）有关领导讲话（省委副书记、省教育局局长、市委书记讲话）。

（6）校友讲话（知名校友讲话）。

（7）文艺表演。

（8）由校长宣读闭幕词，宣布庆典仪式结束。

（9）组织嘉宾到图书馆一楼参观百年××大学教学成果展（由校庆礼仪组负责接待，礼仪小姐和讲解员安排接待）。

7. 庆典前期准备

（1）宣传工作（9月1日起全面启动宣传工作）。

① 进行校徽、校庆标志的征集工作，各系根据专业情况在全校和校友中开展与校庆相关的各类比赛。

② 建立百年校庆华诞专题网站，及时跟进和报道校庆的情况，征求校友及社会各界的意见和建议。

③ 邀请知名学者和领导来校参观，指出其在办学过程中存在的问题，总结办学成绩。

④ 通过电视台、电台、网络等形式，进行强势宣传。

⑤ 筹集资金拍摄百年××大学教学成果纪录片，并制作《校史（1921—2021）》《校友通讯录》和校庆纪念物等。

⑥ 在图书馆一楼筹备百年××大学教学成果展，展示××大学的教育理念、教学模式、教学体系和教学特色。

⑦ 邀请庆典公司准备锣鼓、乐队、礼炮、和平鸽等。

⑧ 校庆文艺演出。组织学生社团进行文艺演出，挑选演出节目。

（2）邀请工作。

① 9月25日，确定参加庆典仪式人员名单。

② 9月26日，制作邀请函，并发出邀请。

③ 10月6日，汇总情况，统计到会人员。

（3）现场布置工作。

① 在进入庆典现场的××路上及庆典现场四周插500面刀旗，营造隆重热烈的现场氛围。

② 在校门口上方悬挂两条巨大的欢迎条幅，并在上空放飞红色气球。

③ 在校道两边，设置20块宣传展板，展示××大学百年辉煌历史及未来蓝图。

④ 在图书馆前面腾出一块空地作为庆典主席台，利用现场开阔的地势，搭建一个大型的舞台和大型背景板，显示××大学的强大实力。

⑤ 整个舞台气柱、拱门、横幅的红色与宣传画面背景的暖色调相配合，营造喜庆热烈的氛围。

⑥ 在庆典舞台下面整齐摆放1000个座位。

⑦ 百年校庆成果展现场布置：在展厅的门前布置一个大型的彩虹拱门，用红地毯铺地，展位两旁摆放花篮。

⑧ 对现场实行合理的功能分区，使整个会场显得隆重而有序。在校道旁边设置停车场。在图书馆侧楼一层设置休息厅，接待先到的参加庆典仪式的人员。在庆典舞台的后侧设置急救室和演出人员活动室。在功能区设置标志牌，以便来宾能够及时找到目的地。

⑨ 音像调试。

（4）接待工作。

① 10月9日由接待小组负责机场、火车站的接站工作，并负责安排受邀嘉宾下榻××大酒店，同时发放庆典流程表。

② 10月10日上午8:00，接待小组负责到××大酒店接嘉宾入校参加庆典。

（5）彩排工作。

① 10月8日上午第一次彩排，确定演出节目。

② 10月9日下午第二次彩排，全体上台人员进行排练。

（6）秘书的工作职责。

① 辅助校庆筹备组组织动员大会，明确各小组负责的工作。

② 协助校庆筹备组通知并督导各小组的工作进程。

③ 撰写邀请函、庆典流程表等资料。

④ 负责发言领导的讲稿撰写，并负责邀请校友发言，必要时准备发言稿。

⑤ 跟进工作流程，在庆典前两天组织工作汇报会议，以便做好最后的准备工作。

⑥ 负责庆典的彩排工作。

（7）礼仪工作。

① 9月下旬，由礼仪小组对院礼仪队进行为期一周的校庆专题礼仪培训。

② 10月9日全天陪同接待小组到机场、车站迎接客人，做好接待工作。

③ 10月10日，各司其职做好礼仪工作。

（8）校园美化工作。

① 9月份，校容、基础设施和校舍的维修改造工作。

② 9月份，购置新草皮，并对花草树木进行修整和美化。

8．经费预算（略）

德润礼行

道虽迩，不行不至；事虽小，不为不成

"道虽迩，不行不至；事虽小，不为不成。"这句话出自战国时期荀子和弟子们整理或记录他人言行的哲学著作《荀子·修身》，原文如下。

"彼人之才性之相县也，岂若跛鳖之与六骥足哉！然而跛鳖致之，六骥不致，是无它故焉，或为之，或不为尔！道虽迩，不行不至；事虽小，不为不成。其为人也多暇日者，其出入不远矣。"这句话的解释如下。"至于人的资质，即使相距悬殊，难道会像瘸了腿的甲鱼和

六匹千里马那样悬殊吗？然而瘸了腿的甲鱼能够到达目的地，六匹千里马拉的车却不能到达，这并没有其他的原因，只不过是有的去做，有的不去做罢了！路程即使很近，但如果不走就不能到达；事情虽然很小，但不做也不可能完成。那些无所事事的人，他们是不可能超过别人的。"

这段话反映了中国人民脚踏实地，踏实笃行的传统美德。在现代的商务活动中，商务人员也要继承脚踏实地，踏实笃行的中华优秀品德。事情不管大小都要一步一步去做，完成小事是成就大事的第一步。特别是在组织和举办商务庆典活动时，可能会面临各种复杂、困难的事情，但只要耐心细致、脚踏实地的认真去做，就一定能获得成功。踏实细心是商务人员必备的职场道德素养，我们应继承发扬脚踏实地、踏实笃行、诚实守信的中华传统美德。

我们的计划

快来和我们一起制订自己的学习计划吧！

见工具单 8-3-1

我们来操作

任务1　根据情景3，帮助文静拟定嘉宾邀请名单

1．操作步骤

（1）知识准备：学习掌握邀请嘉宾的人员类型。
（2）根据情景3，讨论确定庆典仪式的受邀嘉宾。
（3）拟写邀请嘉宾名单。
（4）教师进行现场指导并点评。

2．操作要点

（1）邀请嘉宾的人员类型主要有：上级领导、社会名流、媒体记者、合作伙伴、公众代表、单位员工等。
（2）确定邀请的方式：请柬、电话、邮件等。

任务2　根据情景3，拟定筹备工作提纲

1．操作步骤

（1）知识准备：学习掌握庆典仪式的组织。
（2）根据情景3，讨论确定筹备工作的内容。
（3）撰写庆典筹备工作提纲。
（4）教师现场指导并点评。

2. 操作要点

（1）邀请来宾，确定出席者名单。通常可以邀请上级领导、社会名流、媒体记者、合作伙伴、公众代表、单位员工等人士参加庆典活动。

（2）布置庆典现场主要包括：场地的选择、现场布置、准备发言稿。

（3）庆典程序主要包括：邀请来宾就座，主持人介绍来宾；主持人宣布庆典正式开始；主办单位主要负责人致辞；请来宾代表讲话；安排专项活动。

任务 3　帮助文静拟定公司二十周年庆典的策划方案

1. 操作步骤

学生以情景 3 中的内容为背景，撰写一份详细的公司 20 周年庆典策划方案，并进行方案说明。

（1）根据情景 3，撰写庆典仪式策划方案草稿。

（2）将方案草稿提交教师，征求教师意见，教师进行指导。

（3）根据教师提出的建议对方案草稿进行修改，并最终完成策划方案的撰写。

（4）将完成的策划方案制作成 PPT 文稿，并进行方案说明。

2. 操作要点

周年庆典仪式策划方案撰写要点如表 8-2 所示。

表 8-2　周年庆典仪式策划方案撰写要点

操 作 项 目	操 作 规 范
舆论宣传	① 进行广告宣传。 ② 邀请媒体记者进行采访、报道
来宾邀请	确定受邀人员名单，提前发出正式邀请函
场地布置	做好现场布置，营造隆重、喜庆的氛围；做好音响、灯光等设备的检查、调试工作
庆典仪式策划方案主要内容	① 活动宗旨。 ② 前期筹划。 ③ 宣传策略。 ④ 现场布置。 ⑤ 工作日程和议程安排。 ⑥ 预算
准备发言稿	主持词、发言词、贺词的撰写
物资准备	① 庆典用品。 ② 现场布置的用品。 ③ 馈赠的礼品
人员服饰	① 男士穿着深色西装或中山装套装，配白色衬衫与深色皮鞋，系单色领带。 ② 女士穿着深色套裙，配白色衬衫和深色中跟鞋

快来记录下我们的工作过程吧！

见工具单 8-3-2

我们的成绩

___分
周年庆典仪式策划方案撰写规范
评价表见工具单 8-3-3

情境 8 训练项目 1 工具单

工具单 8-1-1　训练项目 1 计划单

班级：_____　组别：_____　项目负责人：_____

我们的任务	我的任务及合作伙伴	需要的知识点	完成时间
1. 根据情景 1，演示布置签字桌			
2. 根据情景 1，确定参加签约仪式的人员，帮助文静设计一张签约仪式座次排列图			
3. 根据情景 1，帮助文静制定一份详细的签约仪式执行方案			

_____年_____月_____日

工具单 8-1-2　训练项目 1 记录单

日期：_____　班级：_____　组别：_____

任务 1　根据情景 1，演示布置签字桌
　　完成情况：请在相应的完成情况前画"√"。
　　　　□顺利完成　　□基本完成　　□部分完成　　□不能完成

任务 2　根据情景 1，确定参加签约仪式的人员，帮助文静设计一张签约仪式座次排列图
　　完成情况：请在相应的完成情况前画"√"。
　　　　□顺利完成　　□基本完成　　□部分完成　　□不能完成

任务 3　根据情景 1，帮助文静制定一份详细的签约仪式执行方案
　　完成情况：请在相应的完成情况前画"√"。
　　　　□顺利完成　　□基本完成　　□部分完成　　□不能完成

工作小结及自我评价：

工具单 8-1-3　签约仪式礼仪评价表

评价项目	评价标准	是否做到	存在问题
签字桌的布置	① 签字桌为长桌	□是　□否	
	② 桌上铺深绿色台呢	□是　□否	

续表

评价项目	评价标准	是否做到	存在问题
签字桌的布置	③ 桌子后面摆两把座椅	□是 □否	
	④ 签字桌上放好待签的合同文本、签字笔、墨水、吸墨器等	□是 □否	
国旗的悬挂	桌子后方悬挂签约双方国家的国旗	□是 □否	
签字仪式人员的座次排列	① 客方签字人在签字桌右侧就座，主方签字人同时在签字桌左侧就座	□是 □否	
	② 双方各自的助签人分别站立于本方签字人的外侧	□是 □否	
合同文本的准备	用质量较好的白纸印制而成，按大八开的规格装订成册，并配以高档材料的封面	□是 □否	
签约仪式的程序	① 参与签约仪式的人员依次入场	□是 □否	
	② 签字人正式签署合同文本	□是 □否	
	③ 双方交换合同文本	□是 □否	
	④ 在场全体人员鼓掌，表示祝贺	□是 □否	
	⑤ 接受媒体采访，饮香槟酒，并互相祝贺	□是 □否	
	⑥ 参与签约仪式的人员依次退场	□是 □否	
教师评语			

情境 8 训练项目 2 工具单

工具单 8-2-1　训练项目 2 计划单

班级：_____　组别：_____　项目负责人：_____

我们的任务	我的任务及合作伙伴	需要的知识点	完成时间
1. 帮助李想设计一张开业仪式的请柬			
2. 归纳总结并撰写揭幕仪式筹备工作备忘录			
3. 根据情景 2，演示李想的公司新店开业的剪彩仪式			

_____ 年 _____ 月 _____ 日

工具单 8-2-2　训练项目 2 记录单

日期：_____　　班级：_____　　组别：_____

任务 1　帮助李想设计一张开业仪式的请柬

　　完成情况：请在相应的完成情况前画"√"。

　　　　　　□顺利完成　　□基本完成　　□部分完成　　□不能完成

任务 2　归纳总结并撰写揭幕仪式筹备工作备忘录

　　完成情况：请在相应的完成情况前画"√"。

　　　　　　□顺利完成　　□基本完成　　□部分完成　　□不能完成

任务 3　根据情景 2，演示李想的公司新店开业的剪彩仪式

　　完成情况：请在相应的完成情况前画"√"。

　　　　　　□顺利完成　　□基本完成　　□部分完成　　□不能完成

工作小结及自我评价：

工具单 8-2-3 剪彩仪式执行方案评价表

评价项目	评价标准	是否做到	存在问题
舆论宣传	① 进行广告宣传	□是 □否	
	② 邀请记者进行采访、报道	□是 □否	
来宾邀请	① 确定受邀人员名单	□是 □否	
	② 制作请柬	□是 □否	
场地布置	① 铺设红色地毯,在场地四周悬挂横幅、气球、彩带等,在醒目处摆放来宾赠送的花篮或牌匾,做好音响、灯光设备的检查和调试工作	□是 □否	
	② 准备好红色缎带、新剪刀、白纱手套、托盘	□是 □否	
剪彩仪式的流程	① 请来宾就位	□是 □否	
	② 致辞	□是 □否	
	③ 剪彩	□是 □否	
	④ 邀请来宾进行参观	□是 □否	
人员服饰	① 男士穿着深色礼服西装套装或中山装套装,配以白色衬衫与深色皮鞋,系单色领带	□是 □否	
	② 女士穿着深色套裙,配以白色衬衫与深色中跟皮鞋	□是 □否	
教师评语			

情境 8 训练项目 3 工具单

工具单 8-3-1 训练项目 3 计划单

班级:_____ 组别:_____ 项目负责人:_____

我们的任务	我的任务及合作伙伴	需要的知识点	完成时间
1. 请根据情景 3,帮助文静拟定嘉宾邀请名单			
2. 请根据情景 3,拟定筹备工作提纲			
3. 帮助文静拟定公司二十周年庆典的策划方案			

_____ 年 _____ 月 _____ 日

工具单 8-3-2 训练项目 3 记录单

日期：_____   班级：_____   组别：_____

训练项目完成情况：

任务 1 根据情景 3，帮助文静拟定嘉宾邀请名单

　　完成情况：请在相应的完成情况前画"√"。

　　　　　□顺利完成　　　□基本完成　　　□部分完成　　　□不能完成

任务 2 根据情景 3，拟定筹备工作提纲

　　完成情况：请在相应的完成情况前画"√"。

　　　　　□顺利完成　　　□基本完成　　　□部分完成　　　□不能完成

任务 3 帮助文静拟定公司二十周年庆典的策划方案

　　完成情况：请在相应的完成情况前画"√"。

　　　　　□顺利完成　　　□基本完成　　　□部分完成　　　□不能完成

工作小结及自我评价：

工具单 8-3-3 周年庆典仪式策划方案撰写规范评价表

评价项目	评价标准	是否做到	存在问题
舆论宣传	① 选择合适的媒体，进行广告宣传	□是　□否	
	② 邀请媒体记者进行采访、报道	□是　□否	
来宾邀请	列出受邀人员名单	□是　□否	
场地布置	① 悬挂彩旗、彩带、彩灯、横幅	□是　□否	
	② 在醒目处摆放来宾赠送的花篮或牌匾	□是　□否	
	③ 准备欢快、喜庆的乐曲	□是　□否	
发言稿的撰写	撰写好发言稿，并将其发放到相关人员手中	□是　□否	
庆典活动的流程	① 邀请来宾就座，主持人介绍来宾	□是　□否	
	② 主持人宣布庆典正式开始	□是　□否	
	③ 主办单位主要负责人致辞	□是　□否	
	④ 请来宾代表讲话	□是　□否	
	⑤ 安排专项活动	□是　□否	
人员服饰	① 男士穿着深色西装套装或中山装套装，配白色衬衫与深色皮鞋，系单色领带	□是　□否	
	② 女士穿着深色套裙，配白色衬衫和深色中跟皮鞋	□是　□否	
教师评语			

情境 9 舌尖上的礼仪——商务宴会礼仪

情境导入

下午 17:00，一些同事开始准备下班，但李想和文静还在忙碌，今天还有很多事情需要他们完成，加班是一定的了。

训练项目 1　中式宴会礼仪

情景 1

签约仪式结束后，公司领导要求文静安排一次中式晚宴，庆祝签约仪式的成功。下午 17：30，文静来到本市一家五星级酒店。文静知道商务宴请有很多礼仪规范，于是她精心地做着每一项准备工作。

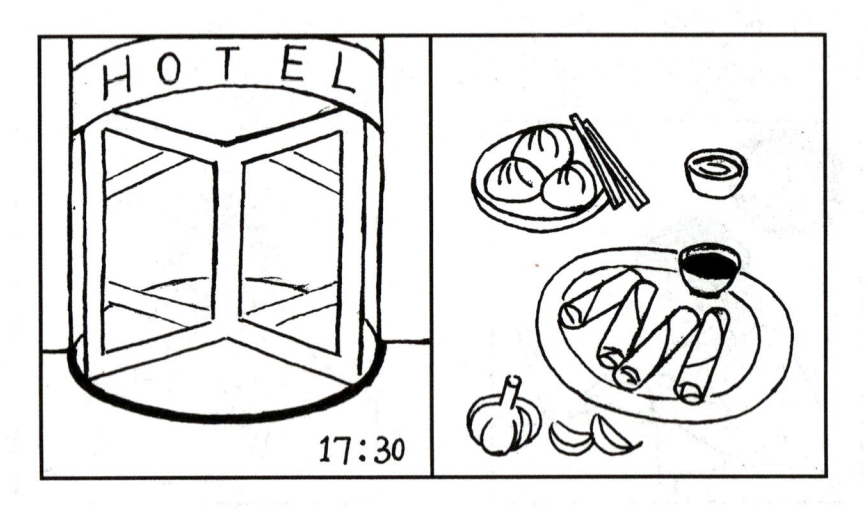

我们的任务

1. 请帮助文静设计一份中式晚宴的菜单。
2. 请帮助文静绘制一张中式晚宴座次排列图。
3. 根据情景 1，以情景剧的形式展示中式宴会礼仪。

我们的目标

1. 了解中式宴会的礼仪规范。
2. 熟悉中式宴会座次及菜单安排技巧。
3. 具备举办中式宴会的组织接待能力。

我们来学习

9.1.1 中式宴会的筹备

宴请是一种常见的社交活动,中式宴会是指具有中国传统特色的宴会,在中式宴会中相关人员需遵守中国人的礼仪规范。

知识点1 宴会的规格

宴会,是指比较正式、隆重的设宴招待,宾主在一起饮酒、吃饭的聚会。宴会可在早、中、晚餐时段举行,而以晚宴时段的宴会最为隆重。宴会的规格,以宴请目的和主要宾客的身份和地位而定,规格过低显得失礼,规格过高也没有必要。一般宴会按规格分为国宴、正式宴会、便宴及家宴。

（1）国宴。国宴是指国家元首或政府首脑为招待外国元首、政府首脑或其他贵宾来访或在重要节日为招待各界人士而举行的正式宴会,是宴会中规格最高的。按规定,涉外活动中举行国宴的宴会厅内应悬挂两国国旗,安排乐队演奏两国国歌及席间乐,席间宾主双方要致辞、祝酒。

国宴讲究排场,对出席者的入场仪式及出席者的着装都有规定,以示国宴的隆重与正式。此外,国宴对宴会厅的陈设、菜肴的数目及服务员的仪态都有严格的要求。

（2）正式宴会。正式宴会是为宴请专人而精心安排的,在较为高档的餐厅或是其他特定的地点举行的,讲究排场、比较隆重的正规宴请活动。正式宴会对于到场的人数、出席者的着装、席位排列、菜肴数目、音乐演奏、宾主致辞等,都有十分严谨的要求。

（3）便宴。便宴是一种非正式宴会,其最大特点是简便、灵活,可不排席位、不安排正式讲话,菜肴也可丰可俭。便宴的氛围较为轻松,便于日常交往和友好往来。便宴一般不发请柬,可电话或口头邀请,通常在餐厅举行。

（4）家宴。家宴即在家中举行的宴会,是由主人以某种名义,在自己的私人居所内举行的,招待自己亲朋好友的一种非正式宴会。家宴通常由主人亲自掌勺,家人共同招待,宾主双方轻松、随意,有利于宾主双方加强交流、加深了解。

知识点2 陪同人员的规格

商务宴请,一般讲究对等接待,即己方主陪与对方主宾身份地位应相仿,或者己方的陪同人员的级别和职务与来宾的级别和职务基本相同。当接待高层领导时,应由己方主要负责人出面陪同接待。如果需要在席间洽谈事情时,己方要安排说得清事、做得了主的人员出席,以便于在餐桌上进行沟通协商。例如,甲方宴请来访的乙方代表团,甲方出面作为主要陪同人员（主人）的职务和地位一般同乙方代表团团长的职务和地位对等,如经理对经理、主任对主任。如果甲方陪同人员身份过低容易使乙方感到甲方傲慢、不热情,如果甲方陪同人员的身份过高亦无必要。

知识点3 时间和地点的选择

（1）在确定宴会时间时既要考虑客人方便，避开重大节日、假日或是有重要活动的时间，也要照顾参加宴会的人员的习俗，避开对方的禁忌日。例如，邀请中国同胞不要安排在除夕夜；邀请西方信奉基督教的人士时，日期不要选择13号，更不要选13号同时是星期五的日子；邀请信仰伊斯兰教的朋友，则应注意其在斋月内白天禁食，宴会宜在日落后举行。如果条件允许，在确定宴会时间前，可以先征求主宾的意见。

（2）宴会的地点可分为两种情况：若是官方正式隆重的活动，一般安排在政府、议会大厦或宾馆内举行；其余宴请则按活动性质、规模大小、形式等实际情况而定。选定的宴请场所，要能容纳全体人员。举行小型正式宴会时，可以在宴会厅外另设休息厅，以便在宴会开始前主宾双方进行简短交流，待到宴会开始时宾主一起走进宴会厅入席。

学霸笔记

民宿管家服务时的礼仪规范

民宿管家是人力资源和社会保障部近两年公布的18种新职业名称之一。民宿管家是指认可民宿主人情怀，具备良好的身体素质、心理素质、语言能力、知识技能等，为客人提供全程服务招待，并致力于不断提升民宿服务质量和品牌影响力的从业人员或管理人员。民宿管家服务时主要的礼仪规范包括以下几项：

（1）仪容规范。民宿管家应仪容端庄、发型整洁、口腔无异味、手部干净，女性管家宜化职业淡妆。

（2）服饰规范。服装应整齐、清洁，可适当的融入地方文化元素，符合民宿特色。

（3）言行规范。仪态端庄，用语规范，表述清晰，应具备良好的语言表达能力。

（4）餐饮服务规范。食品卫生、安全，符合国家相关食品安全标准和要求；餐饮服务各个环节操作标准、规范，符合餐饮服务礼仪要求。

（5）民俗规范。熟悉当地习俗和少数民族礼仪文化，弘扬地方文化。

知识点4 宾客的邀请

正式的中式宴会一般均发请柬，这既是出于礼貌，又可以起到提醒客人准时赴约的作用。大型宴会的请柬，可以以单位名义送出，也可以以个人名义送出；个人举办的宴会的请柬一般以个人或夫妇二人的名义送出；工作餐的请柬应以单位名义送出。如果以夫妇二人的名义送出请柬，主宾及其配偶均可列为受邀对象。如果受邀夫妇都有重要身份，则应分别送出请柬。

请柬应尽早（一般提前1~2周）送出，以便受邀宾客安排行程。为了减少失误，相关人员可以在宴会前夕电话联系受邀人员，以确认其是否能准时出席宴会。组织比较轻松随意的"便餐"式的宴请，邀请形式比较灵活，可以采用打电话或请人代转的方式进行邀请。

知识点5　菜单的确定

宴会菜单,应根据宴会的规格、客人的身份及宴请的目的来确定。基本原则是:有冷有热,荤素搭配,有主有次,主次分明,丰俭得当。整桌菜品中的主菜是用来显示宴会菜品的规格的,而其他菜品可以用来调剂客人的口味。

（1）在安排菜单时,应以适合多数客人口味爱好为前提,但必须考虑到来宾的饮食禁忌,特别是对主宾的饮食习惯及禁忌要高度重视。如宗教的饮食禁忌,"三高"患者的饮食禁忌,喜欢吃辛辣食物等地域偏好等。常见的饮食禁忌主要有以下几个方面。

第一,宗教禁忌。在所有的饮食禁忌中,宗教方面的饮食禁忌最为严格,而且绝对不允许有丝毫违反。

第二,地域差异。在不同的地区,人们的饮食偏好往往有所不同。对于这一点,相关人员在安排菜单时,也应予以兼顾。

第三,职业禁忌。有些职业,出于某种原因,在餐饮方面往往有各自不同的禁忌。例如,驾驶员在工作期间不得饮酒。

第四,个人禁忌。有些人,由于种种原因,在饮食方面会有一些与众不同的特殊要求。例如,有的人不吃肉,有的人不吃鱼,有的人不吃蛋,等等。对于这类人的饮食禁忌,亦应充分予以照顾。

（2）先决定主菜,再搭配其他。主菜决定着宴会菜品的规格,因此做东者应想好主菜点什么。

（3）一般餐厅会将当天的特色菜附加在菜谱上,也可能用立式菜单放在台面上,有时还会在餐厅的门口用广告形式陈列。特色菜可能是原料过剩的品种,也可能是时令菜或厨师的拿手菜,可以适当选择。

学霸笔记

标准的中餐菜单结构

1．冷盘（或凉拼）。
2．热盘。
3．主菜（热菜）。
4．点心（甜点或主食）。
5．水果。

冷盘:通常用餐时会选用四种冷盘,或是由冷盘组成的大拼盘,有时种类可多达十几种。最具代表性的是凉拌海蜇皮、皮蛋等。

热盘:有时冷盘之后,接着出四种热盘。常见的是炒虾、炒鸡肉等。不过,热盘有时可省略。

主菜:又称为大件、大菜。如果菜单上注明"八大件",表示共有八道主菜。主菜的数目通常是四、六、八等偶数,因为,中国人认为偶数是吉数。在规格较高的宴会上,主菜有时多达十六道或三十二道,但通常是六道至十二道。这些菜肴是使用不同的材料,配合酸、甜、苦、辣、咸五味，以炸、蒸、煮、煎、烤、炒等各种烹调方法搭配而成。其出菜顺序多以口味清淡和浓腻交互搭配，或干烧、汤类交互搭配为原则。最后上的通常是汤。

点心：指主菜结束后所供应的甜点，如馅饼、蛋糕、包子、杏仁豆腐等。最后则是水果。

知识点 6　桌次排列礼仪

中式宴会中的座次排列，关系到来宾的身份和主人给予对方的礼遇，所以是一项重要的内容。中餐座次的排列，在不同情况下，有一定的差异。

在中式宴会中，通常 8～12 人一桌，人数较多时也可以平均分成几桌。在宴会不止一桌时，要安排桌次。其具体原则如下：

（1）以远为上。当餐桌距离餐厅正门有远近之分时，以距门远者为上（如图 9-1）。

（2）以右为上。当餐桌并列有左右（指面对门时的左右）之分时，以居右者为上（如图 9-2）。

（3）居中为上。多张餐桌并列时，以居于中央者为上（如图 9-3 和图 9-4）。

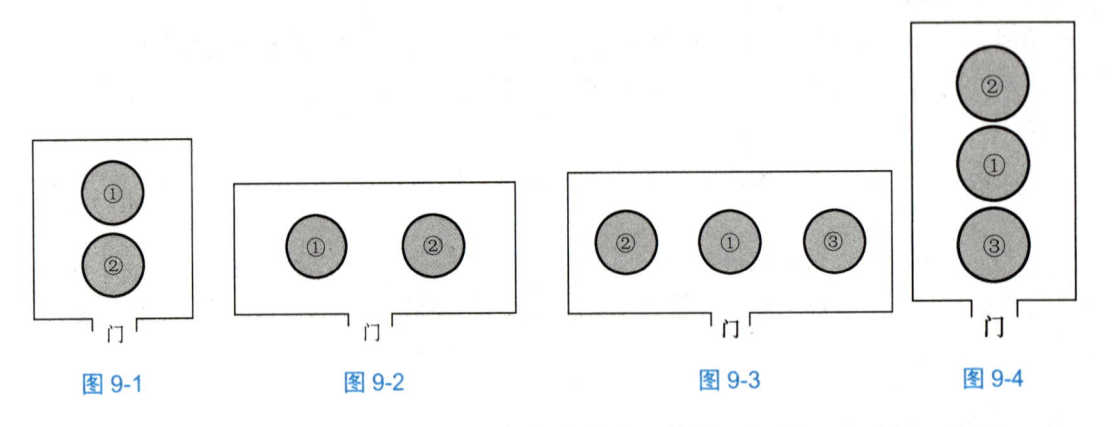

图 9-1　　　图 9-2　　　图 9-3　　　图 9-4

（4）在桌次较多的情况下，上述排列规范往往交叉使用（如图 9-5、图 9-6 和图 9-7）。

各桌的主位可与主桌的主位方向相同，也可以方向相对。中式宴大都会使用圆桌，每桌通常都有一位主人或招待人员负责照应宾客。

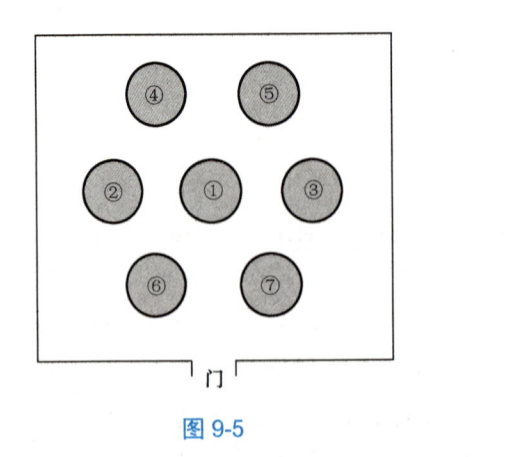

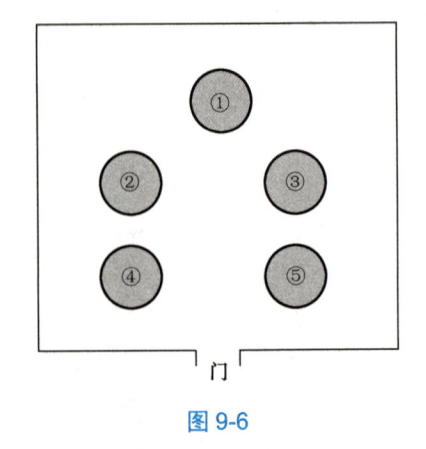

图 9-5　　　图 9-6

知识点 7　座次排列礼仪

中式宴会座次的安排具有很强的礼节性，如果安排不当，会直接影响宾主用餐的氛围。在明确宴请的宾客以后，根据礼仪要求，在宴会开始前，相关人员需按照客人的职位、年龄、性别或特定要求对其座次加以排列，并在席面上标明每位客人应坐的位置，以便客人落座。

中式宴会的座次安排通常遵循以下原则。

一是面门为上，即主宾面对餐厅正门。有多位主宾时，可交叉排列。

图 9-7

二是以近为上，各桌座次的尊卑，以距离该桌主宾的远近而定，离主位越近地位越尊贵。

三是以右为上，以该桌主宾座位为准，主宾的右手方向为上，左手方向为下。

四是观景为佳，在一些高档酒店中，在餐厅内外往往有优美的景致或高雅的演出，可供客人在用餐时观赏。此时，应以观赏角度最佳的位置为上座。

五是临墙为上，在餐厅的大厅内用餐时，为了防止过往侍者或其他食客的干扰，通常以靠墙之处为上座，以靠过道之处为下座。

根据以上五条原则，我们可采用以下方法安排座次

方法一：每桌一个主位的排列方法（如图9-8）。

方法二：每桌两个主位的排列方法（如图9-9）。

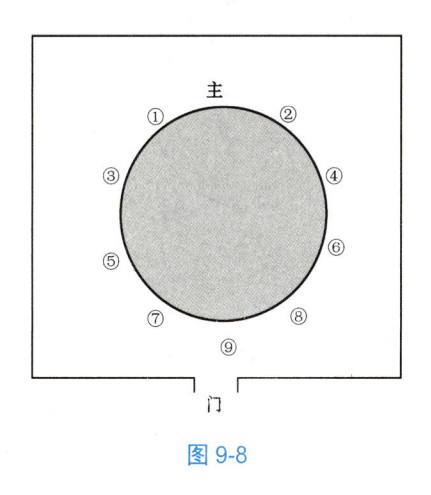

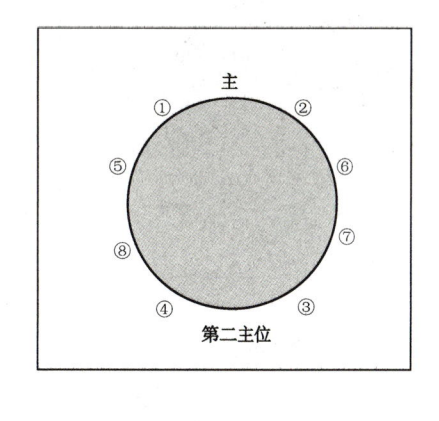

图 9-8　　　　图 9-9

在涉外活动中，如果外宾带有翻译，应将翻译安排在①宾右侧、②宾的左侧，即⑤、⑥席上（如图9-9）。

如果是夫妻两人请客，主宾携夫人前来，通常应将女士安排在一起，即主宾坐男主人右上方，其夫人坐女主人右上方（如图9-10）。

方法三：每桌多个主位的排列方法（如图9-11）。

由于我国地域广大、民族众多，风俗习惯和礼仪要求有着明显的区别，在宴客席位安排

方面各自有各自的特点。我国民间普遍有着以"左"为上的传统习惯，主要体现民间聚餐和公事交往中的下级宴请上级的时候。这类席位的安排，根据宴客对象，本着主宾相对、以左为上的原则。

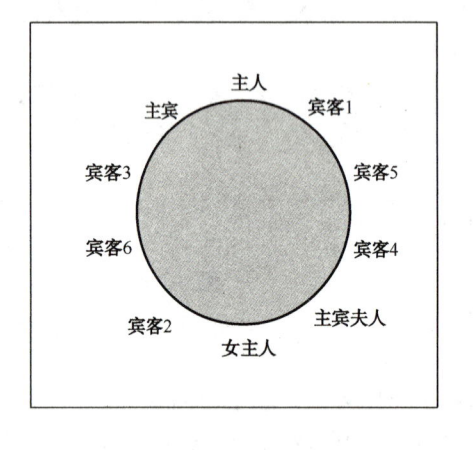

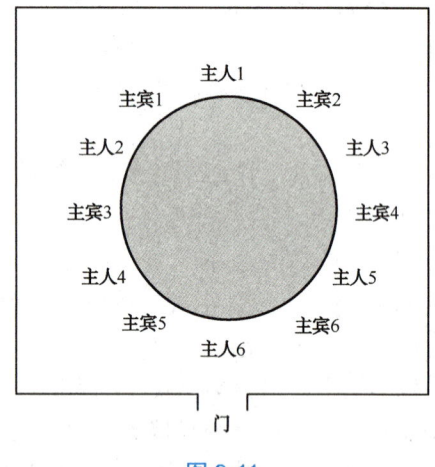

图 9-10

图 9-11

方法一：宴请一位主要客人时座次排法（如图 9-12）。
方法二：宴请两位主要客人时座次排法（如图 9-13）。

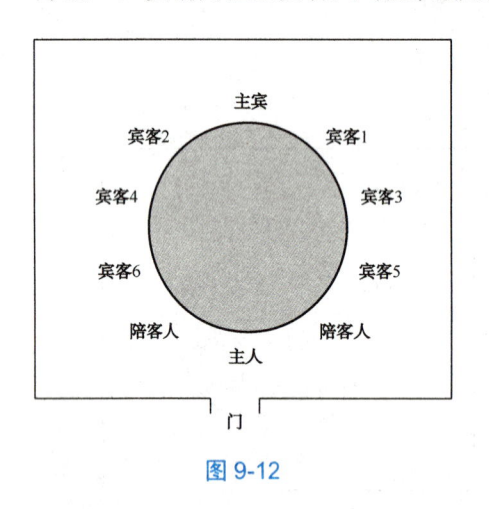

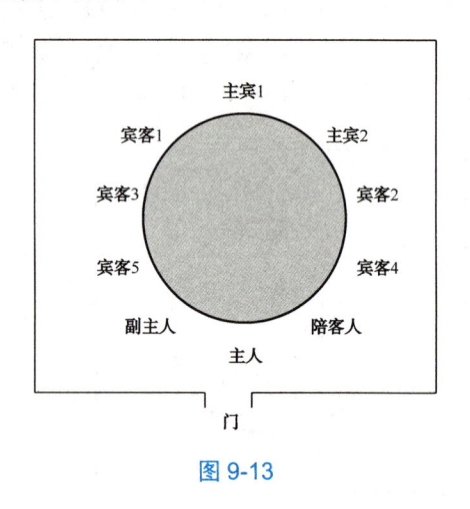

图 9-12

图 9-13

导师提问：请你想一想，举行家庭宴会时，席位应如何安排？

我的想法：_____

_____

_____

情境 9

舌尖上的礼仪——商务宴会礼仪

知识点 8　餐具的准备

在中式宴会开始前，相关人员应提前根据参加宴会人员的数量和酒、菜的数量准备足够的餐具。餐桌上的一切用品都应十分清洁卫生。桌布、餐巾都应浆洗干净并熨烫平整，餐巾应事先消毒，有条件的餐厅可提供一次性的消毒餐巾。玻璃杯、酒杯、筷子、碗碟等餐具也应该在宴会之前都洗净擦亮，并进行消毒处理，保证餐具符合相关卫生要求。此外，还应准备每道菜撤换用的菜盘。

在中式宴会中一般使用筷子、盘、碗、匙、小碟、酱油碟等中餐餐具。在宴会开始前，相关人员应将所需要用到的餐具摆放整齐。水杯放在菜盘上方，右上方放酒杯，酒杯数量和种类应与所上酒的品种相对应。餐巾叠成花状插在水杯中或平放在菜盘上。酱油、醋、胡椒粉等佐料，通常摆在主宾面前。此外，餐桌上应备有烟灰缸、牙签等物品，便于宾客取用。

9.1.2　中式宴会进行中的礼仪

知识点 1　宴客的礼仪

（1）引客入座。在宴会开始前，主人应站在门口迎接客人并与每一位来宾打招呼。当客人到齐后，主人应回到餐厅，热情招待来宾。如果来宾之间并不熟悉，主人要为来宾一一介绍，使彼此有所了解，以营造宴会的友好氛围。一般应按预先排好的座位，依次引导客人入座。但如果客人有坐错座位的，一般应"将错就错"，或很巧妙地加以换座，注意不要挫伤客人的自尊心。

（2）致辞敬酒。宴会开始时，主人应起身向全体来宾敬酒，并致以简短的祝酒词。祝酒词的内容随宴会的性质而定。

在敬酒时应注意以下问题：宴会中有权利首先提议举杯的是宴请的主人，若宴请的主人是夫妻，男主人应提议举杯；碰杯的顺序是首先主人和主宾碰杯，而后主人一一与其他宾客碰杯；敬酒时还应注意不要交叉碰杯；碰杯时，杯沿不要高于对方的杯沿；敬酒时不能隔着他人敬酒，应该离开席位，到客人的席位上敬酒。

在主人和主宾祝酒时，其他人应暂时停止用餐，停止交谈，注意倾听，不要借此机会抽烟。主人和主宾讲完话，与贵宾席人员碰杯后，往往要到其他各桌敬酒，主人前来敬酒时，宾客应起立举杯，要目视对方致意。

（3）介绍菜肴。当第一道热菜（主菜）上桌时，一般由饭店服务员报菜名，并介绍这道菜的特色。此时主人应举筷请众宾客品尝。当客人互相谦让、不肯下箸时，主人可站起来用公筷、公匙为客人分菜。分菜时注意先分给主宾或长者，并注意将菜分得均匀，以免有厚此薄彼、不一视同仁之嫌。

如果是家宴，主人可以亲自下厨，精心制作几道拿手菜。当这些菜上桌时，不仅要报菜名，还要简单介绍菜品的制作要领。请大家品尝后，还要认真征求宾客的意见。上菜时，应注意将新上的菜放在主宾面前或偏向主宾的位置，以示尊重。

知识点 2　席间礼仪

（1）就座礼仪。在饭店用餐，应由服务员领台入座。入席时，应等长者坐定后方可入座。席上如有女士，应等女士坐定再入座。拉座椅时，动作要轻，不要有刮地板的声音。入座后，坐姿要端正，与餐桌保持合适的距离。

（2）动作雅观。我国自古以来就讲究"站有站相，坐有坐相"，参加宴会时也是如此。在参加宴会时，商务人员应该坐得端正，夹菜的时候身体稍微前倾，但是注意不要整个人趴在桌子上，或者把手臂从一头伸到另一头去，这样的动作既会影响旁边的人用餐，也是不得体和不雅观的。

在食用碗中食物的时候，要端起碗，应该用大拇指扣住碗口，食指、中指、无名指扣碗底，手心空着。不端碗而是用嘴巴去就碗，伏在桌子上对着碗吃饭是非常不雅观的。

切忌不能在夹起饭菜时，伸长脖子，张开大嘴，伸着舌头用嘴去接菜。一次不要放太多的食物入口，不然会给人留下贪吃、贪婪的印象。

（3）保持桌面整洁。随时保持桌面整洁，既能让人看着舒服，又能显示自己的修养，所以在用餐的时候要留意。对于吃剩的骨头、鱼刺、菜渣等，要用筷子或勺子接出来，轻轻地放到骨碟上，不能直接吐到桌面或地面上。如果骨碟满了，可以请服务人员帮忙换一个干净的骨碟。喝汤的时候，汤匙应稍微提高，在碗的边缘上刮一下，再送到嘴中，这样不会弄脏桌面。使用过的汤匙不要倒挂在盘子边缘，而是将汤匙，放在托碟上，避免汤汁倒流到桌面上。如果不小心弄脏了桌面，要及时请服务员帮助清理。

（4）照顾同桌。在餐桌上往往不仅是一个人用餐，所以我们在进餐时还要留意同桌其他人的需求，照顾好同桌其他人，尤其是男士应该视照顾同桌的女士为自己的责任。

用餐期间，可以劝别人多吃一些，或是建议其他人品尝某道菜肴，但不要擅自做主，主动为别人夹菜、添饭。这样做不仅不卫生，而且还会让对方感到为难。

（5）取菜有礼。取菜的时候，应从盘子靠近或面对自己的盘边夹起，不要从盘子中间或靠近别人的一边夹起，更不要左顾右盼、翻来覆去，在公用的菜盘内挑挑拣拣，将菜夹起来又放回去，会显得缺乏教养。如果有掉了的菜，应该将其夹起来放在自己盘子的边缘，而不是任其留在桌面上。

在多人一桌用餐时，取菜要注意相互礼让，依次而行，一次夹菜也不宜太多，取用适量。对于距离自己较远的菜，可以请他人帮助来取，不要起身甚至离座去取。公筷用完之后要及时放回原处，方便别人下一次使用。

（6）用餐有序。用餐时应请尊者先动筷。在用餐过程中，要尽量自己添加食物，如有长辈，要尽可能主动给长辈布菜添饭。遇到长辈给自己布菜添饭时，要起身双手递接并道谢。

（7）进餐无声。进餐时要闭嘴咀嚼、细嚼慢咽，嘴里不要发出异响，口含食物时最好不要与别人交谈。如果要咳嗽、打喷嚏，要用手或手帕捂住嘴，并把头向后方转。若嚼到沙粒或嗓子里有痰时，要离开餐桌去吐掉。用餐的时候，不要吃得摇头晃脑、宽衣解带、汤汁横流、响声大作。

知识点 3　席间交谈礼仪

（1）席间交谈在语言方面要求文明、礼貌、准确。在与人交谈中千万不要说粗话、脏话、黑话、气话，等等，要文明用语。要注意"四有"和"四避"。"四有"，即有分寸、有礼节、有教养、有学识；"四避"，即避隐私、避浅薄、避粗鄙、避忌讳。

（2）交谈不言深。在交谈中不要心不在焉、爱理不理，也不要哗众取宠。如果双方在谈话过程中出现矛盾或分歧，不必太当真，可以转移话题，闲谈要把握尺度，适可而止。

（3）交谈时要专注，用词要委婉，礼让对方。

（4）席间交谈禁忌如下。

① 交谈的内容要有所选择，不宜涉黄涉暴，影响宴会氛围。

② 急于和近旁的人交谈时，不要先用手碰人家一下。

③ 两人交谈时，不要隔着别人交谈，更不要大声与餐桌对面的人谈话。

④ 同时与两旁的人说话时，注意不要背向着其中一人。

⑤ 嘴里有食物时不要交谈，如有人和你说话时，应等嘴里的食物咽下后再开口。

⑥ 不要过分地向旁边的女士劝菜，为动员她多吃而讲个不停会惹人讨厌。

⑦ 不要对宴席上的菜肴烹调加以评论，也不要抱怨服务员的工作，如果是家宴则可适当地称赞餐食美味可口，感谢主人的款待。

⑧ 如因健康或习俗等原因不能食用某道菜时，不要明显地表示拒绝或厌恶，更不要做太多解释，尤其不要谈及自己的疾病。

⑨ 与近旁人说话，不宜高声也不宜耳语，如果不便公开讲则应另选适合的场合再谈。

⑩ 切记不要打断别人说话。

⑪ 宴席间说话不宜过多，口若悬河或长篇大论都会让人厌烦，也不要因观点不同而与对方发生争执或显得不高兴，这是没有修养的表现。

学霸笔记

中式宴会餐具的使用礼仪

1. 筷子

筷子是重要的中餐餐具，筷子必须成双使用。用筷子取菜时，需注意下面几个问题。

（1）筷子是用来夹取食物的，用它来挠痒、剔牙都是失礼的表现。

（2）与人交谈时，要暂时放下筷子，不能一边说话，一边像拿指挥棒似的挥舞筷子。

（3）不论筷子上是否残留食物，千万不要用嘴去舔。因为用舔过的筷子去夹菜，是不礼貌的。

（4）不要把筷子插在食物上。因为在中国习俗中只有在祭奠死者的时候才将筷子插在食物上。

2. 勺子

中餐里勺子的主要作用是舀取菜肴和食物。有时，在用筷子取食菜品的时候，也可以使用勺子进行辅助，但是尽量不要单独使用勺子取菜。同时，在用勺子取食物时，不要舀取过满，以免食物溢出弄脏餐桌或衣服。在舀取食物后，可在原处暂停片刻，等汤汁不会再往下流时再移过来享用。

用餐期间，暂时不用勺子时，应把勺子放在自己身前的碟子上，不要把勺子直接放在餐桌上，或让勺子在食物中"立正"。用勺子舀取食物后，要立即食用或是把食物放在自己碟子里，不要再把食物倒回原处。若是取用的食物太烫，则不可用勺子舀来舀去，也不要用嘴对着勺子吹，应把食物先放到自己碗里等凉了再吃。还应注意不要把勺子塞到嘴里，或是反复舔食勺子。

3. 碗

中餐的碗可以用来盛米饭、盛汤，进餐时，可以手捧饭碗就餐。拿碗时，用左手的四个手指支撑碗的底部，拇指放在碗边。吃饭时，饭碗的高度大致和下巴保持一致。

4. 盘子

中餐中的盘子有很多种，稍小点的盘子叫碟子，主要用于盛放食物，在使用方面和碗大致相同。

需要重点介绍的是一种用途比较特殊的盘子——食碟。食碟在中餐里的主要作用是用于暂放从公用的菜盘中取来享用的菜肴。使用食碟时，一般不要取过多的菜肴放在食碟里，那样十分不雅。不吃的食物残渣、骨头、鱼刺不要吐在餐桌上，而应轻轻取放在食碟的前端，取放食物残渣时不要直接用嘴吐到食碟上，而要用筷子将食物残渣夹放到碟子前端。如食碟放满了，可示意服务员更换食碟。

5. 汤盅

汤盅是用来盛放汤类食物的。用餐时，有一点需注意的是：将汤勺取出放在垫盘上并把盅盖反转平放在汤盅上就表示汤已经喝完。

6. 水杯

中餐的水杯主要用于盛放清水、果汁、汽水等软饮料。注意不要用水杯来盛酒，也不要倒扣水杯。另外，需注意喝进嘴里的东西不能再吐回水杯里，这样是十分不雅的。

7. 牙签

牙签也是中餐餐桌上的必备之物。它有两个作用：一是用于扎取食物；二是用于剔牙。但是用餐时尽量不要当众剔牙，非剔不可时，要用另一只手掩住口部；剔出来的食物，不要当众"观赏"或再次入口，更不要随手乱弹、随口乱吐。剔牙后，不要叼着牙签，更不要用剔过牙的牙签扎取食物。

8. 餐巾

在中式宴会开始，一般会为每位用餐者上一块湿毛巾。这块湿毛巾的作用是擦手，擦手后，应该把它放回毛巾盘里，由服务员拿走。而宴会结束前，服务员会再上一块湿毛巾，和之前不同的是，这块湿毛巾是用于擦嘴的。

9.1.3 中式宴会结束时的礼仪

知识点 1　离席礼仪

用餐完毕，主人和主宾起身离座，互相致谢，宴会即告结束。按照惯例，宴请结束是不用宣布的。宾客离席时，应照顾邻座长者或女士，帮忙拖拉座椅。如果中途离席，则一定要悄悄地向邀请你来的主人说明缘由，并表示歉意。千万不可和谈话圈里的每一个人一一告别，这样做有暗示其他宾客也应该离席之嫌，从而导致众人提前散场，使得宴会中断，打乱了主人的计划。

宾客想要离席时，在和主人打过招呼后，应该马上就走，不可以拉着主人在大门口聊个没完。因为主人还有很多事情要做，宴会中也还有许多宾客等待他（她）去招呼，如果你占用了主人太多的时间，会造成他（她）在其他客人面前失礼。

知识点 2　送宾礼仪

我国自古有礼仪之邦的美称，宴请宾朋，最讲究迎来送往。因此，当主宾告辞时，主人应亲自送主宾出门。如果是家宴，通常男宾先与男主人告别，女宾先与女主人告别，之后宾客再与家庭其他成员握别。分别前，宾主双方往往要亲切话别，话别的内容可以是宾客对主人的盛情款待表示感谢，也可以根据宴请的目的进行美好祝愿，如预祝双方合作愉快，或者祝对方开业大吉等。话别时，主人则要真诚感谢宾客的光临，并表达希望再次会面的愿望等。

知识点 3　结账礼仪

在宴会结束后结账时，主人需要注意几点。

（1）结账者需早点离席结账，不要让同席人等待。且结账者应提前预估消费金额，准备充足的现金或余额充足的银行卡，避免金额不足的尴尬局面出现。

（2）如果宴请关系亲密的友人时，可以在餐桌旁结账，结账者只需对服务人员说"麻烦买单"或举手示意即可，且结账时最好选用银行卡结算，尽量避免使用现金结算。

（3）如果是上司或年长者请客，一般不必回请，但要郑重向其致谢，表达对其的尊敬和感谢。

德润礼行

静以修身，俭以养德

"静以修身，俭以养德"出自诸葛亮《诫子书》："夫君子之行，静以修身，俭以养德，非淡泊无以明志，非宁静无以致远。"这句话的意思是，德才兼备的人是依靠内心安静来修养身心的，是依靠俭朴来修养自身的品德的。不看淡世俗的名利，就不能明确自己的志向，身心不能宁静就不能实现远大的理想。《诫子书》是诸葛亮为教育自己八岁的儿子诸葛瞻而写的，意在教育他要正直做人，今后为国效力，做一个有用的人。

在历史上有很多名人都用自己的言行践行了这一理念。相传唐宪宗李淳就是一位生活非常节俭的皇帝,民间还流传着这样一则小故事。

唐宪宗李淳做太子的时候,经常陪唐玄宗吃饭。有一次,御膳房准备了一些熟肉,里面有熟羊腿,玄宗让李淳把羊腿割开来。李淳就用手把羊腿分开了,因此手上沾满了油。李淳取过来了一个饼,慢慢地把手上的油用饼都擦下来。玄宗看了心里非常不舒服,觉得李淳太浪费了。但让玄宗意想不到的是,李亨擦完油,把沾满油的饼有滋有味地吃了下去。玄宗看罢,非常高兴,夸奖李亨说:"幸福的生活应当珍惜。"据说后来李淳能当皇帝,是因为玄宗看重了其节俭的品德。

党的二十大报告中提出:"在全社会弘扬劳动精神、奋斗精神、奉献精神、创造精神、勤俭节约精神,培育时代新风新貌。"勤俭节约是中华民族的传统美德,商务人员在组织和参加宴请活动时应杜绝餐饮浪费,养成勤俭节约的习惯,杜绝餐桌上的浪费,用实际行动拒绝"剩宴",践行"静以修身,俭以养德"的中华优秀传统美德。

我们的计划

快来和我们一起制订自己的学习计划吧! 见工具单 9-1-1

我们来操作

任务1 请帮助文静设计一份中式晚宴的菜单

1. 操作步骤

(1)在充分讨论的基础上,根据情景1拟订晚宴的菜单。
(2)将拟订的菜单交给教师,征求教师意见,教师进行指导。
(3)根据教师所提建议进行修改,完成中式晚宴菜单的拟定。
(4)学生对成果进行展示,教师进行点评。

2. 操作要点

拟写中餐菜单的具体要求如下。
(1)考虑来宾的饮食禁忌。
(2)先决定主菜,再搭配其他菜肴。

任务2 请帮助文静绘制一张中式晚宴座次排列图

1. 操作步骤

(1)在充分讨论的基础上,根据情景1绘制宴请客户的晚宴座次排列图。
(2)将绘制的中式晚宴座次排列图交给教师,征求教师意见,教师进行指导。

（3）根据教师所提建议修改晚宴座次排列图。
（4）学生对成果进行展示，教师进行点评。

2. 操作要点

中式晚宴座次排列操作要点如表 9-1 所示。

表 9-1　中式晚宴座次排列操作要点

项　目	操 作 规 范
桌次排列的礼仪要求	① 以远为上，当餐桌距离餐厅正门有远近之分时，以距门远者为上。 ② 以右为上，当餐桌并列有左右之分时，以居右者为上。 ③ 居中为上，多张餐桌并列时，以居于中央者为上
座次排列的礼仪要求	① 面门为上，即主面对餐厅正门；有多位主宾时，可交叉排列。 ② 以近为上，各桌座次的尊卑，以距离该桌主人的远近而定，离主位越近地位越尊。 ③ 以右为上，以该桌主人座位为准，主人的右手方向为上，左手方向为下。 ④ 观景为佳，一些高档酒店，在餐厅内外往往有优美的景致或高雅的演出，可供客人在用餐时观赏。此时，应以观赏角度最佳的位置为上座。 ⑤ 临墙为上，在餐厅的大厅内用餐时，为了防止过往侍者或其他食客的干扰，通常以靠墙之处为上座，以靠过道之处为下座

任务 3　根据情景 1，以情景剧的形式展示中式宴会礼仪

1. 操作步骤

（1）设计一份中式宴请的情景剧脚本，重点展示中餐宴请中涉及的座次礼仪和用餐礼仪。
（2）在教师指导下修改脚本。
（3）在教师的协助下布置一个中式宴会环境，并根据脚本进行演练。
（4）学生进行成果展示。

2. 操作要点

中式宴会礼仪操作要点如表 9-2 所示。

表 9-2　中式宴会礼仪操作要点

项　目	操 作 规 范
中式宴会的筹备	① 宴会的环境布置。 ② 宴会服饰准备
中式宴会进行中的礼仪	① 座次安排礼仪。 ② 入座礼仪。 ③ 使用餐具的礼仪。 ④ 离席礼仪
中式宴会结束时的礼仪	① 主人为客人赠送伴手礼。 ② 宾客应对主人表示感谢，并正式向主人致谢道别

快来记录下我们的工作过程吧！　　见工具单 9-1-2

我们的成绩

___分
中式宴会礼仪评价
见工具单 9-1-3

训练项目 2　西式宴会礼仪

情景 2

下午 18：30，应客户李女士的邀请，李想陪同经理前往某西餐厅参加晚宴。在用餐过程中，李想深刻地感受到了西式宴会礼仪与中式宴会礼仪的区别。

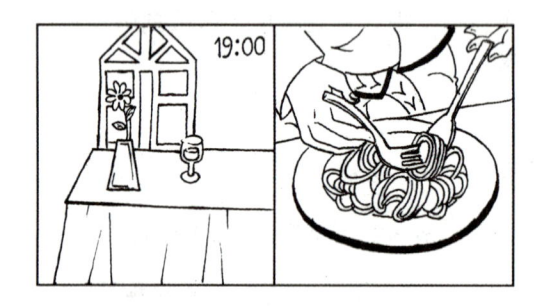

我们的任务

1. 根据情景 2，拟定一份西式宴会的座次排列图。
2. 练习并演示饮用红葡萄酒的礼仪。
3. 录制一段西式宴会的就餐礼仪教学短片，展示西式宴会礼仪规范。

我们的目标

1. 了解西式宴会的礼仪规范。

2．掌握西式宴会座次安排及餐具使用技巧。
3．具备举办西式宴会的组织接待能力。

我们来学习

西式宴会礼仪是指按照西方国家的餐饮礼仪习惯举办的宴会活动。其特点是：第一，采取分餐制，按参加宴请活动的人数备餐；第二，使用刀、叉、匙为餐具，且不同餐点使用不同规格的餐具，有自己特有的餐具使用礼仪；第三，讲究酒水与菜肴的搭配，讲究品酒礼仪。

9.2.1 西式宴会的准备

知识点1 仪容仪表礼仪

在出席西式宴会前应注意仪容仪表、服饰的修饰，以符合宴会场合的要求。按照国际惯例，较为正式的宴请活动，往往在请柬上会注明着装要求。一般的宴请活动虽然没有具体的着装要求，但作为应邀者也应穿着适合时令的整洁衣服。如果是夫妇一同赴宴，还要注意服装样式和颜色相协调。

参加西式宴会，男宾事先应理发、修面等。要注意鞋子是否干净、光亮，袜子是否有异味，以免尴尬。在仪容方面，女宾应根据宴会的正式程度适当化妆，并做合适的发型。总之，参加宴会的人员在仪容仪表方面要做到端庄大方、容光焕发、精神饱满。这样不仅使自己拥有良好形象，也是对主人和其他客人的尊重。

知识点2 时间礼仪

遵照西方传统习惯，出席西式宴请活动时，宾客一定要按照主人约定的时间准时到场。宾客抵达的时间是否合适，在一定程度上反映了对主人的尊重程度。

参加西式宴会时，宾客不宜过早到达，宾客过早到达，如果主人还没有准备好，会让主人措手不及，给主人增添麻烦；当然宾客也不宜过迟到达，过迟是对主人的不尊重，同时也会使其他客人空耗时间，是对其他客人的不尊重。一般情况下，客人以准时或略提早1～2分钟到达为宜。如因特殊原因迟到了，要向主人和其他客人微笑打招呼，说明迟到的缘由，并表示抱歉。如果你与主人关系密切，则不妨早点到达，以帮助主人招待宾客，或帮助主人做些准备工作。

知识点3 座次排列礼仪

（1）长台。西式宴会一般习惯用长台，因台形变化较多，因而宴会座次安排也略有变化。

方法一：男女主人居中而坐的座次排列（如图9-14）。采用此种排法时要注意不要将客人排在末端，陪同人员应坐末端。

方法二：男女主人分坐于两侧时的座次排列（如图9-15）。此种排法可以避免客人坐在末端，随时可提供两个谈话中心。

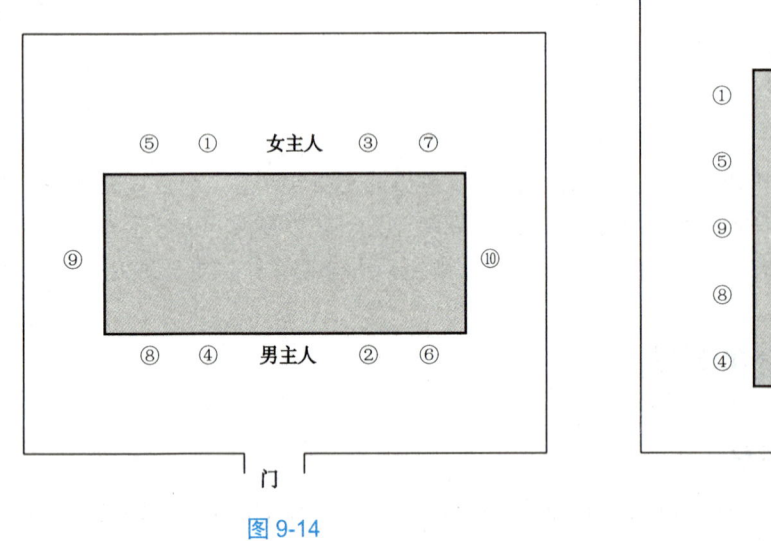

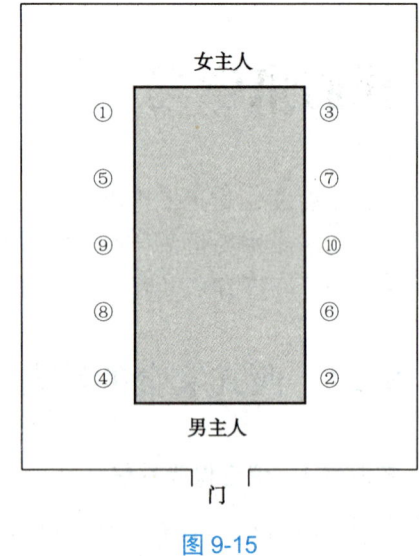

图 9-14

图 9-15

方法三：以长桌所拼成的餐桌的座次排列（如图9-16）。

（2）方台。使用方台时，就座于餐桌四面的人数应当相等。在一般情况下，一桌共坐8人，每侧各坐两人的情况比较多见。在安排客人的座次时，应使男、女主人与男、女主宾对面而坐，所有人均各自与自己的配偶或恋人成对角线而坐（如图9-17）。

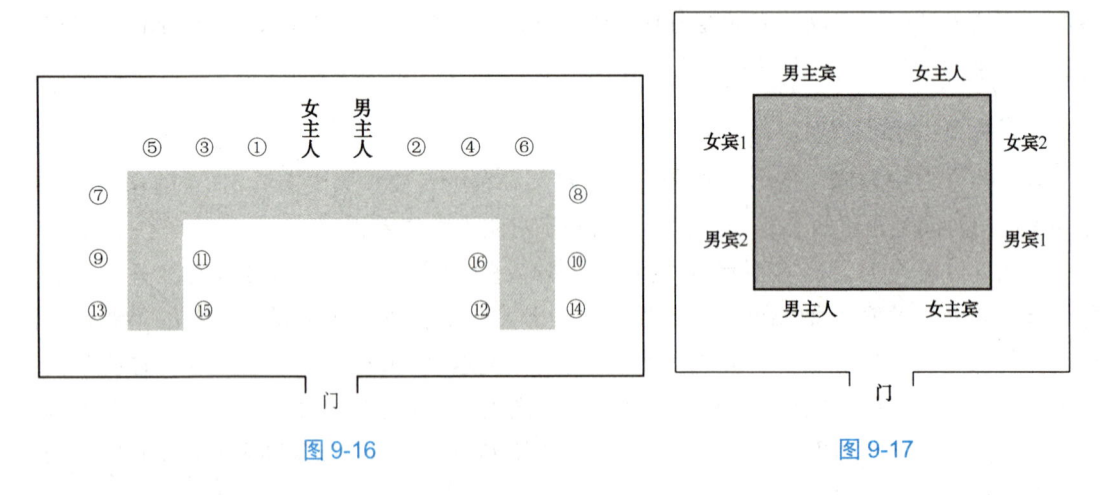

图 9-16

图 9-17

在以上各种座次安排中，有时也可按椅子档次定座次，如高靠背或有扶手的椅子为主位，无靠背的椅子为次位。现在在宴会席位上都有口布（餐布）拉花，也可根据口布拉花的形状来判断主位、次位。如用孔雀开屏表示主宾席位，用双叶扇屏表示副主宾席位，用和平飞鸽表示主人席位等。

9.2.2　西式宴会进行中的礼仪

知识点 1　入座礼仪

参加西式宴会时,相关人员最得体的入座方式是从左侧入座,当左侧不方便入座时才可以从右侧入座。女士入座时,同行或邻座的男士要主动协助其入座。这时,女士的具体做法是:当椅子被拉开后,将右脚向右侧跨出一小步,刚好到椅子的中间位置,左脚快速靠拢过来,使身体站在椅子的正前方,靠近餐桌的位置站好,领位者或同行的男士会把椅子推进来,在腿弯碰到后面的椅子时,稍微后倾落向座位,就可以坐下来了。入座时,不可以向后张望,也不可以坐满椅面,应坐在椅子的 2/3 处。用餐时,背部应保持挺直,手肘不要放在桌面上,腹部和桌子保持约一个拳头左右的距离。女士双腿可以稍微向侧边斜,采用双腿斜放式坐姿。

知识点 2　开席礼仪

来宾入座后,主人应准时开席,不能因个别客人误时而影响整个宴会的进行。如果是主宾或是重要客人在预定的开席时间尚未到达,相关人员未到应尽快与其取得联系,在弄清原因后,根据情况采取应急措施,并向其他客人表示歉意。宴会开席延误一般应控制在 10～15 分钟,万不得已时最多不能超过 30 分钟,否则等待时间过长,将影响宾客的兴致和宴会的氛围。

知识点 3　品酒礼仪

西餐中的酒不仅种类繁多,而且各有各的配菜,各有各的喝法。西餐中的酒分为餐前酒、佐餐酒、餐后酒。餐前酒,又称开胃酒或饭前酒,一般是在开始正式用餐前饮用或在吃开胃菜的时候饮用,这类酒的味道都比较淡。常见的餐前酒主要有鸡尾酒、香槟酒、马丁尼等。此外,在大家都饮用餐前酒时,如果你是一位滴酒不沾的人,也应该点一杯矿泉水、果汁之类的饮品。千万不要手中空空,那是令人尴尬的事情。

佐餐酒是在正式用餐期间饮用的酒水,专门为主菜而配,有红酒和白酒之分。红酒指的是红葡萄酒,白酒指的是白葡萄酒。一般搭配方法是红肉配红酒,白肉配白酒。即红肉(牛肉、羊肉、猪肉等)搭配红葡萄酒,而白肉(鸭、鸡、鱼、海鲜等)搭配白葡萄酒。

餐后酒指的是在用餐之后,用来帮助消化的酒水,常用作餐后酒的有白兰地酒、威士忌酒、利口酒等。白兰地酒是有名的餐后酒,又有"洋酒之王"的美称。

除酒类外,西式宴会中通常还备用其他非酒精饮料可供选择,如果汁、汽水、矿泉水、咖啡、茶等。

学霸笔记

西餐中酒杯的区别

在西餐中,酒杯也是有区别的,不同的酒搭配不同的酒杯(如图 9-18)。

白酒杯　　波尔多酒杯　　勃艮第酒杯　　香槟杯

图 9-18

1．白酒杯。白酒杯底部有握柄，上身较鸡尾酒杯略深，且呈弧形，主要用于盛放白葡萄酒或制作的鸡尾酒。习惯上白酒杯比红酒杯略小一些，杯脚与杯身之间的细颈也较长。白葡萄酒在饮用时，需要较多晃动才能让其浓郁的香气散发，所以白酒杯的杯身略长，使香气在爬升中得到绝佳释放。

2．红酒杯。红酒杯的类型主要有三种：波尔多酒杯、勃艮第酒杯和全用途的酒杯。波尔多酒杯比较高，其杯口比较勃艮第酒杯的杯口窄，以保留杯内波尔多红酒的香味。容量为12～18盎司。这两种由葡萄产区命名的杯子的确可以说是为了匹配不同产区的葡萄酒而量身定做的。

3．香槟杯。它指专门用于饮用香槟酒时使用的玻璃酒杯，是一种高脚杯。香槟杯有长笛形、郁金香花形。郁金香花形的酒杯是最理想的香槟杯，其特点为杯底向下收缩为一个尖点，杯身不会太宽，使气泡不易失散，杯沿则向内收拢。

知识点4　上菜礼仪

正式西式宴会的上菜顺序如下。

（1）开胃菜。西餐的第一道菜是头盘，也称为开胃菜。一般有冷头盘和热头盘之分。常见的菜品有鱼子酱、鹅肝酱、熏鲑鱼、焗蜗牛、鸡尾酒、沙拉、面包、黄油等。因为开胃菜主要用于开胃，所以其味道以咸和酸为主，量少而精。

（2）汤。西餐的汤大致可分为清汤、奶油汤、蔬菜汤和冷汤四种类型。常见的品种有牛尾清汤、各式奶油汤、蔬菜汤、罗宋汤、海鲜汤、蛤蜊汤等。

（3）副菜。副菜又称为中盘，它通常是鱼、虾、蟹、贝等水产类菜肴与蛋类、面包类、酥盒等菜肴。因为这类菜肴比较容易消化，所以放在主菜之前。在西餐中食用鱼类菜肴时，一般讲究使用专用的调味汁，主要有鞑靼汁、荷兰汁、酒店汁、白奶油汁、大主教汁、美国汁和水手鱼汁等。

（4）主菜。西餐中的主菜多为肉、禽类菜肴或高级海鲜。肉类菜肴的原料取自牛、羊、猪的各个部位，其中最有代表性的是牛肉或牛排。肉类菜肴的调味汁，主要有西班牙汁、浓烧汁、蘑菇汁、白尼丝汁等。禽类菜肴的原料取自鸡、鸭、鹅等，也有将兔肉和鹿肉等野味归入此类的。禽类菜肴主要的调味汁有咖喱汁、黄油汁、奶油汁等。

（5）蔬菜类菜肴。蔬菜类菜肴通常为配菜，可以安排在肉类菜肴之后，也可以与肉类菜肴同时上桌。蔬菜类菜肴在西餐中一般以沙拉的形式出现。与主菜同时搭配的沙拉称为生蔬菜沙拉，用生菜、番茄、黄瓜、芦笋等制作并佐以调味汁；与主菜的肉食类菜肴一同摆放在餐盘中上桌的蔬菜，一般是熟的，如花椰菜、煮菠菜、炸土豆条，称为配菜。

（6）甜品。西餐的甜品一般是在主菜后食用的，它包括所有主菜后的食物，如蛋糕、布丁、冰激凌、奶酪、水果等。

（7）咖啡、茶或餐后酒。西餐的最后一道一般是咖啡、茶或餐后酒等。咖啡一般要同时配有糖和淡奶油，以便客人按照个人喜好自行调味。西式的茶也与中餐中的茶不同，西餐中的茶可加糖、牛奶、柠檬汁等。

这些餐点可以全部都有，也可以根据需要只上其中的部分。基本的餐点一般需要包括餐前菜、主菜及甜品。

知识点5　餐巾使用礼仪

入座后，客人可将餐桌前的白色餐巾（也称口布）铺在膝上，这是用来避免进食时弄脏衣服的。不宜用餐巾擦拭杯、叉等，这样做对主人有失信任和尊重。如果是大餐巾，可将其向内折三分之一，让三分之二平铺在腿上，盖住膝盖以上的双腿部分，同时将对折口向外；餐巾对折后开口一边的内侧是餐中用来拭嘴的（现在一般用餐巾纸擦嘴）。席间如果有事需临时离座，应该将餐巾搭放在椅背上。用餐结束时，大餐巾应叠整齐放在餐桌上，印有标志的白色小餐巾是留做纪念的，可带走。

学霸笔记

西餐中餐巾的暗示作用

在西餐中，餐巾除了用来避免进食者弄脏衣服、用来揩拭口部和掩口遮羞外，还可用以进行多种特殊暗示。最常见的暗示有以下三种。

1．暗示用餐开始。西餐大都以女主人为"带路人"。当女主人铺开餐巾时，就等于宣布可以开始用餐了。

2．暗示用餐结束。当主人，尤其是女主人把餐巾放到餐桌上时，意在宣告用餐结束。其他用餐者如果用餐结束，也可以此法示意。

3．暗示暂时离开。若中途暂时离开，一会儿还要去而复返、继续用餐，可将餐巾放置于本人座椅的椅面上。见到这种暗示，侍者就不会马上动手"撤席"。

知识点6　餐具使用礼仪

西餐的餐具主要是刀叉。进餐时，按照礼仪规范，用餐者一般应左手持叉，右手持刀。遇有多副刀叉时应从外侧往内侧顺序取用。使用刀叉时，一般有两种常规做法：一种是英国式做法，用餐者在进餐时，始终右手持刀、左手持叉，一边切割、一边叉而食之；另外一种是美国式做法，它的具体做法是，先是右刀左叉，一次性地把餐盘里要吃的东西全部切割好，然后把餐刀斜放在餐盘前方，再用右手持叉，将盘中的食物吃尽。

在西餐厅用餐时，大多数情况下用餐者不需要多费口舌，其在餐桌上进餐时的一举一动就告诉了服务人员自己的意图，受过训练的服务人员会为客人提供相应的服务，以满足客人的需求，这就是"刀叉语言"。

（1）继续用餐：把刀叉分开放，大约呈三角形，那么示意你还要继续用餐，服务员不会"撤席"。

（2）添加饭菜：盘子已空，但你还想用餐，把刀叉分开放，大约呈八字形，那么服务员会再给你添加饭菜。注意：这种做法只有在准许添加饭菜的宴会上或在食用有可能添加的那道菜时才适用。如果每道菜只有一盘的话，你没有必要把餐具放成这样。

（3）用餐结束：盘子已空，你也不再想用餐时，把刀叉平行斜着放好，那么服务员会在适当的时候把盘子收走。

学霸笔记

西餐餐具的组成

西餐餐具有很多种用途，由不同的刀、叉、盘、杯、匙等构成，每个都有自己单独的功能，因此不能混淆（如图9-19）。

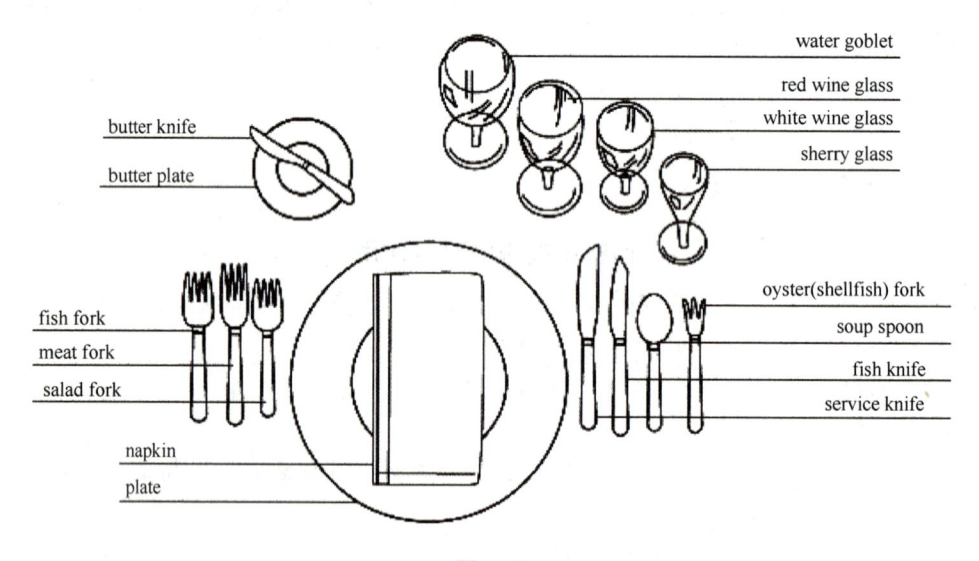

图9-19

butter knife——抹黄油的刀。
butter plate——盛放黄油的盘子，也可以是放抹完黄油的面包用的。
fish fork——鱼叉，吃鱼用的。
meat fork——吃肉用的叉子。
salad fork——吃沙拉用的叉子。
napkin——餐巾纸。

plate——主盘，自己所吃的食物都可以放到这里。
water goblet——水杯，盛清水，注意是高脚杯。
red wine glass——红酒杯。
white wine glass——白酒杯。
sherry glass——葡萄酒杯，雪利酒杯。
oyster (shellfish) fork——用来挖壳类海鲜的叉子。
soup spoon——汤匙。
fish knife——吃鱼用的刀，和叉子搭配。
service knife——普通餐具刀。

导师提问：请你想一想，参加西式宴会时餐桌交谈禁忌有哪些？

我的想法：_____

_____

_____

_____

9.2.3　西式宴会结束时的礼仪

知识点 1　告辞礼仪

宴会结束离席时，应先让身份高者、年长者和女士先走。宾客起身离席时，男宾应先起身，为年长者或女士移开座椅。一般情况下，宴会结束时主人会请客人带上提前准备好的纪念品（一般是金额不高的小纪念品或一朵鲜花），参加宴会的宾客应说上一两句赞扬小礼品的话，并正式地向主人致谢、道别。有时宾客会把宴会菜单作为纪念品带走，有时还会请同席者在菜单上签名留念。需要注意的是，宴会上的各种招待品，包括糖果、水果、香烟等不能当作纪念品或小礼品带走，除非主人特别说明。

知识点 2　致谢礼仪

在各种（除了最大型的）酒会上，宾客在离开之前都应向主人当面致谢，但如果宾客因故而不得不提早告辞，则致谢应悄悄进行，不能引人注目，以免使其他客人认为他们也该走了，从而使宴会被迫提前结束。此外，按照西方传统，参加宴请活动后的 2～3 天内，宾客应该采取写信、发贺卡或打电话等形式，再次向主人表示感谢，感谢其热情周到的接待，同时祝贺宴会的成功举行。如果举行的是鸡尾酒会或非正式的宴请活动，在宴请活动结束后，宾客并无绝对必要向主人写信致谢。

德润礼行

唯酒无量，不及乱

"唯酒无量，不及乱。"这句话出自孔子的《论语·乡党》。这句话的意思是，喝酒是可以没有限度的，因为一个人的酒量有大有小，但要保证自己不喝醉，不失礼。

无论国内外，酒文化都源远流长，由于文化和自然环境的差异，各个国家和地区形成了各具特色的饮酒礼仪。在我国民间有"无酒不成宴，无肉不开席"的说法。酒更是频频出现在各种商务宴请活动中。虽然中西方饮酒礼仪不尽相同，但都认为饮酒要适量，喝醉是失礼的行为。商务人员应用开放包容的心态尊重、接受不同国家和地区的饮酒习惯，在各种商务宴请活动中做到不贪杯、不喝醉、不拼酒、不劝酒，尤其是在涉外活动中，更应注意做到"唯酒无量，不及乱"，向外宾展示我国商务人员的良好素养，做到酒好莫贪杯。在当今法制社会，商务人员还应注意饮酒后不驾驶机动车辆，遵纪守法，培养"法治"的社会主义核心价值观。

我们的计划

快来和我们一起制订自己的学习计划吧！　　见工具单 9-2-1

我们来操作

任务1　根据情景2，拟定一份西式宴会的座次排列图

1. 操作步骤

（1）根据情景2，设计绘制一个西式宴会的座次排列草图。
（2）将草图交给教师，并在教师指导下进行修改。
（3）学生进行成果展示，教师进行点评。

2. 操作要点

（1）男、女主人居中而坐的座次排列。采用此种座次排列方法时要注意不要将客人排在末端，应由陪同人员坐末端。
（2）男、女主人分坐于两侧时的座次排列。采用此种座次排列方法可以避免客人坐在末端，随时可提供两个谈话中心。

任务2　练习并演示饮用红葡萄酒的礼仪

1. 操作步骤

（1）材料准备：准备红酒杯及矿泉水。

（2）在教师指导下，用矿泉水替代红葡萄酒，练习饮用红葡萄酒的礼仪。
（3）学生演示饮用红葡萄酒的礼仪，教师进行点评。

2．操作要点

（1）倒红酒时，一般斟入杯中 1/3 左右即可。
（2）拿取红酒杯时，应用大拇指、食指和中指握住杯柄，小指放在杯底固定，不可以用手托住杯肚，手的温度会影响酒的口感口感。
（3）持杯后，首先应对着光源观察酒液的颜色，观其是否清澈、有无沉淀。
（4）然后沿逆时针方向轻轻摇动酒杯，让酒的香气缓缓释放出来，将杯子置于鼻前，闻其散发出的香气，也可将杯子放在桌面上，用食指和中指轻按杯底，轻转酒杯。
（5）抿一小口酒，含在嘴里，再慢慢咽下，让舌头感受酒的香味与酸甜度。
（6）在品尝红酒时，女士还应注意不要将口红印在酒杯上，如果不小心将口红印在酒杯上，应及时用餐巾纸擦拭，不能用手指将其抹掉。

任务 3　录制一段西式宴会就餐礼仪教学短片，展示西式宴会礼仪规范

1．操作步骤

（1）设计并布置一个西式宴会的场景。
（2）在教师的协助下准备录制时所用物品及资料。
① 操作练习，教师进行场外指导。
② 演示西式宴会用餐礼仪，并进行录制。
（3）学生对成果进行展示，教师进行评价。

2．操作要点

西式宴会礼仪操作要点如表 9-3 所示。

表 9-3　西式宴会礼仪操作要点

项　　目	操 作 规 范
西式宴会的筹备	① 宴会的环境布置。 ② 服饰准备
西式宴会进行中的礼仪	① 入座礼仪。 ② 准时开席。 ③ 品酒礼仪。 ④ 上菜礼仪。 ⑤ 餐巾使用礼仪。 ⑥ 餐具使用礼仪
西式宴会结束时的礼仪	① 主人会请宾客带上纪念品。 ② 宾客应表示感谢，并正式地向主人致谢、道别

快来记录下我们的工作过程吧！

见工具单 9-2-2

我们的成绩

____分
西式宴会礼仪评价表
见工具单9-2-3

训练项目3 酒会、冷餐会礼仪

情景3

公司准备在周年庆典仪式结束后举行一场别开生面的冷餐会,文静也参与了组织筹备工作。明天,公司领导要听取筹备工作汇报,如果你是文静,应该做哪些工作?

我们的任务

1. 帮助文静拟定一份冷餐会的菜单。
2. 帮助文静绘制一张冷餐会的现场布置图。
3. 帮助文静制作冷餐会筹备工作汇报的PPT文稿。

情境 9 舌尖上的礼仪——商务宴会礼仪

我们的目标

1. 了解酒会、冷餐会的相关礼仪规范。
2. 熟练运用酒会、冷餐会礼仪知识制定招待预案。
3. 具备举办酒会、冷餐会的组织接待能力。

我们来学习

9.3.1 酒会、冷餐会的准备

冷餐会和酒会统称为招待会，是只准备一些食品和饮料，不备正餐，不安排座次的一种较为灵活而简便的宴请方式。

冷餐会，又称自助餐会。冷餐会的菜肴以冷食为主，也可准备一定数量的热菜。这种宴请不排座次，菜肴连同餐具放置在餐台上，客人可自由活动，自取食物及饮料，也可以由服务人员将餐食送到客人面前。

学霸笔记

冷餐会的起源

这种就餐形式起源于公元 8 世纪至公元 11 世纪北欧的"斯堪的纳维亚式餐前冷食"和"亨联早餐（Hunt breakfast）"。相传这是当时的海盗最先采用的一种进餐方式，至今世界各地仍有许多自助餐厅以"海盗"命名。海盗们大多粗野，放荡不羁，用餐时不讲究那些用餐礼节和规矩，只要求餐馆将他们所需要的各种饭菜、酒水用器皿盛好，集中放在餐桌上，然后由他们畅饮豪吃。海盗们这种特殊的就餐形式，起初被人们视为是不文明的，但久而久之，人们觉得这种就餐形式也有许多好处。对宾客来说，用餐时不受任何约束，随心所欲，想吃什么菜就取什么菜，吃多少取多少；对酒店经营者来说，由于省去了宾客的桌前服务，自然就可减少服务生的使用，为企业降低了用人成本。因此，这种自助式服务的用餐方式很快在欧美各国流行起来，并且随着人们对美食地不断追求，自助餐的形式由餐前冷食、早餐逐渐发展成为午餐、正餐；由便餐发展到各种主题的自助餐，如情人节自助餐、圣诞节自助餐、周末家庭自助餐、庆典自助餐、婚礼自助餐、美食节自助餐等；自助餐的供应方式也由传统的客人取食，餐桌成品发展到客前现场烹制、现烹现食的自助餐，甚至还发展为由宾客自取食物原料，自烹自食的"自制式"自助餐。

虽然自助餐的用餐形式起源于海盗，但是自助餐最早盛行于德国，在外出用餐时，德国人很爱选择这种用餐方式。

西餐传入中国以后，自助餐的用餐方式也随之传到我国。这种用餐方式最早出现在20世纪30年代外国人在中国开的大饭店里。自助餐在中国普及是在20世纪80年代后期，随着中国对外开放，新兴的旅游合资宾馆、酒店将自助餐被推广到我国大众化餐饮市场，自助餐以其形式多样、菜品丰富、价格低廉、用餐简便而深受消费者喜爱，尤其受青年、儿童的青睐。

酒会又称鸡尾酒会，这是因为招待宾客的酒水常用鸡尾酒，即用多种酒按一定比例混合成的酒，并配以果汁。在一些特殊场合中，最上等的是香槟鸡尾酒。鸡尾酒的调制器具应包括鸡尾酒搅拌器、切柠檬或柳橙的刀、过滤器、冰、兑酒用的玻璃棒等。

在举办冷餐会、酒会时，应提前做好以下准备工作。

知识点1　邀请来宾，确定出席者名单

在宴请活动开始前，宴请活动的举办方应按照宴请所要达到的目的，列出宾客名单。小型的招待会可印制请帖，也可以口头邀请。大型或正式的酒会或冷餐会，最好使用专用请柬。一般邀请应在宴请活动两周前发出，给宾客留出安排行程和准备的时间。西式请柬多半是白色单面印制，字体简单，相关人员在设计请柬时无论是字体还是格式，都以大方得体为原则。请柬的左下角通常写着"R.S.V.P."字样，附有电话号码和人名，这表示客人接到请柬后，无论是否参加，都应该按照请柬上标注的电话给予回复，以便宴请活动的举办方确认赴宴人数并提前做好准备。

知识点2　备餐时间的选择

依照商业惯例，冷餐会和酒会大多被安排在各种正式的商务活动之后，作为招待来宾的一个环节。因此其举行的具体时间受正式商务活动的限制。招待会的用餐时间不必进行限定，只要主人宣布用餐开始，大家即可开始用餐。在整个用餐期间，用餐者可以随到随吃，不用和正式的中、西式宴会一样，必须在主人宣布用餐开始之前到场。自助餐通常是无人出面正式宣告其结束的，宾客可以中途退场，但离去前应与主人打招呼。宴请活动的举办方假如预备以自助餐对来宾进行招待，应事先向宾客进行通报，且做到一视同仁，不要出现安排部分宾客用自助餐，部分宾客参加中式或西式正式宴会。

知识点3　场地的选择

冷餐会、酒会的场地选择，大可不必如同中、西式宴会那般较真。这类宴会对场所的要求，主要表现在以下几个方面。

（1）场地大小的选择。举办冷餐会、酒会的场地的大小根据准备宴请的人数而定，做到既能容纳下全部就餐之人，又能为其提供足够的交际空间。可以在大、中型餐厅内举行冷餐会或酒会，也可以在露天花园等室外举行冷餐会或酒会。如果选择在室外举行冷餐会或酒会，则需要注意天气变化，并制定预备方案，以防雨雪天气带来的不便。

（2）场地位置的选择。相关人员在选择宴会场地时应首先考虑交通是否便利。

（3）场地规格的选择。宴会所在地应选择价格公道、服务优良、菜肴精美、安全的宾馆或酒店。

知识点 4　现场布置

在布置酒会、冷餐会的就餐地点时，应注意以下几方面。

（1）各个功能区域设施齐备，条件便利。宴会厅主要由冷餐区和自由用餐区两部分构成。冷餐区布局合理，布台的大小及主要装饰物（如冰雕、黄油雕、鲜花等）应根据宴会规模和食品的种类确定。整个布台要高矮起伏、错落有致、色彩鲜艳、色调明快，与宴会主题相呼应。冷餐区布局要以让客人取菜方便为重点，因为十分容易地找到自己想要的东西是这类宴会成功举办的重要因素之一。

在进行冷餐区的布置时，主要有以下技巧。

① 果仁、点心之类的餐后甜点应做成方便持拿的样子，最好将其放于小的碗、盘、碟、盏中，置于房间各处，方便宾客取用。

② 酒水要准备充足，供应及时；尤其要注意给不饮酒的客人准备无酒精饮料。

③ 餐具的数量应多于就餐人数，且种类齐全。

④ 分叉、分勺、食品夹、蛋糕铲等供宾客取拿食品的公共用具，要用口布包好，放在托盘里，置于大餐盘旁边。

自由用餐区应比较宽敞，能为用餐者提供一定的活动空间；且应提供数量足够多的餐桌与座椅，保证满足部分就餐者休息歇脚的需求。

（2）就餐环境幽雅。如果举办酒会、冷餐会的场地在室内，应注意保持室内适宜的温度、空气清新、灯光明亮；如果在室外举行酒会、冷餐会，则应注意天气情况，做好预备方案。注意保持室外场所的环境卫生和用餐的私密性。

（3）现场音乐的选择。结合酒会或冷餐会的主题，播放一些愉悦、轻柔的乐曲，为就餐者提供高雅、优美的就餐环境。尽量不使用摇滚等节奏快、声音大或有悖于酒会或冷餐会主题的乐曲，以免影响就餐者的交谈和现场氛围。

知识点 5　菜单设计

冷餐会的就餐形式、出菜方式等与正式宴会不一样，一般都有就餐人数多、菜肴放置时间长等特点，因此在冷餐会的菜品选择方面，应选用大家均能接受的菜品，而且这些菜品放置时间稍长一些或反复加热后仍能保持菜肴原有的色、香、味、形的特点。

此外，冷餐会的菜单设计还要考虑宾客人数，宾客的国籍、餐饮习惯、有何禁忌等。

在设计菜单时，要根据冷餐会的基本情况确定菜品的风味、构成及数量。同时，保持菜品的多样性，尽可能使食物品种丰富，满足不同就餐者的需求。此外还要注意保持菜品设计的整体性，突出酒会或冷餐会的主题。

一般的冷餐会或酒会上所供应的菜肴大致应当包括冷菜（如各种沙拉、香肠、炸鸡、熏肉等）、热菜（可以根据邀请的宾客确定是以中式菜肴为主不是以西式菜肴为主）、汤、甜品、水果及酒水等几大类型。相关人员在准备食物时，务必要注意保证食物的供应量。同时，还须注意食物的卫生及热菜、热饮的保温问题。

9.3.2 酒会、冷餐会进行中的礼仪

知识点 1　主办方的礼仪

（1）照顾好宾客。照顾好参加宴会的宾客，尤其是主宾，是酒会或冷餐会主办方最重要的责任和义务。主人应陪同主宾就餐，并进行适当交谈，为其引见其他客人等。但不要始终伴随其左右，要给主宾留下一点自由活动的时间和空间。

（2）充当引见者。主办方负责人应为参加此次酒会或冷餐会的宾客，尤其是彼此互不相识的宾客进行介绍，充当引见者，尽可能地多创造一些相识的机会。

（3）安排适量的服务员。酒会、冷餐会的主办方应在宴会场所安排适量的服务员，主动向来宾提供一些辅助性的服务。服务员的主要工作是及时补充食物、酒水、餐具等，服务员的服饰、妆容应统一。

知识点 2　受邀出席的礼仪

（1）服饰礼仪。参加酒会、冷餐会的宾客应着正装出席。男士最好穿着深色系的正式中山装套装或西服套装。女士最好身着礼服，穿高跟鞋，化淡妆。穿着休闲服装、运动装、拖鞋、凉鞋等参加酒会、冷餐会是非常失礼的行为。此外还要特别注意，千万不要穿白色的衣服出席酒会、冷餐会，以免葡萄酒、果汁或其他食物的汤汁滴落在衣服上，使自己仪态尽失。

（2）就餐礼仪。参加酒会、冷餐会的宾客，应注意以下就餐礼仪。

① 排队取食。在酒会或冷餐会上用餐时，应自觉维护公共秩序，无论是到餐台取菜，还是从侍者的托盘中取酒，都应做到礼貌谦让，遵守秩序，不要抢先或插队。

在冷餐会上，拿取菜品时应按照一定的顺序，循序渐进。依次是冷菜、汤、热菜、点心、甜品和水果。因此，在取菜时，最好先在全场转上一圈，了解情况后再去取菜。

② 勤拿少取，量力而行。由于在酒会和冷餐会上是由宾客自己取食，因此宾客可以根据自己的喜好选择食物，但在取餐时，应遵循勤拿少取、量力而行的原则。也就是说取餐多少次都行，但不能为了图省事而一次取得太多。取回的食品也必须全部吃完。

③ 避免外带。酒会和冷餐会上有一条不成文的规定，即只能在用餐现场自行享用食物，不能外带。

导师提问：冷餐会上按照什么顺序取菜才算正确？
我的想法：_____
_____
_____

（3）交际礼仪。参加酒会或冷餐会，吃东西往往是次要的，进行交际活动才是最主要的事情。因此参加酒会或冷餐会的人员应主动和他人交流，不能故作深沉。在交流时，应注意

不要一边进食一边说话。在同他人攀谈时，应热情真诚，不要心不在焉或左顾右盼，也不可高谈阔论、大呼小叫。

（4）适度饮酒。酒会或冷餐会上一般备有各种酒水，相关人员应根据自己的酒量适度饮酒。不可因贪杯而醉酒，或猜拳行令，这些都是失礼的行为。

（5）适时告辞。酒会和冷餐会一般都不会严格限定结束的时间，但宾客也应体贴主人，适时离开。告辞时，宾客应当面向主人致谢。

学霸笔记

XXX冷餐会活动方案

1. 冷餐会简介

举办时间：18:00～23:00

举办场地：×××会议厅

参与人数：60～120人

冷餐会的内容主要有自助餐、精彩演出、抽奖。自助餐中除让场地方提供各种中西式冷餐外，还应有适当的热餐及其他各类甜品等。酒水应包括鸡尾酒、啤酒、葡萄酒、香槟酒、白酒、配制饮料等。着装要求：男士必须身着正装出席，女士必须身着晚礼服出席。

2. 会场布置

（1）入口：放置花篮和主题易拉宝，并设置贵宾签到台和服务总管。贵宾签到后，由服务总管领着进入会场，然后由会场协调员将贵宾领入主活动区。

冷餐会会场布置如图9-20所示。

① 花篮色调与场地主色调一致，一般为8只花篮。

② 红地毯的大小为15m×2m，厚度为3～5cm。

③ 正门设置鲜花拱门，色调与场地主色调一致。

④ 服务总管必须身着正装，其年龄需在40岁以上，男性，身高在175cm以上，气质出众。

⑤ 签到台工作人员为女性，身高在160cm以上，身着正装。

（2）主活动区：贵宾主要活动区域，配置两名会场协调员和两名传餐服务员。

主活动区设计要求包括以下几个方面。

① 场地大小设置以为所有贵宾提供充分的活动空间为最佳，工作人员可以自由走动，并为贵宾提供其所需要的服务。

② 灯光应柔和不刺眼，各区域的灯光设置应协调。

③ 会场协调人员和传餐服务员应身着正装，不可随意互相攀谈，时刻关注贵宾状态，并为其提供服务。

（3）香槟台：放置6层香槟塔，并设置1名传餐服务员对其进行看顾。

香槟台设计要素包括以下几个方面。

① 香槟塔由高脚玻璃酒杯搭建而成，并采用一定的灯光对其进行照射。

② 香槟塔传餐服务员，在香槟塔仪式完毕后，继续为主活动区提供传菜服务。

图 9-20

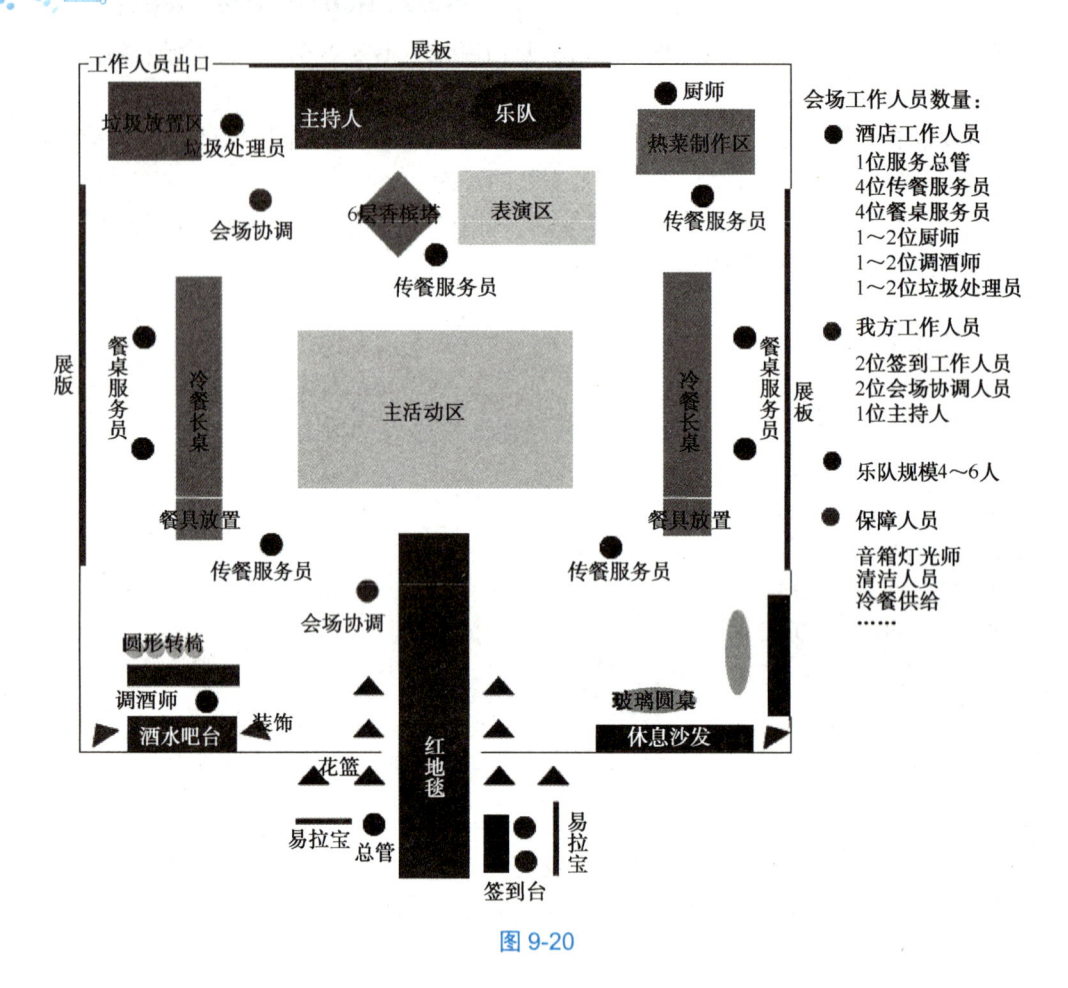

（4）主持人台：设置1名主持人，并配有专业乐队演奏轻快的音乐曲目。

（5）冷餐长桌：采用黄红相间的暖色调设计，重点在于追求色彩的和谐。

冷餐长桌设计要素包括以下几个方面。

① 长桌长 8～10m，高度在 60～80cm 之间，并采用双层设计，下层可放置餐盘和其他杂物，铺红色桌布。

② 灯光衬托，采用射灯直接照射菜肴，可使菜品更加好看。每桌上方设置 5～8 个射灯，一般采用暖色调光源。

③ 冷餐菜肴装盆，盛放冷餐菜肴的高档餐具，既要美观又要实用。

④ 背景展板主要用作赞助商展示，内容包括商家形象展示和商品展示，在展板下设置3只白色射灯对展板进行照射，使人一目了然。

⑤ 每个长桌设置两位餐桌服务员，身着统一服装，为贵宾提供冷餐装盘服务和冷餐咨询服务。

⑥ 菜单在与酒店的相关人员协商后制定。

（6）休息区：为贵宾提供休息和相对安静的谈话空间。

休息区设计要素包括以下几个方面。

① 设置两个沙发座，单个沙发座能坐下 4～6 人为最佳，放置位置参照图 9-20。
② 设置两个玻璃圆桌，方便放置烟缸和餐盘、酒杯，放置位置参照图 9-20。
（7）垃圾放置区：放置旧餐具和其他垃圾的地方，并配有一位垃圾处理员。设置工作人员出入口。

3. 活动安排时间表

活动安排时间表如表 9-4 所示。

表 9-4　活动安排时间表

时　　间	项目名称	项目细节	组织人员
18:00～18:15	来宾签到 入场	来宾踩着红地毯由服务总管带领入场，并为其发放号牌，便于评选	服务总管
18:15～18:30	介绍 致辞 香槟塔仪式	主持人介绍，领导为本次活动致辞，分发香槟酒，所有参与者共同举杯，宣布活动开始	主持人 会场协调人员
18:40～22:40	冷餐会		
19:10～19:20	"最活跃情侣"评选	会场所有工作人员评选出一对"最活跃情侣"，并发放礼品单，活动结束后领取礼品	主持人
21:50～22:10	"最亲密情侣"评选 幸运大抽奖	会场所有工作人员评选出三对"最亲密情侣"，并发放礼品单，在活动结束后领取礼品。用大转轮，选出两位最幸运的情侣，发放礼品单，在活动结束后领取礼品	主持人 会场协调

4. 工作人员

（1）主办方人员：负责冷餐会的协调工作。

签到员：由公司员工组成，负责联络客人及接待客人。

会场协调员：负责现场协调，与客人进行交流并引荐客人互相认识，为客人提供相应的用餐服务。

（2）工程组人员：负责会场布置，舞台、灯光、音响设备的调试等。

（3）服务组人员：负责酒会的服务工作（由酒店提供）。

服务总管：管理其他服务人员，为宾客提供引导服务。

主持 1 人：担任嘉宾主持。

歌手 1～2 人：演唱歌曲。

冷餐服务员若干：负责冷餐服务。

厨师 1～2 人：负责热菜烹饪。

调酒师 1～2 人：负责调制酒水。

后勤保障人员若干：冷餐会的场地外服务支持，包括垃圾处理、冷餐酒水供给、餐盘添置等。

（4）烟花队人员若干：户外的大型烟花表演。

（5）摄像摄影人员：提供拍摄服务（由合作方提供）。

摄像师2人：拍摄冷餐会全过程，录制冷餐会精彩片段，为有需要的贵宾录制活动片段。

摄影师2人：拍摄冷餐会的精彩镜头，为有需要的贵宾拍照留念。

5．冷餐会物品拟订清单（略）

6．具体筹备项目

（1）确定举办场地及宴会时间。

（2）确定所有演员及节目单。

（3）确定菜单、酒水。

（4）确定会场布置方案。

（5）确定所有工作人员，并对工作人员进行培训。

（6）酒会前一天确定全部工作准备完毕，对所有工作人员进行培训指导。

（7）酒会前一天晚上，布置好会场及舞台、灯光、音响。

德润礼行

一粥一饭，当思来处不易

"一粥一饭，当思来处不易。"出自明朝朱柏庐的《治家格言》，也称《朱子家训》。原文为"一粥一饭，当思来处不易；半丝半缕，恒念物力维艰。"这句话的意思是每当端起饭碗，就应当想起每粒粮食都来之不易；每当穿上衣服，要时常想到一根线头取得的艰难。

在我国民间流传着这样一则小故事。朱元璋出身贫苦，不喜奢靡。一天，适逢朱元璋的夫人马皇后生日，众位大臣都捧着厚礼前来祝贺，朱元璋有意摆出粗菜淡饭宴客，以此警醒文武百官。当群臣坐齐以后，朱元璋只给大家上了四道菜一个汤。第一道菜是炒萝卜，朱元璋说："萝卜，百味药也，民谚有'萝卜上市，药铺关门'之说，大家不要客气。"说完，就带头吃了起来。

第二道菜是炒韭菜。朱元璋说："细细韭菜青又青，象征国家长治久安，长治久安得人心。愿你们吃了这菜，所管辖地方的百姓安居乐业，久治长安。"说完又带头吃了起来。第三、第四道菜都是碗青菜，朱元璋又说："两碗青菜青又青，两袖清风好君臣。朕希望诸位为官清廉，两袖清风"。一汤是葱花豆腐汤，朱元璋又说："小葱豆腐青又白，公正廉明日月长。寅是寅来卯是卯，大明江山万年长。"

宴后朱元璋当众宣布："今后众卿请客，最多只能'四菜一汤'，这次皇后的寿筵即是榜样，谁若违规，严惩不贷"。接着宣布散席。传说自那次宴会后，文武众官再有宴会无一敢违例，廉俭之风倒也盛行一时。

正如唐朝大诗人李绅在《悯农》这首脍炙人口的诗词中写道："谁知盘中餐，粒粒皆辛苦"。如今，人们的生活水平不断提高，我们更应珍惜每一粒粮食，餐餐做到"光盘行动"，反对铺张浪费，倡导绿色生活，将中华民族勤俭节约的优良传统发扬光大。

我们的计划

快来和我们一起制订自己的学习计划吧！   见工具单 9-3-1

我们来操作

任务 1　帮助文静拟定一份冷餐会的菜单

1. 操作步骤

（1）根据所学知识，拟定一份冷餐会菜单。
（2）设计撰写冷餐会的菜单草稿。
（3）将草稿交给老师并在教师指导下进行修改。
（4）学生进行成果展示，教师进行点评。

2. 操作要点

冷餐会的菜单设计，具体要求如下。
（1）菜单设计首先要考虑出席冷餐会的宾客人数、餐饮习惯、有何禁忌等。
（2）保持菜品的整体性，突出冷餐会的主题，但又要尽可能地使食物的品种较为丰富，满足不同用餐者的需求。

任务 2　帮助文静绘制一张冷餐会的现场布置图

1. 操作步骤

（1）根据情景 3，绘制冷餐会的现场布置草图。
（2）将设计草图交给老师并在教师指导下进行修改。
（3）学生进行成果展示，教师进行点评。

2. 操作要点

（1）冷餐区布局合理，便于宾客取食。
（2）自由用餐区比较宽敞，能为用餐者提供一定的交流和活动的空间。

任务 3　帮助文静制作一份冷餐会筹备工作汇报的 PPT 文稿

1. 操作步骤

（1）根据情景 3，讨论确定冷餐会的筹备工作内容。
（2）撰写冷餐会筹备工作汇报，教师进行指导并提出修改意见。
（3）将修改完成后的汇报内容制作成 PPT 演示文稿。

（4）学生展示冷餐会筹备工作汇报 PPT 文稿，教师进行评价。

2．操作要点

冷餐会礼仪操作要点如表 9-5 所示。

表 9-5　冷餐会礼仪操作要点

项　　目	操　作　规　范
冷餐会的准备	① 列出邀请名单。 ② 选择备餐时间。 ③ 选择宴会场所。 ④ 现场布置。 ⑤ 设计菜单
主办方礼仪	① 照顾好来宾。 ② 充当引见者。 ③ 安排适量服务员
受邀出席礼仪	① 服饰礼仪。 ② 就餐礼仪。 ③ 交际礼仪。 ④ 适度饮酒。 ⑤ 适时告辞

<u>快来记录下我们的工作过程吧！</u>　　　　见工具单 9-3-2

我们的成绩

＿＿＿分
冷餐会筹备礼仪评价表
见工具单 9-3-3

情境 9 训练项目 1 工具单

工具单 9-1-1　训练项目 1 计划单

班级：＿＿＿＿＿＿＿　　组别：＿＿＿＿＿＿＿　　项目负责人：＿＿＿＿＿＿＿

我们的任务	我的任务及合作伙伴	需要的知识点	完成时间
1．请帮助文静设计一份中式晚宴的菜单			
2．请帮助文静绘制一张中式晚宴座次排列图			
3．根据情景 1，以情景剧的形式展示中式宴会礼仪			

＿＿＿＿＿年＿＿＿＿＿月＿＿＿＿＿日

舌尖上的礼仪——商务宴会礼仪

工具单 9-1-2　训练项目 1 记录单

日期：_____　　班级：_____　　组别：_____

任务 1　请帮助文静设计一份中式晚宴的菜单
　　完成情况：请在相应的完成情况前画"√"。
　　　　□顺利完成　　□基本完成　　□部分完成　　□不能完成

任务 2　请帮助文静绘制一张中式晚宴座次排列图
　　完成情况：请在相应的完成情况前画"√"。
　　　　□顺利完成　　□基本完成　　□部分完成　　□不能完成

任务 3　根据情景 1，以情景剧的形式展示中式宴会礼仪
　　完成情况：请在相应的完成情况前画"√"。
　　　　□顺利完成　　□基本完成　　□部分完成　　□不能完成

工作小结及自我评价：

工具单 9-1-3　中式宴会礼仪评价表

评价项目	评价标准	是否做到	存在的问题
宴会的环境布置	① 按照主、宾人数布置好中餐桌面	□是　□否	
	② 餐具干净、整洁	□是　□否	
宴会服饰准备	① 男士穿着深色西装套装或中山装套装，并配以白色衬衫与深色皮鞋，系单色领带	□是　□否	
	② 女士穿着深色套裙，并配以白色衬衫与深色中跟皮鞋	□是　□否	
座次礼仪	面门为上、以近为上、以右为上、观景为佳、临墙为上	□是　□否	
宴会开始的礼仪	① 宴会开始之前，主人热情迎接、招待来宾	□是　□否	
	② 主人向全体宾客敬酒，并致祝酒词	□是　□否	
	③ 服务员介绍菜肴后，主人举筷请众宾客品尝	□是　□否	
就座的礼仪	坐姿要端正，与餐桌保持适当的距离，动作雅观	□是　□否	
用餐的礼仪	① 取菜有礼	□是　□否	
	② 用餐有序	□是　□否	
	③ 照顾同桌	□是　□否	
	④ 保持桌面整洁	□是　□否	
	⑤ 进餐无声	□是　□否	
席间交谈礼仪	① 席间交谈用语要文明、交谈不言深	□是　□否	
	② 交谈时要专注，用词要委婉，礼让对方	□是　□否	
宴会结束时的礼仪	① 主人和主宾起身离座，互相致谢	□是　□否	
	② 主人应亲自送主宾出门	□是　□否	
教师评语			

情境9训练项目2工具单

工具单9-2-1　训练项目2计划单

班级：_____　组别：_____　项目负责人：_____

我们的任务	我的任务及合作伙伴	需要的知识点	完成时间
1. 根据情景2，拟定一份西式宴会的座次排列图			
2. 练习并演示饮用红葡萄酒的礼仪			
3. 录制一段西式宴会就餐礼仪教学短片，展示西式宴会礼仪规范			

_____年_____月_____日

工具单9-2-2 训练项目2记录单

日期：_____　班级：_____　组别：_____

训练项目完成情况：

任务1　根据情景2，拟定一份西式宴会的座次排列图
　　完成情况：请在相应的完成情况前画"√"。
　　　　□顺利完成　　　□基本完成　　　□部分完成　　　□不能完成

任务2　练习并演示饮用红葡萄酒的礼仪
　　完成情况：请在相应的完成情况前画"√"。
　　　　□顺利完成　　　□基本完成　　　□部分完成　　　□不能完成

任务3　录制一段西式宴会就餐礼仪教学短片，展示西式宴会礼仪规范
　　完成情况：请在相应的完成情况前画"√"。
　　　　□顺利完成　　　□基本完成　　　□部分完成　　　□不能完成

工作小结及自我评价：

工具单9-2-3　西式宴会礼仪评价表

评价项目	评价标准	是否做到	存在的问题
宴会的环境布置	① 按照主、宾人数布置好西餐餐桌桌面	□是　□否	
	② 西餐餐具摆放正确	□是　□否	
	③ 餐具干净	□是　□否	
参与宴会人员的服饰	① 男士穿着深色西装套装或中山装套装，并配以白色衬衫与深色皮鞋，系单色领带	□是　□否	
参与宴会人员的服饰	② 女士穿着深色套裙，并配以白色衬衫和深色中跟皮鞋	□是　□否	
座次排列礼仪	当餐桌为长桌时，男、女主人分坐于两侧正中央，其右手边为第一主宾，其余人员依次就座	□是　□否	
入座礼仪	① 从左侧入座	□是　□否	
	② 女士入座时，同行或邻座的男士要主动协助其入座	□是　□否	
	③ 入座时，不可以向后张望，也不可以坐满椅面，应坐在椅子的2/3处	□是　□否	

续表

评价项目	评价标准	是否做到	存在的问题
品酒礼仪	① 持杯姿势正确	□是 □否	
	② 闻香、品酒	□是 □否	
餐具使用礼仪	① 餐巾铺在膝上	□是 □否	
	② 左手持叉，右手持刀	□是 □否	
	③ 餐具使用顺序正确	□是 □否	
席间交谈礼仪	① 席间交谈在语言方面要求文明、礼貌、准确且交谈不言深	□是 □否	
	② 交谈时要专注，用词要委婉，礼让对方	□是 □否	
宴会结束时的礼仪	① 离席时，主人请客人带上纪念品	□是 □否	
	② 宾客在离开时应向主人当面致谢	□是 □否	
教师评语			

情境 9 训练项目 3 工具单

工具单 9-3-1　训练项目 3 计划单

班级：_____　组别：_____　项目负责人：_____

我们的任务	我的任务及合作伙伴	需要的知识点	完成时间
1. 帮助文静拟定一份冷餐会的菜单			
2. 帮助文静绘制一张冷餐会的现场布置图			
3. 帮助文静制作一份冷餐会筹备工作汇报的 PPT 文稿			

_____ 年 _____ 月 _____ 日

工具单 9-3-2 训练项目 3 记录单

日期：_____　班级：_____　组别：_____

任务 1　帮助文静拟定一份冷餐会的菜单
　　完成情况：请在相应的完成情况前画"√"。
　　　　□顺利完成　　□基本完成　　□部分完成　　□不能完成

任务 2　帮助文静绘制一张冷餐会的现场布置图
　　完成情况：请在相应的完成情况前画"√"。
　　　　□顺利完成　　□基本完成　　□部分完成　　□不能完成

任务 3　帮助文静制作冷餐会筹备工作汇报的 PPT 文稿
　　完成情况：请在相应的完成情况前画"√"。
　　　　□顺利完成　　□基本完成　　□部分完成　　□不能完成

工作小结及自我评价：

工具单 9-3-3　冷餐会筹备礼仪评价表

评 价 项 目	评 价 标 准	是 否 做 到	存 在 问 题
邀请来宾	① 列出宾客名单	□是　□否	
	② 制作请柬	□是　□否	
宴会场所的选择	① 宴会场地位置交通便利	□是　□否	
	② 价格公道、服务优良、菜肴精美	□是　□否	
	③ 宴会场所能容纳全部就餐之人，又能为其提供足够的交际空间	□是　□否	
宴会的现场布置	① 冷餐区布局合理、取菜方便	□是　□否	
	② 自由用餐区应比较宽敞，能为用餐者提供一定的交流活动空间	□是　□否	
	③ 就餐环境幽雅	□是　□否	
菜单设计	① 菜品丰富	□是　□否	
	② 菜单设计能突出冷餐会或酒会的主题	□是　□否	
教师评语			

参考文献

[1] 钟立群，王炎．现代商务礼仪 [M]．北京：北京大学出版社．2010．
[2] 唐树伶，王炎．服务礼仪 [M]．2 版．北京：清华大学，北京交通大学出版社，2012．
[3] 李巍．商务礼仪 [M]．中国农业大学出版社，2009．
[4] 徐克茹．商务礼仪培训标准 [M]．2 版．北京：中国纺织出版社，2010．
[5] 杨丽．商务礼仪与职业形象 [M]．大连：大连理工大学出版社，2008．
[6] 张宏亮，陈琳．商务礼仪与实训 [M]．北京：北京大学出版社，2009．
[7] 金正昆．商务礼仪 [M]．北京：北京大学出版社，2004．
[8] 杨文明．高职项目教学理论与行动研究 [M]．北京：科学出版社，2008．
[9] 赵志群．职业教育与培训学习新概念 [M]．北京：科学出版社，2003．
[10] 国英．公共关系与现代礼仪案例 [M]．北京：机械工业出版社，2004．
[11] 杨眉．现代商务礼仪 [M]．大连：东北财经大学出版社，2000．
[12] 朱鹰．礼仪 [M]．北京：中国社会出版社，2005．
[13] 李欣，司福亭．现代交际礼仪 [M]．北京：北京交通大学出版社，2009．
[14] 国英．现代礼仪 [M]．北京：机械工业出版社，2008．
[15] 东方晓雪．服务礼仪 [M]．河南：中原农民出版社，2005．
[16] 金正昆．社交礼仪教程 [M]．2 版．北京：中国人民大学出版社，2005．
[17] 金正昆．服务礼仪教程 [M]．2 版．北京：中国人民大学出版社，2005．
[18] 金正昆．商务礼仪教程 [M]．北京：中国人民大学出版社，1999．
[19] 全细珍．黄颖．职场礼仪实训教程 [M]．北京：北京交通大学出版社，2009．
[20] 黄琳．商务礼仪 [M]．北京：机械工业出版社，2007．
[21] 李柳斌．商务礼仪 [M]．北京：中国商业出版社，1996．
[22] 郑务广，陈静和．社交礼仪与服务礼宾艺术 [M]．厦门：厦门大学出版社，2002．
[23] 任之．教你学礼仪 [M]．北京：当代世界出版社，2003．
[24] 徐汉文．商务礼仪 [M]．北京：人民出版社，2005．
[25] 韦克俭．现代礼仪教程 [M]．北京：清华大学出版社，2006．
[26] 金正昆．涉外礼仪教程 [M]．北京：中国人民大学出版社，1999．
[27] 高曾伟，卢晓．旅游资源学 [M]．上海：上海交通大学出版社，2002．
[28] 黄玉萍，王丽娟．现代礼仪实务教程 [M]．北京：北京交通大学出版社，2008．
[29] 王春雷，陈震．展览会策划与管理 [M]．北京：中国旅游出版社，2005．
[30] 陈平．商务礼仪 [M]．北京：中国电影出版社，2005．
[31] 金正昆．商务礼仪 [M]．北京：中国人民大学出版社，2007．

[32] 北京市教育委员会编. 礼仪 [M]. 北京：同心出版社，2003.

[33] 孙保水. 公共关系基础练习册 [M]. 北京：高等教育出版社，2006.

[34] 未来之舟. 商务礼仪 [M]. 北京：中国经济出版社，2006.

[35] 曾文旭. 员工培训操作大全 [M]. 广州：南方日报出版社，2003.

[36] 彭林. 中国古代礼仪文明 [M]. 北京：中华书局，2013.